Carsten Pilger

111 GRÜNDE, DEN 1. FC SAARBRÜCKEN ZU LIEBEN

Eine Liebeserklärung an den großartigsten Fußballverein der Welt

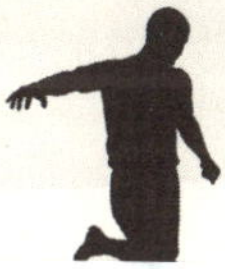

WIR SIND DER ZWÖLFTE MANN,
FUSSBALL IST UNSERE LIEBE!

INHALT

VORWORT

EFF-EFF-EFF-ZEH-ESS!

Während ich das Vorwort zu diesem Buch schreibe, diskutiert die Fanszene in den Internetforen des 1. FC Saarbrücken herzhaft über eine personelle Neuaufstellung. Alter Geschäftsführer Sport raus, neuer Geschäftsführer Sport rein. In ein paar Jahren wird möglicherweise der eine Name mit glanzvollen Zeiten verbunden sein, der andere mit schmachvollen Jahren der Misere. Eines scheint sicher: Ganz vergessen werden die Namen nicht sein, denn der 1. FC Saarbrücken bleibt an einem jeden haften, ob gut oder schlecht.

So bin auch ich Fan dieses Vereins geworden, aber letztlich vor allem geblieben. Es war die Magie der Flutlichter des Ludwigsparks, der große Name, der eben nicht nur einen Ortsteil oder eine Stadt, sondern ein ganzes Bundesland (nebenbei gesagt: das schönste Bundesland) vertritt. Ich erlebte die Ära Toppmöller, dann den bösen Abstieg in die Regionalliga, der mich zum ersten Mal in meiner Rolle als Fan kränkte. Der Verein fabriziert den Mist doch extra, um mich zu ärgern! Heute erscheint mir das banal, denn was der 1. FC Saarbrücken in seinen schlechtesten Zeiten anstellt, hat weniger mit organisiertem Verbrechen an den Fans als mit unorganisierten Verbrechen an der Schönheit des Fußballs zu tun.

Manchmal sehe ich die Treuesten der Treuen an schier unvorstellbar kuriosen Dämlichkeiten unseres Vereins verzweifeln, mal die Flinte ins Korn werfen und aufgeben. In der Arbeit an diesem Buch hat mir geholfen, den 1. FC Saarbrücken zu entdecken, den ich selbst nicht erlebt habe. Den Verein, der als Saarbrücker Institution des neuen Fußballsports von ein paar jungen Schülern gegründet wurde. Den Verein, der als Spielball zwischen Deutschland und Frankreich herumgereicht wurde. Den Verein, der fast die komplette saarländische Fußballnationalmannschaft stellte. Der Verein, der manchmal zu Unrecht als Skandalnudel des Fußballs galt. Kurzum: Für mich war der FCS lange der Ort, zu dem ich hingegangen bin, um Freunde und Bekannte zu treffen und den Alltag zu vergessen. Heute verstehe ich, dass der Verein sehr viel mehr ist.

Deswegen verstehe ich auch das Problem vieler Traditionsvereine: Man sehnt sich zu früherer Größe zurück, schafft es aber nicht mehr. Die Fußballpuristen neigen dann dazu, die Tradition als »Klotz am Bein« zu brandmarken. Damit rauben sie aber dem Fußball die schönen Geschichten, die ihn spannender machen als viele andere Sportarten. Nur ein echter Fan kann nachvollziehen, warum ein Abschied von einem schmutzigen, veralteten Stadion wie dem Ludwigspark irgendwo in der Brust dann doch ganz schön schmerzt.

111 Gründe, den 1. FC Saarbrücken zu lieben, sollen aber nicht nur über die Vergänglichkeit des Ruhmes jammern. Sie zeigen auch den 1. FC Saarbrücken von heute, den viele andere und ich mit all seinen Makeln und Schönheitsfehlern doch noch lieben. Denn wenn die Geschichte des FCS uns alle eines gelehrt hat, dann: Wir kommen wieder!

Mein Dank geht an dieser Stelle an Hans Kreer (†), Petra Kreer, Mark Weishaupt, Florian Kern, Martin Brinkmann, die Fankontaktstelle Innwurf und Jörg Rodenbüsch, die FCS-Troopers, Saarkasmus-Rolf, Michael Wätzmann und natürlich an meine Eltern.

Viel Spaß bei der Lektüre und blau-schwarze Grüße.

Carsten Pilger

KAPITEL 1

WIR SIND VOM FCS

1. GRUND

Weil der FCS das Kind in uns am Leben hält

Samstagnachmittag. An der guten Jeanshose verwandelt sich der Staub aus roter Brasche wieder zu hellen Flecken. Juckt nicht, die Pilsdeckchen fliegen durch die Luft. Einige Reihen tiefer gehen die Doppelhalter und Schwenkfahnen in die Höhe. Ihr wilder Tanz über den Köpfen der Zuschauer scheint sich im Rhythmus des Einlaufliedes und der Sprechchöre zu bewegen: Saarbrücken! Saarbrücken! In einer Minute geht es los.

Einige Minuten später. Es wird mit den Füßen gewippt, gehüpft, es wird gesprungen, gesungen. Es wird gepfiffen und geschimpft! Foul! Unerhört! Mein Nachbar, ein privat ruhiger Typ, Altenpfleger, ruft Worte in Richtung Schiedsrichter, die in diesem Buch nicht zitiert werden können. Zwei Reihen weiter packt der dicke Kerl mit Schnauzbart den blau-schwarzen Schal aus. Er schleudert ihn mit der ganzen Wucht seines Unterarms durch die Luft und schmettert kurz darauf mit seiner biergeölten Stimme: »Schaaaaalalalala … schaaaaalalalala …«

Die Kurve ergänzt sein Schalalalaen um den Vereins- und Stadtnamen. Pure Ekstase, der Altherrenchor erstreckt sich nun über drei Blöcke, Familienväter, Anwälte, Richter, Bauarbeiter und Studenten stimmen ein und werden zu einer Persönlichkeit, dem oft beschworenen zwölften Mann. Es ist total albern, es ist uralt (also auch oldschool). Es ist geil.

Das Heimspiel des 1. FC Saarbrücken ist der ernstfreie Raum – zumindest für alle, die nicht als die elf Männer vor dem zwölften Mann für Lohn und Brot auf Torejagd gehen können. In den Blöcken und auf den Tribünen herrscht für 90 Minuten der Wahnsinn. Wir Fans schreien unsere Mannschaft nach vorne. Oder wir schwenken die Fahne von links nach rechts. Wir bringen unseren

Freunden die nächste Runde Bier mit, die beim nächsten Treffer dann doch eher als Dusche denn als Getränk Verwendung findet.

Und wenn es auf dem Platz beschissen läuft? Dann schimpfen wir wie die Rohrspatzen über die faulen blau-schwarzen Hemdenträger, den überbezahlten Trainer, den arroganten Schiedsrichter oder am liebsten natürlich über die Vorstandsetage, die sich nur für das Süppchen im VIP-Raum gen Stadion bewegt! Gegenseitiger Balsam für die Seele, Gruppentherapie Ludwigspark! Der Urschrei zur Befreiung von der Last!

Und am Ende! Es scheint doch zu klappen! Der seriös scheinende Brillenträger im Block hat die Hemmungen verloren, klettert auf den Zaun und heizt dem Block ein. Der DFB sagt jetzt bestimmt: »Runter da!«, aber uns schert das nicht. Wir wollen toben, wir gehen an die Grenzen des Erlaubten und weiter, denn es geht hier ja nicht um irgendwelchen Unsinn. Sondern immer noch um Fußball! Noch einmal erhebt sich das Stadion, mischt Applaus mit wilden Rufen und Pfiffen, mal den Schiedsrichter zum Abpfiff drängend, mal die Mannschaft noch einmal einschwörend. Am Ende sind alle geschafft: die Spieler körperlich, die Zuschauer nervlich.

Auf Außenstehende wirken diese Samstagsrituale furchtbar dumm, chaotisch, idiotisch. Aber lasst euch gesagt sein, liebe Fußballverachter, dass ihr ein wenig auch Kostverächter seid: Ein Spielbesuch im Ludwigspark hält in uns allen die kleine, freche, tobende, spaßige, verrückte Rotznase am Leben, die wir als Kind waren. Und das allein ist es jedes Mal wieder wert!

2. GRUND

Weil kein Verein besser die saarländische Seele verkörpert

Als die saarländische Landesregierung für das landeseigene Marketing einen neuen Slogan benötigte, ward Anfang 2014 der Spruch

»Großes entsteht immer im Kleinen« geboren. Zur Einführung sagte Ministerpräsidentin Annegret Kramp-Karrenbauer: »Es stünde uns Saarländern gut zu Gesicht, unser Land nicht kleiner zu machen, als es ist.«[1] Genau genommen ist das Saarland übrigens 2.570 Quadratkilometer groß. Das wissen sonst nur Nachrichtenjournalisten, die sich bei der bildhaften Beschreibung des Ausmaßes eines Waldbrands gerne der Maßeinheit »ein Saarland« bedienen, wenn die Fußballfelder nicht mehr ausreichen. »Das Feuer zerstörte ein Waldgebiet doppelt so groß wie das Saarland«[2], heißt es dann, und vermutlich wird es die einzige überregionale Nachricht mit Bezug zu diesem Bundesland bleiben. Nur im Messen ist das Saarland noch Maß aller Dinge.

Und trotz des nicht selten angeschlagenen Selbstwertgefühls gerade fußballbegeisterter Saarländer, die am Wochenende vielleicht das Sky-Abo (oder schlimmer noch: den Regionalexpress nach Kaiserslautern) einem Besuch im Ludwigspark vorziehen: Es gibt keinen Verein, der die saarländische Seele derart authentisch verkörpert wie der 1. FC Saarbrücken.

Der Saarländer trauert alten Zeiten nach.

In den 1950ern war das Saarland noch ein eigener Staat mit eigener Währung und eigenem Nationalen Olympischen Komitee. Später dann nur noch ein Bundesland der Bundesrepublik, aber immerhin mit dem ersten Sieg für Deutschland beim Eurovision Song Contest 1982 (Nicole – *Ein bißchen Frieden*), Oskar Lafontaine als geachteter und gleichzeitig gefürchteter »Machiavelli von der Saar«. Doch die Zeiten, in denen das Saarland zu den Großen der Bundesrepublik gehört, scheinen vorbei. Mit teilweise verklärender Sehnsucht schauen die Saarländer auf diese Zeit zurück. Heute bringt man nur noch hin und wieder eine Zweitplatzierte bei *Deutschland sucht den Superstar* oder *Fernsehköche* hervor.

Der Saarländer motzt gerne.

Saarländer gehören zu den herzlichsten Motzköpfen der Bundesrepublik. Wer nicht nachvollziehen kann, wie die saarländische

Leidenschaft Leiden schafft, sollte einmal Saarländer bei der Lektüre der Nachrichten am Morgen beobachten. Kommen die Worte »Vierter Pavillon des Saarlandmuseums«, »Fischzucht in Völklingen« oder »Parkplätze in Saarbrücken« darin vor, steigt der Puls schlagartig: Nach einer kolossalen Schimpftirade folgt am Ende der obligatorische Seufzer: »Es is jóó immer es selwe mit unserm Land!«

Aber trotz aller Widrigkeiten: Der Saarländer würde nie aufgeben!

Natürlich mag der Saarländer schnell zum Meckerer abgestempelt werden, aber das liegt an einem ziemlich banalen Grund: Der Saarländer liebt sein Land über alles. Er kann sich über ganz positive Meldungen oder eher fragwürdige Auszeichnungen (etwa wenn ein Saarländer die Weltmeisterschaft im »Arschbomben im Schwimmbad« gewinnt) im Zusammenhang mit seinem Bundesland wahnsinnig freuen. Auch jenseits der Grenzen verhehlt er nicht seine Herkunft, ganz gleich ob dann hämische Kommentare über die vermeintliche Frankofonie, den saarländischen Dialekt oder die letzte Pleite des 1. FC Saarbrücken kommen.

Und da wären wir wieder beim Thema: Der wahre Fan des 1. FC Saarbrücken kann sich in dieser Beschreibung leicht wiedererkennen: Er trauert den glorreichen Zeiten in der Bundesliga und einem vollen Stadion nach, schimpft nach jeder Niederlage wie ein Rohrspatz, würde aber nie im Leben seinen Verein gegen Placebos aus Elversberg oder die Lautrer Teufelsbrut eintauschen. Denn irgendwann entsteht auch wieder Großes im kleinen 1. FC Saarbrücken! Vorher gilt es aber auch viel Klein-Klein beim großen FCS zu ertragen.

3. GRUND

Weil wir die echten »Blau-Schwarzen« sind

Die Farbkombination Blau-Schwarz hat im Frühjahr 2015 das World Wide Web beschäftigt. Unter dem Hashtag #TheDress diskutierten Twitter und Facebook über ein Foto eines schlichten Kleides – manche sahen es als ein blau-schwarzes Kleid, andere meinten die Farben Weiß und Gold zu erkennen. Ein verfrühtes Sommerloch, das irgendwann – wie könnte es anders sein – die schönsten Farben der Welt für sich entschieden haben: Blau und Schwarz.

Zum Glück existieren wenig Zweifel im Falle des 1. FC Saarbrücken. Wie die Satzung des Vereins festlegt: »Die Vereinsfarben sind »Blau-Schwarz«.« Da diese Frage nun geklärt wäre, kann der nächste Schritt in der Farbenlehre vorgenommen werden: Die echten Blau-Schwarzen waren, sind und bleiben wir Saarbrücker – trotz anderer Vereine mit einer ähnlich geschmackvollen Auswahl der Vereinsfarben.

Aber der Reihe nach: Welcher Verein dürfte im Zweifel mit dem 1. FC Saarbrücken um den Beinamen »Die Blau-Schwarzen« konkurrieren? Der SC Paderborn 07? Spielt zwar auch in Blau-Schwarz, entstand aber trotz der irreführenden »07« im Vereinsnamen erst 1985 aus der Fusion des 1. FC Paderborn mit dem TuS Schloß Neuhaus, der selbst schon ein Fusionsendprodukt war. Tut mir leid, liebe Paderborner: 1985 hatte der FCS schon mehrere Jahre in der Bundesliga hinter sich und stand gerade im DFB-Pokalhalbfinale! Die Eintracht aus Trier? Liebe Moselaner, auch euch hat die Fusion von Vorgängervereinen 1948 in die Fußballwelt entlassen – und dann seid ihr doch den Vereinsfarben nach eher die »Blau-Schwarz-Weißen«. Und Waldhof Mannheim? Gut, tendenziell hättet ihr noch am ehesten verdient, euch die »Blau-Schwarzen« zu nennen. Andererseits einigten sich eure Gründungsväter am 11. April 1907 auf die Farben »Blau-Schwarz-Blau«[3], in den 1970ern war es euch nicht peinlich, nach Chipstüten benannt zu sein[4], und selbst heute glänzt ihr mit einem grenzwertigen Musikgeschmack und dem Markenclaim »Auch wir sind Söhne Mannheims«.

Dabei waren wir zum Anfang des Saarbrücker Fußballs im Jahr 1903 noch nicht Blau und Schwarz. Als sich einige fußballbegeisterte junge Männer dem Turnverein Malstatt anschlossen, trugen die Mannschaften »blauweiß und rotweiß geringelte Trikots, eine Provokation für die in preußischer Schlichtheit gekleideten Turner«[5]. 1905 bekamen die Fußballer des TV Malstatt dann Sportkleidung in den tatsächlichen Vereinsfarben der Turner: weiße Hemden mit schwarzen Hosen. Erst 1907 spalteten sich die Fußballer vom Verein ab und gründeten den neuen Fußballverein Malstatt-Burbach und legten sich auf die Vereinsfarben Blau-Schwarz fest. Damit orientierten sich die Vereinsgründer nahe an den Farben von Malstatt-Burbach, das erst 1909 zum Stadtteil von Saarbrücken wurde: Blau, Weiß und Schwarz.

Bis heute läuft der 1. FC Saarbrücken stolz in edlem Blau und dunklem Schwarz auf – meist in wunderbar zeitlosen Längsstreifen. Experimente wie die fast komplett schwarzen Trikots der Saison 2004/2005 oder das blaue Hemd mit schwarzer Hose Ende der 1990er haben die Fans dem Verein noch verzeihen können. Weniger Geschmack bewies der Verein des Öfteren bei der Auswahl der Auswärtstrikots. Schämte sich der Verein erst nicht, den FCS in roten Trikots auf fremde Plätze zu schicken (Farbe des Erzfeinds aus der Pfalz), gab es in den 2010er-Jahren dann grelle orangefarbene oder neongelbe Trikots. Vielleicht sollte es der Verein auswärts irgendwann einmal mit Weiß und Gold ausprobieren – die FCS-Fans würden garantiert trotzdem die Blau-Schwarzen spielen sehen!

4. GRUND

Weil wir das schönste Wappen im deutschen Fußball haben

Es gibt einige Dinge, auf die viele FCS-Fans, auch wenn sie es niemals zugeben wollten, mit Sehnsucht, ja sogar Neid blicken: Höherklassigen Fußball, moderne Stadien, Zuschauerzahlen im fünfstelligen Bereich. Aber zumindest bei einem Thema gibt es keinen Anlass zur Diskussion: Der 1. FC Saarbrücken hat eines der schönsten, wenn nicht gar das schönste Vereinswappen im deutschen Fußball. Während andere Vereine aus Marketinggründen ihre traditionellen Wappen ohne Reue und zum Ärger der eigenen Fans gerne in die Mülltonne werfen (um sie pünktlich zum kommenden großen Jubiläum für Fanartikel wieder hervorzuzaubern), bleiben die »Molschder« sich und ihren Farben treu.

Doch zwischen Vereinsgründung und dem bis heute gültigen Wappen lag ein langer Weg. Als die Malstätter und Burbacher Fußballer noch formal als Abteilung des TV Malstatt antraten, wurde das schlichte Wappen der Turner benutzt: ein geschwungenes, schwarzes M auf rundem, weißem Hintergrund. Nach dem Übergang in den eigenständigen »Fußballverein Malstatt-Burbach« 1907 und der Umbenennung in »FV Saarbrücken« 1909 konnte Jörg Rodenbüsch in seiner Recherche für das Fanbuch *100 Jahre 1. FC Saarbrücken*[6] für das Jahr 1913 ein erstes eigenes Wappen ausfindig machen: Die ineinander verschlungenen Buchstaben »FVS«, das Vereinskürzel, auf blau-schwarzen Längsstreifen in einem umgedrehten Dreieck. Simpel und bereits schön anzusehen. Das Dreieck wurde auch nach der Neugründung als 1. FC Saarbrücken 1945 beibehalten, die Buchstaben blieben ineinander verschlungen, stellten aber nun das neue Kürzel »1. FCS« dar.

Die radikalste Veränderung erfolgte 1947, als ein neues Wappen eingeführt wurde, das starke Ähnlichkeiten mit dem heutigen aufweist: Das schalenförmige Wappen zeigte rechts den silbernen Löwen der ehemaligen Grafschaft Saarbrücken (interessant ist hier, dass man offensichtlich nicht den schwarzen Schlägel und das schwarze Eisen des Wappens von Malstatt-Burbach verwendete), links die damals »neue« Sarre-Flagge, ein weißes Kreuz auf rotblauem Hintergrund. Darunter das Kürzel »F. C. S.« und die blauschwarzen Längsstreifen. Die Verwandtschaft zum Wappen des katalanischen Weltklubs FC Barcelona war mehr als offensichtlich.

Das Wappen, das Carles Comamala 1910 für Barcelona entworfen hatte[7], erfuhr vor allem aus politischen Gründen während der Franco-Diktatur mehrfache Änderung. Die letzte Änderung des FCS-Wappens geschah fast analog dazu auch mit politischem Hintergrund: 1955, kurz vor dem »Tag X«, der Abstimmung über das Saarstatut, stimmten die Mitglieder des 1. FC Saarbrücken über den Verbleib der Sarre-Flagge im Wappen ab. 140 Mitglieder setzten sich bei 94 Gegenstimmen mit der Streichung durch – die Stimmung war aufgrund der von Frankreich gesetzten sportlichen Hindernisse für die Rückkehr zu den »alten Farben« Blau und Schwarz. An die Stelle der Sarre-Flagge wurde kurzerhand das geschwungene Vereinskürzel von 1945 gesetzt, entsprechend das »F. C. S.« aus der Mitte entfernt. Nach einem leichten Anpassen der Wappenform entstand so das heute bekannte Schild, mit dem seither Spieler die Farben Saarbrückens im Fußball vertreten. Und auch in aller Zukunft vertreten werden: Seit einer von Fans durchgesetzten Antragsänderung im Jahr 2012 schützt endlich auch die Vereinssatzung das schönste Wappen im deutschen Fußball.

5. GRUND

Weil in Saarbrücken alles »Typisch Eff-Zeh!« ist

(Hinweis: Liebe Leser aus dem Saarland, dieses Kapitel richtet sich vor allem an Leute aus dem »Reich«, die gewisse Eigenheiten von uns Saarländern nicht unbedingt immer nachvollziehen können. Ihr dürft das gerne überspringen. Wenn ihr jetzt sagt »Isch hann awwa fier 111 Gründe bezahlt«, dann dürft ihr es trotzdem lesen. Aber ärgert euch nicht, wenn ihr euch vielleicht in einigen Worten wiedererkennt.)

»Das dóó is mol nómmo typisch Eff-Zeh!« Jemand, der nur ein »Zugereister«, also durch die Wirren des Studiums oder der modernen Arbeitswelt ins Saarland gelangt ist, wird mit diesem Satz wenig anfangen können. Im Bundesgebiet außerhalb des Saarlandes, vom Ur-Saarländer einfach nur »Reich« genannt, gibt es zwar auch einen »Eff-Zeh«, aber in den seltensten Fällen handelt dann das Gespräch von einem anderen Verein als dem 1. Fußballklub Köln. Und der hat mit dem 1. FC Saarbrücken vielleicht die Eigenschaften als Gründungsmitglied der Bundesliga und notorischer Skandalklub gemein, sonst aber nicht mehr viel. Ja, liebe Zugereiste, wir Saarländer sind für euch manchmal verwirrend und anstrengend.

Um diese Geheimsprache ein wenig besser zu verstehen, lohnt es sich, genau auf Tonfall und Mimik des Gegenübers zu achten. Hängen die Mundwinkel leicht herab, senken sich die Augenlider leicht und fällt der Ton am Ende des Satzes etwas ab, so ist »typisch Eff-Zeh« in diesem Fall ein Ausdruck ehrlicher, verzweifelter Enttäuschung. Ihr Gegenüber musste wieder etwas miterleben, was er als Peinlichkeit oder Blamage für seinen Verein empfindet. Die Liste der mutmaßlichen Verfehlungen des Vereins:

- Zu wenig Personal am Getränkestand.
- Ein 0:0 gegen einen Aufsteiger, bei dem nur Feierabendfußballer aktiv sind.

- Spieler, die während der Saison eher durch Leistungen in den Kneipen am St. Johanner Markt denn auf dem Platz auffallen.
- Der Kartenvorverkauf für ein wichtiges Pokalspiel verläuft dilettantisch.

Hat euer Gegenüber hingegen die Augen weit aufgerissen, das Gesicht verzogen und hebt die Stimme am Ende des Satzes »Das dóó is mol nommo typisch Eff-Zeh!«, handelt es sich vermutlich um ein schwerwiegendes Problem. Möglicherweise eines der folgenden:

- Kein Mineralwasser mehr am Getränkestand bei 40 Grad im Schatten.
- Die zweite Trainerentlassung innerhalb nur einer Saison.
- Der teure Neuzugang, der sich als Sportinvalide entpuppt.
- Eine Niederlage in Elversberg oder Homburg.

Wenn man sich als Zugereister in dieser Situation korrekt verhalten will, kann man sich gleich entspannen: Es ist in beiden Fällen erlaubt, einfach nur mit »Jóó, das is typisch Eff-Zeh« oder »Dóó kann ma nix mache!« zu antworten. Es bestätigt den Anhänger des 1. FC Saarbrücken und gibt ihm das Gefühl, dass sie seine leidende Fan-Seele verstehen. Wenn ihr dann irgendwann selbst vom Zugereisten zu glühenden Saarbrücken-Fans geworden seid, dürft ihr auch mal hin und wieder in kleiner Runde »Typisch Eff-Zeh!« stöhnen. Dann seid ihr wirklich im Saarland angekommen.

6. GRUND

Weil Saarbrücken der Lieblingsbösewicht vieler ist …

Darth Vader, Ernst Stavro Blofeld, Lord Voldemort. Namen, die viele Menschen ohne lange nachzudenken irgendwelchen Filmen oder Büchern zuordnen können. Doch nicht, weil es die Titelhelden wären, sondern weil sie es sind, die andere Menschen unverschuldet in den Dreck ziehen. Fiese Schurken begeistern Leser und Zuschauer so sehr, dass wir ihnen mindestens so viel Aufmerksamkeit schenken wie den »Guten«.

Wäre der Fußball ein klassischer Film über den Kampf der Helden gegen die Schurken, so fände sich der 1. FC Saarbrücken vermutlich öfter aufseiten der Bösen wieder. Der FCS wird eher gehasst als geliebt. Wo andere Vereine fast schon das einzige Aushängeschild einer eher mäßig bis kaum interessanten Stadt oder Region sind (oder habt ihr euch je gefragt, warum der 1. FC Kaiserslautern in Kaiserslautern und der Region dermaßen beliebt ist?), gilt der FCS als Peinlichkeit.

Wie so oft liegt der Grund in der Vergangenheit. Als 1962 der Deutsche Fußball-Bund die Gründung einer bundesweiten Meisterschaftsliga beschloss, war einer der Väter dieser neuen Liga Hermann Neuberger, späterer DFB-Präsident und damals noch Präsident im Saarländischen Fußballverband. Die Besetzung der neuen Liga sollte geografisch ausgewogen sein und den Mitgliederstärken innerhalb des Verbands entsprechen. Dass im Südwesten aber neben dem 1. FC Kaiserslautern der 1. FC Saarbrücken zur neuen Liga zugelassen wurde, nicht aber Borussia Neunkirchen oder der FK Pirmasens, die sportlich besser standen, empfanden viele als Einflussnahme des späteren DFB-Chefs Neuberger.

Noch pikanter verhält sich der Fall Alsenborn. Als 1974 als neues Unterhaus der Bundesliga die 2. Liga eingeführt werden sollte, war ein Mix aus sportlichen und wirtschaftlichen Kriterien der Schlüssel zur Aufnahme. Der FCS hätte mit einem Sieg im alles entscheidenden Spiel gegen den heutigen Dorfverein VfB Theley die Meisterschaft der Regionalliga Südwest dingfest machen können – doch ausgerechnet der in Saarbrücken ausgemusterte Werner Kaiser schoss Theley zum Sieg im Ludwigspark. Statt Meisterfeier zitterten die Blau-Schwarzen nun um die Qualifikation zur 2. Bundesliga. Nicht alle Vizemeister der Regionalligen durften aufsteigen, sportlich stand der pfälzische Dorfverein SV Alsenborn vor dem FCS.

Doch aufgrund der fehlenden wirtschaftlichen Voraussetzungen versagte der DFB den Pfälzern – obwohl diese bereits in neue Spieler und den Stadionausbau investiert hatten – die Lizenz für die neue Spielklasse. Nutznießer war der 1. FC Saarbrücken – weshalb erneut der (von einem Historiker[8] übrigens als haltlos qualifizierte) Vorwurf der Einflussnahme Neubergers aufkam.

Diese Ereignisse zementierten einen Ruf, von dem sich der FCS nie ganz lösen konnte. Befeuert wurde er von manch gar arrogantem Auftritt von Spielern oder Fans, als man sich etwa bereits vor Saisonbeginn zum Meisterschaftskandidaten kürte, um dann abzusteigen. Auch beklatschen die Saarländer (und die Pfälzer sowieso) seither lieber ein Scheitern des FCS als einen Triumph. Aber mal ganz ehrlich, liebe Saarbrücken-Hasser: Ohne so ein passendes Feindbild wie uns wäre euer Fußball doch auch nur langweilig! Schließlich will auch keiner einen James-Bond-Film ohne Bösewicht sehen.

7. GRUND

… und manchmal doch der liebenswerte Underdog

»Bösewicht? Alsenborn? Geht's noch? Das Buch heißt 111 Gründe, den 1. FC Saarbrücken zu LIEBEN, nicht zu HASSEN!«

Ja, ich habe den Satz gehört, liebe Leser. Und zur Beruhigung sei gesagt: Im Fußball wechseln die Rollen ständig. Wer in einem Jahr als Absteiger der große Außenseiter ist, übernimmt im Folgejahr oft die Rolle des Aufstiegsfavoriten. Zumindest dann, wenn der Inhalt der Vereinskasse stimmt. Und wo die eigene Mannschaft im Vorjahr noch als dankbarer Punktelieferant für quälende Auswärtsfahrten sorgte, ist sie statt David nun Goliath. Das geht natürlich auch anders herum: Wer als Ligameister in die darüberliegende Klasse aufsteigt, ist im darauffolgenden Jahr zuallererst am Klassenerhalt interessiert. Zumindest, wenn der eigene Hauptsponsor kein Brausehersteller aus Österreich ist und Ralf Rangnick nicht gerade Trainer oder Sportdirektor (oder beides) ist.

Entsprechend dieser Wandelbarkeit des Fußballs und seiner Vereine funktioniert auch der 1. FC Saarbrücken, Lieblingsbösewicht vieler anderer (siehe vorheriges Kapitel), nach diesem Prinzip. In seiner Vergangenheit ist er diesem auch gerecht geworden. Etwa nach dem Aufstieg in die Bundesliga 1976. Unter Slobodan Čendić war die Mannschaft mit zwei Niederlagen gestartet und konnte sich kaum aus dem Abstiegssog befreien. Am zehnten Spieltag rutschte der Verein auf einen Abstiegsplatz. Auch unter Čendićs Nachfolger lief es lange nicht besser, bis es am 27. Spieltag einen überraschenden Heimsieg gegen den von Hennes Weisweiler trainierten 1. FC Köln gab – 3:1 für den kleinen FCS gegen das Starensemble um Wolfgang Overath und Dieter Müller. Es folgten drei weitere Siege bei Schalke 04, gegen den Hamburger SV und ein bis heute unvergessenes 6:1 über Bayern München, den amtierenden Weltpokalsieger. Unverhofft legte diese kleine Serie von Fußballwundern den Grundstein für den Klassenerhalt des Underdogs – der FCS erreichte den einzigen Klassenerhalt in der Bundesliga seiner Vereinsgeschichte.

Nicht nur damals war der 1. FC Saarbrücken eine Mannschaft, die uns mit unerwartet schönem Fußball in den Bann zog. Auch beim späteren Gastspiel in der Bundesliga unter Peter Neururer verzauberten die Blau-Schwarzen zumindest in der Hinrunde mit packendem Offensivfußball, für den vor allem Eric Wynalda und Juri Sawitschew verantwortlich waren.

Warum die Blau-Schwarzen im Saarland eher gehasst als geliebt werden, habe ich im vorherigen Kapitel ausgiebig erläutert. Stimmt auch. Nur ist Hass nicht eben immer gleich Hass, sondern manchmal eben auch eine Momentaufnahme, die eher einer bitter enttäuschten Liebe ähnelt. Der Saarländer wünscht sich nichts sehnlicher als einen großen Fußballverein, der das kleinste Flächenland der Bundesrepublik im Profifußball würdig vertritt und als bissiger

Underdog die Großen das Fürchten lehrt. So wie einst 1976. Und immer wieder ist der 1. FC Saarbrücken der Verein, der sich nach Abstiegen wieder hochzieht und plötzlich diese Rolle erfüllt, wenn er die 3. Liga aufmischt oder im DFB-Pokal plötzlich im Achtelfinale Borussia Dortmund gegenübersteht. Und selbst wenn es diese »FCS-Hasser«, uns FCS-Anhängern auch unter dem Synonym »Erfolgsfans« bekannt, nie zugeben würden: Für diese Momente lieben auch sie den 1. FC Saarbrücken.

8. GRUND

Weil es bei uns nie um einen sicheren Platz im Mittelfeld geht

Kaum etwas spiegelt die Ungerechtigkeit des Profifußballs besser wider als die Mannschaften im Niemandsland der Tabelle. Sie sind zu gut für den Abstiegskampf, aber eben auch zu schlecht für das Rennen um die Meisterschaft oder den Aufstieg. Als solide Arbeiter auf dem Platz verstehen sie meist, innerhalb ihres wirtschaftlichen Rahmens gute Arbeit zu vollbringen, ohne die Liga wirklich zu überraschen. Eben diese Gewöhnlichkeit verhindert ein größeres Medieninteresse, denn die Geschichten, die Fußballfans bewegen, spielen sich eben nicht auf den Plätzen sechs bis zwölf ab, sondern entweder ganz oben oder ganz unten. Verirrt sich ein Spieler von geradezu außergewöhnlichem Talent zu einer solchen »grauen Maus« (hier ist nicht der VfL Bochum gemeint, also nicht alleine), so dauert es nicht lange, bis finanzstärkere Vereine anklopfen. Zusammengefasst: Die Vereine im Mittelfeld der Liga spielen für die Fans eine Statistenrolle, für die großen Vereine sind es willige Punkte- und Spielerlieferanten. Trotz ihrer geringen Bedeutung kann die Liga nicht auf sie verzichten: Es ist die Zusammensetzung aus 18 oder 20 Vereinen, die für das Fußballjahr sorgt.

Der 1. FC Saarbrücken will alles sein, aber eines nicht: eine dieser grauen Mäuse. Dafür hat er auch stets gesorgt. Etwa nachdem das Trainertheater um Klaus Toppmöller mit dessen Rücktritt ein Ende fand und unter Thomas von Hessen für die Saison 2000/2001 Ruhe einkehrte und die Saison jenseits von Gut und Schlecht auf einem respektablen achten Tabellenplatz in der 2. Bundesliga beendet wurde. Keine schlechte Platzierung für einen Aufsteiger. Die meisten Vereine hätten damals für das verflixte zweite Jahr in der neuen Liga eher verhalten optimistische Töne in der Sommerpause angeschlagen. Etwa ein: »Wir wollen uns nun in der Liga etablieren.« Doch nicht beim 1. FC Saarbrücken, der hinter solcher Rhetorik gleich ein Abdriften in den toten Winkel der Medien vermuten könnte. Also gab Präsident Hartmut Ostermann das Ziel Aufstieg aus, als Ligameister: »Ich wünsche mir, dass wir uns nicht so mühselig auf den dritten Platz quälen wie der FC St. Pauli in der letzten Saison.«[9] Am Ende der Spielzeit 2001/2002 stieg der 1. FC Saarbrücken als Drittletzter ab – man quälte sich also dann doch, aber in eine andere Richtung.

Auch als die Blau-Schwarzen erneut einen Klassenerhalt in der 2. Bundesliga für sich verbuchten, ließen sich die Spieler vor Saisonbeginn 2005/2006 als Gäste auf einem jährlich stattfindenden Konzert für Schüler zur Aussage hinreißen: Wir wollen dieses Jahr aufsteigen. Passend dazu schrieb die saarländische Band »Schaafa Sämpf« die neue Hymne *In der 2. Liga Deutscher Meister*, die textlich schon kurz nach Saisonbeginn aufgrund der Trainerentlassung nach dem zweiten Spieltag umgeändert wurde. Der FCS stieg erneut ab. Zum Heimspielauftakt 2006/2007, der 1. FC Saarbrücken startete als frischgebackener Drittligist mit einem 3:0-Sieg in Ingolstadt, zeigten die Fans im D-Block ein sprichwörtlich gewordenes Plakat: »Die Liga zu Gast beim Meister«. Dass dieses Banner zum Sprichwort geworden ist, liegt allein daran, dass es zum Saisonende statt der Meisterschaft den zweiten Abstieg in Folge gab.

Spätestens an dieser Stelle müssten Verein und Fans eigentlich doch getreu dem Motto »Gebranntes Kind scheut das Feuer« ein wenig in die rhetorische Defensive gegangen sein? Jein, denn irgendwann folgten zwei Aufstiege in Folge, die einerseits der großen Bescheidenheit der Oberliga-Jahre zugeschrieben wurden. Andererseits folgte zur Saison 2013/2014 dann wieder die Ernüchterung, als der FCS mal wieder im Abstiegskampf (nun 3. Liga) mitmischte und auf Trainer Jürgen Luginger der harte Knochen Milan Šašić folgte. Auf der Mitgliederversammlung im November 2013 gab der damalige Aufsichtsratsvorsitzende Reinhard Klimmt auch stolz bekannt, dass man Šašić nicht allein verpflichtet hätte, um die Klasse zu halten, sondern für den Aufstieg in die 2. Bundesliga im Folgejahr. Konsequenterweise folgte einmal mehr ein Abstieg.

Womit bewiesen sein dürfte: Ob Spieler, Trainer, Vorstandsmitglied oder einfach nur Fan – wer den 1. FC Saarbrücken liebt, liebt auch die Extreme. Mittelfeldplätze sollen ruhig andere belegen, für die Molschder geht es in jeder Liga um die Meisterschaft! Selbst zum Preis eines möglichen Abstiegs.

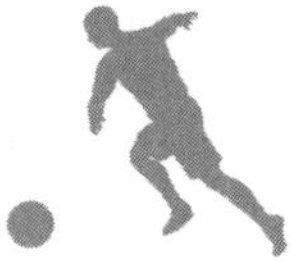

9. GRUND

Weil Ringen, Badminton und Kegeln ganz nett sind, aber auch nicht mehr

Das Saarland liebt Fußball, es liebt aber auch Spitzensport. Beim 1. FC Saarbrücken gibt es aufgrund der Ligazugehörigkeit eher selten Spitzensport (manch einer würde ergänzen: und noch seltener Fußball). Trotzdem bestimmen immer wieder die Geschehnisse rund um den abgestürzten Bundesligisten die Saarsportpresse und bilden die Ausgangskulisse für einen fast schon ritualisierten Konflikt: den Kampf um die Sportkrone des Saarlandes.

Mit fast regelmäßiger Sicherheit finden sich Briefe im Posteingang der *Saarbrücker Zeitung*, dass mal wieder der 1. FC Saarbrücken zu sehr im Vordergrund stehe, wo doch andere Sportvereine aus dem Saarland in ihrer Disziplin bundesweite Spitzenklasse seien. Etwa die Köllerbacher Ringer vom KSV, die Badminton-Asse vom 1. BC Bischmisheim – beide mehrfach Deutscher Meister. Selbst die Tischtennisspieler, die sich 2011 vom FCS abspalteten und einen eigenen Verein gründeten, waren bereits Deutscher Pokalsieger. Dass trotz herausragender Leistungen das Saarland nicht unbedingt bundesweit »Das Ringer-Land« oder »Die Wiege des Deutschen Badminton« ist, wird gerne der übermäßigen und ungerechtfertigten Beschäftigung der Medien mit der alten Skandalnudel FCS zugeschrieben. Beispielhaft dieser Leserbrief an die Saarbrücker Zeitung vom 22. Juni 2015:

> *Warum braucht ein Viertligist überhaupt einen so großen Wasserkopf: Präsidium, Aufsichtsrat, Sponsoren? Wer finanziert so viele »Mitarbeiter« und zu welchen »Konditionen«? In Elversberg scheint das einfach anders und problemloser. Ich bin seit Jahren Mitglied bei den Kegelfreunden Oberthal, die seit Jahrzehnten in der ersten und zweiten Bundesliga spielen und viele Titel bis zur Weltebene erkämpft und erreicht haben. Unser »Kegelstadion« ist mit eigenen Mitteln und Engagement der Mitglieder aufgebaut worden. Unser Verein wird von einem ganz »gewöhnlichen« Vorstand vorbildlich geführt, ohne Präsidium, ohne Aufsichtsrat und ohne jegliche Skandale.*
> *Jacki Schumann, Oberthal*

Ich gebe zu: Natürlich wirkt es für alle saarländischen Sportarten abseits des Fußballs unfair, wenn wir Blau-Schwarzen so oft das Thema sind, obwohl deren Erfolge natürlich auch eine entsprechende Würdigung verdient haben. Aber ganz ehrlich: Es mögen viele Witze über das schlechte Gekicke im Ludwigspark gemacht werden – der FCS zieht immer noch mehr Leute in seinen Bann als zwei Männer, die sich einen kleinen Ball über eine Holzplatte zuspielen. Leidenschaftliche Gespräche auf der Arbeit werden sich weiter eher um Fußball als um den Saarlouiser Damen-Basketball drehen. Und kaum ein Fan wird das Oberthaler »Kegelstadion« mit Fahnen, Doppelhaltern oder Gesängen schmücken.

Liebe Saar-Sportler, Fußball ist für uns eben mehr als nur der Sport – es ist ein Ort des Zusammenkommens, unser Ventil bei Wut und Ärger, aber auch unsere Aufbauhilfe bei Kummer. Uns interessiert natürlich der sportliche Erfolg unseres Vereins – aber unser Verein interessiert uns eben auch noch, wenn es mal nicht läuft.

Aber seid nicht traurig: Ihr bekommt dafür ja immer noch die volle Aufmerksamkeit bei der Ehrung der Saarsportler des Jahres und den Sonntag in der »Sportarena« des Saarländischen Rundfunks und die spöttelnden Leserbriefe über unseren Verein in der Zeitung. Im Gegenzug bekommt ihr uns aber auch nicht los – so läuft das!

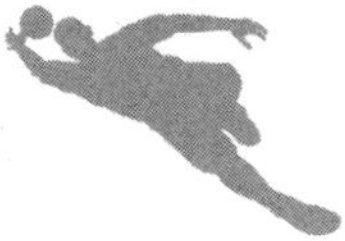

10. GRUND

Weil der FCS die letzte Herausforderung für den modernen Fußballfan ist

Fußball-Fan, du bist bequem geworden. Seit dir das »Sommermärchen 2006« erzählt hat, dass Fußball Lifestyle, Emotion und Intelligenz ist, hast du dein Bundesliga-Abo, planst deine zwei Stadionbesuche im Jahr wie den Pauschalurlaub, willst im Stadion nicht auf den Veggie-Burger und die Soja-Latte verzichten und kommentierst jeden Spieltag im Internet. Fans in den Kurven bedeuten für dich ein nettes Beiwerk mit netten Gesängen und Choreografien. Ultras findest du aber irgendwie doof, kindisch und fußballfern, was an Pyrotechnik und dem vermeintlichen Gewaltaspekt liegt. Dafür huldigst du den Drei Heiligen Fußballkönigen Pep Guardiola, Jogi Löw und Jürgen Klopp und findest als Fortschrittsoptimist im Gegensatz zu ewiggestrigen Sozialromantikern nichts daran auszusetzen, dass Bundesliga künftig seltener in Dresden, Essen oder

Nürnberg, sondern eher in Wolfsburg, Leipzig oder Ingolstadt gespielt wird.

Ich will dich nicht blöd von der Seite anquatschen, lieber moderner Fußball-Fan, aber wie wäre es mal mit einer echten Herausforderung?

Eine Mannschaft aus gescheiterten Bundesliga-Talenten, halbbegabten Amateuren und Spielern aus der zweiten slowakischen Liga beim verzweifelten Versuch, die Bälle nicht mehr hoch und weit zu schlagen?

Trainer, die mangelnde Einstellung nicht auf taktische Schwächen zurückführen, sondern den guten alten Waldlauf am Sonntagmorgen veranstalten?

Eine Fanszene aus jungen wilden Ultras und alten »Meckeropas«, die einen harten Hund wie Werner Lorant als Trainer herbeisehnen?

Ein Stadion, in dem du im Winter frierst, nass wirst und dir im Sommer einen Sonnenbrand und staubige Jeans holst?

Ein Umfeld, das nach Blut, Schweiß und Bratwurst riecht und froh ist, wenn die Bilder von Spielen im Saarländischen Rundfunk nicht ganz verwackelt sind?

Jetzt schreckt dich das auf den ersten Blick ab, aber denk noch einmal drüber nach: In Saarbrücken gibt es nicht eine Fußballwelt »wie früher«, sondern es wird ein Bild des deutschen Fußballs gezeigt, das es heute auch in der Bundesliga gäbe, hätte es nicht den Wandel zum Massenerlebnis gegeben. Aber natürlich ist das nicht reiner Grusel oder Theaterstadl, sondern eine Welt, die sich so sehr vom Hochglanz-Produkt Bundesliga unterscheidet, dass es für dich, der nur einen Profifußball ohne Ecken und Kanten kennt, einfach das letzte wirkliche Abenteuer ist.

Und wer nicht Lust auf das Abenteuer FCS hat, hat den Fußball nie wirklich geliebt!

KAPITEL 2

VON MALSTATT BIS MADRID UND VON DER GRÜNDUNG BIS IN DIE 1950ER-JAHRE

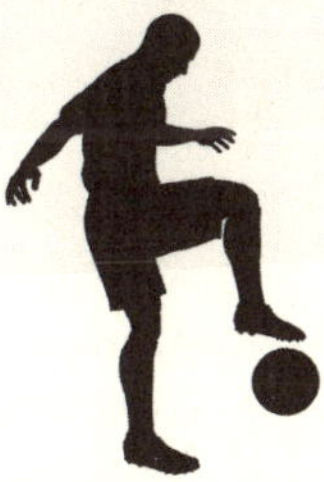

11. GRUND

Weil dank der Wätzmanns der Ball in Malstatt rollte

Ein Blick zurück in das Jahr 1902. Hugo Wätzmann, geboren am 22. Februar 1886, war nicht nur Mitglied einer in ganz »Molschd« bekannten und angesehenen Familie, sondern auch ein echter »Vereinsmensch«. Nach Schulende traf er sich häufig mit seinen Altersgenossen aus dem Viertel auf dem Jahnplatz nahe der St.-Josef-Kirche, um gegen einen runden Ball zu treten. Was über 100 Jahre später die normalste Freizeitbeschäftigung von Schülern sein sollte, hatte zu Beginn des 20. Jahrhunderts noch große Sprengkraft: Der deutsche Nationalsport war das Turnen und gemäß Turnvater Friedrich Ludwig Jahn eine Abgrenzung zu anderen Nationen. Da Fußball den Weg aus England nach Kontinentaleuropa fand, blickten die Turner eher verächtlich auf die »undeutsche« Betätigung.

Doch Wätzmann und seine Freunde blieben am Ball und ließen sich nicht vom schweren Stand des neuen Sports einschüchtern. Das diplomatische Geschick von Hugo Wätzmann führte zu einer ungewöhnlichen Allianz. Der Turnlehrer Poller, engagiert im Turnverein Malstatt, der sein Turnerheim am Jahnplatz hat, wollte aus den Straßenfußballern eine Abteilung des Vereins machen. Der engagierte Lehrer schaffte es, seine schützende Hand über seine Schüler zu halten, die sich mit Leidenschaft für das runde Leder engagierten. So gründete sich 1903 in der Gaststätte Tivoli die Fußballabteilung des TV Malstatt.

Die Gründungsväter:

- Fritz Courths
- Willi Düpre
- Ernst Gettmann
- Karl Jose
- Gustav Pillon
- Heinrich Pillon

- Hugo Wätzmann
- Heinrich Wagner
- Willi Wilhelm

Zu ihrem ersten Obmann, wie zur damaligen Zeit der Vorsitzende einer Abteilung hieß, wählten die Fußballer einen erst 17-jährigen Schüler vom Ludwigsgymnasium: Hugo Wätzmann. Nun hatten die »Molschder« Schüler ihren Platz im Verein, eine Organisationsstruktur, aber es fehlten noch ganz andere Dinge: Etwa der geregelte Spielbetrieb oder ordentliche Fußballtore oder etwa ein Verständnis, nach welchen Regeln der neue Sport überhaupt zu spielen sei.

Nun trat Gustav Wätzmann auf den Plan. Der Vater von Hugo war damals ein im Viertel bekannter Unternehmer. Er unterstützte seinen Sohn bei der Fußballleidenschaft und besorgte der Fußballabteilung einen Trainer. Ein Hamburger namens Ehlers, genannt »der lange Ehlers«, wurde verpflichtet, um den Saarbrückern das Laufen und Schießen beizubringen. Wie es üblich ist, erfolgte die Bezahlung nicht über den Verein, sondern er bekam eine Stelle im Maschinenbau-Unternehmen von Gustav Wätzmann. So wurde auch der Vater des ersten Obmanns der »Molschder« zum ersten Hauptsponsor des Vereins.

1905 kam es zum ersten öffentlichen Wettkampfspiel der von Ehlers angeleiteten Fußballer im Rahmen des Spichererberg-Turn-und-Spiel-Fest. Nach zwei Mal 20 Minuten gewannen die Fußballer des TV Malstatt gegen eine Auswahl von Oberschülern mit 1:0[10] – der Auftakt für die Geschichte des späteren 1. FC Saarbrücken war getan.

1907 wurde Hugo Wätzmann zum Militärdienst eingezogen und gab sein Amt ab. Er diente fortan in der kaiserlichen Marine. Nach seiner Rückkehr in die saarländische Heimat übte Hugo Wätzmann zwar kein Amt mehr im FV Saarbrücken und dem späteren 1. FC Saarbrücken aus, blieb aber mit seiner Familie dem Vereinsleben (ob bei den Keglern oder den Sängern) und auch seinem »Kind«

Fußball treu. Der erste Obmann der Fußballer des TV Malstatt starb am 9. Juni 1956 im Alter von 70 Jahren.

12. GRUND

Weil wir noch auf den ersten Meistertitel warten

Tradition. Dieses Wort wird von den einen gefürchtet, von den anderen angehimmelt. Die einen, das sind die Anhänger des modernen Fußballs, ob in Leipzig, Hoffenheim oder Wolfsburg zelebriert, ein gestriges Wort, das für verstaubtes, erfolgloses Rumgekicke steht. Und trotzdem nagt es ein wenig an ihnen, wenn die Fans der bereits Etablierten spötteln: keine ruhmreichen Meistertitel, keine umkämpften Pokalsiege, keine tränenreichen Abstiegsdramen in der Vereinsgeschichte. Eben keine »Tradition«. Doch längst haben auch Hoffenheimer und Leipziger dieses Spiel kapiert, verweisen darauf, dass bei den meisten Traditionsvereinen der letzte Meistertitel vor über 30 Jahren gewonnen wurde. Wem die Zukunft gehört, der braucht keine Tradition.

Bei keiner Vertragsunterzeichnung in Saarbrücken fehlt das oft gehörte Zitat eines neuen Spielers: »Der FCS ist ein Verein mit einer großen Tradition.« Das stimmt auch, aber er ist eben auch unter den Traditionsvereinen einer derjenigen, die nicht mal in der Prä-Bundesliga-Zeit einen Meistertitel auf nationaler Ebene einfahren konnten. Man scheiterte zweimal knapp.

Als 1942/1943 der Zweite Weltkrieg bereits die deutschen Städte erreichte, spielte der FV Saarbrücken in der Gauliga Westmark erfolgreich vorne mit. Aufgrund der Einberufungen in die Wehrmacht wechselten einige Fußballer innerhalb von Deutschland den Standort und damit auch den Verein. Gestandene Spieler wie der damals 32-jährige Mittelläufer Willi »Bubi« Sold und der Halblinke Jakob Balzert wurden damit durch starke Gastspieler wie den erst

21-jährigen Herbert Binkert aus Karlsruhe oder Johann Herberger, dessen Onkel zweiten Grades[11] kein Geringerer als Nationalmannschaftstrainer Sepp Herberger war, ersetzt. Der FV Saarbrücken zog als Ligameister in die Endrunde zur Deutschen Meisterschaft ein und schaltete dort erst den FC Mülhausen 93, dann Victoria Köln, den VfR Mannheim und im Halbfinale schließlich den First Vienna FC 1894 aus. Im Finale spielten die Saarbrücker als krasser Außenseiter im Berliner Olympiastadion gegen den Dresdner SC. Die Sachsen mit dem späteren Saarland- und DFB-Trainer Helmut Schön gewannen klar mit 3:0, Saarbrücken war seit der ersten Hälfte verletzungsbedingt dezimiert, Auswechslungen gab es noch nicht.

Auch der zweite Anlauf, dieses Mal nach Kriegsende, war nicht von Erfolg gekrönt. 1951/52 qualifizierte sich der 1. FC Saarbrücken als Meister der Oberliga Südwest für die Endrunde. Im damaligen Modus gab es zwei Gruppen, die jeweils Gruppenersten bestritten das Endspiel. Der FCS setzte sich gegen den Hamburger SV, Schalke 04 und auch den starken 1. FC Nürnberg mit Max Morlock durch. Im Finale in Ludwigshafen hieß der Gegner VfB Stuttgart, aus der 1943er Elf waren noch Herbert Binkert und Jakob Balzert dabei. Auch dieses Mal war das Verletzungspech nicht unerheblich: Beim Stande von 2:2 verletzte sich 25 Minuten vor dem Spielende Torwart Erwin Strempel, Verteidiger Theo Puff ging zwischen die Pfosten. In Unterzahl verlor der FCS 2:3 und wurde zum zweiten Mal Vizemeister.

Tradition heißt im Falle des FCS nach Jahren der Dritt- und Viertklassigkeit vielleicht, dass mit Trauer auf diese beiden Spiele geschaut wird und der Verein vielleicht nie wieder so nahe an den Titel kommen wird wie damals. Es heißt im Umkehrschluss aber auch, dass die heutigen Fans die Ersten sein könnten, die eine Saarbrücker Meisterschaft miterleben würden. Natürlich erst, wenn wir erst einmal den Durchmarsch in die Bundesliga geschafft haben!

13. GRUND

Weil »der mit dem strammen Schuß« den FV Saarbrücken lenkte

Eine Anekdote vom 70. Geburtstag des Kaiserslauterer Idols Fritz Walter im Jahr 1990 geht folgendermaßen: Der damalige Bundeskanzler Helmut Kohl, selbst Pfälzer, erinnerte sich an ein Duell zwischen Ludwigshafen und Saarbrücken. »Die Saarbrücker hatten damals einen Mittelläufer mit einem ganz strammen Schuß«, meinte der Kanzler und fragte Walter, ob er sich noch an dessen Namen erinnerte. Der Jubilar wusste Bescheid: »Bei Saarbrücken? Das kann doch nur der Bubi Sold gewesen sein.«[12]

Den am 19. April 1911 in Saarbrücken geborenen Wilhelm Sold kannten Mitspieler und Zuschauer irgendwann nur noch unter dem Rufnamen »Bubi«. Bereits als Schulbub schnürte er die Fußballstiefel und spielte in der Jugendabteilung des noch jungen FV Saarbrücken. Der »Bubi« kam Anfang der 1930er-Jahre im Herrenbereich zum Debüt und etablierte sich schnell als Stammkraft in seinem Verein. Seine bevorzugte Position sollte die des Mittelläufers werden – der zentrale Abwehrspieler im WM-System, der vor dem Torwart agiert und als Vorläufer des späteren Liberos gilt. Eine anspruchsvolle Aufgabe, da zum Stoppen der Mittelstürmer auch das Umschalten in den Angriff dem Mittelläufer überlassen war. Deshalb ernannten viele Mannschaften den Mittelläufer auch gleichzeitig zum Spielführer – Bubi Sold meisterte alle Aufgaben mit Bravour.

1934/1935 feierte Sold mit seinem FVS den bis dato größten Erfolg – den Aufstieg in die Gauliga Südwest. Zur Belohnung gab es eine Einladung zur Deutschen Nationalmannschaft für ein Spiel gegen Luxemburg im Luxemburger Stade Josy Barthel. Zwischen 1935 und 1942 absolvierte Bubi Sold zwölf Länderspiele, acht von ihnen endeten mit einem Sieg.

Im Jahr des Kriegsausbruchs 1939 verließ Sold den FV Saarbrücken in Richtung Nürnberg und gewann im gleichen Jahr den Tschammerpokal, den Vorläufer des DFB-Pokals. Im Finale gegen Waldhof Mannheim (3:0) war Gastspieler Sold der auffälligste Akteur des 1. FC Nürnberg. Danach folgte eine Zwischenstation bei Tennis Borussia Berlin, ehe er sich wieder dem FVS anschloss. Mit diesem erlebte Sold 1943 die Qualifikation für das Finale um die Deutsche Fußballmeisterschaft. Trotz des verlorenen Endspiels gegen Dresden bekam der schon 32-jährige Spielführer Lob vom ehemaligen Reichstrainer Otto Nerz: »Wilhelm Sold war der unüberwindliche Turm in der Schlacht.«[13] Zur Anerkennung ernannte ihn der FVS damals zum Ehrenspielführer.

Kurz vor dem Kriegsende schloss sich Sold gemeinsam mit dem ehemaligen Saarbrücker Ed Conen dem Heeressportverein Groß Born an. Nach 1945 kehrte er zum zweiten Mal nach Saarbrücken zurück und wurde gleich Kapitän des 1. FC Saarbrücken, wo er eine junge und talentierte Mannschaft anleiten konnte. Seine Karriere als Fußballer endete nach dem Frankreich-Abenteuer des 1. FC Saarbrücken 1949.

Auch nach dem Ende als Fußballer blieb Vollblutsportler Sold aktiv – mit seiner Frau eröffnete er an der Berliner Promenade in Saarbrücken das Sporthaus Bubi Sold, wo so mancher spätere FCS-Spieler beim Ehrenspielführer persönlich die ersten Fußballschuhe kaufte. Und was ihm als Fußballer verwehrt geblieben war, sollte ihm in einer anderen Sportart glücken: Im Kegeln wurde Bubi Sold deutscher Mannschaftsmeister. Er starb 1995 im Alter von 84 Jahren – völlig zu Recht würdigte ihn die *Saarbrücker Zeitung* in ihrem Nachruf als einen der »ganz großen Fußballspieler des Saarlandes«.[14]

14. GRUND

Weil Saarbrücken für den ersten WM-Star der Nationalmannschaft sorgte

Gerd Müller, Rudi Völler, Miroslav Klose. Drei Namen, bei denen jeder Fußballfan sofort an die Mannschaft in den weißen Trikots mit dem Adler auf der Brust denkt. Die Nationalmannschaft, oder im für die Auslandsvermarktung entworfenen Claim »Die Mannschaft«, wäre nichts ohne ihre legendären Stürmer. Ein Saarbrücker Torjäger scheint unvorstellbar in dieser Auflistung. Und doch war der Urvater der Völlers und Kloses ein Spieler des FV Saarbrücken.

1914 in Ürzig geboren, war Edmund Conen schnell fußballbegeistert. Seine Brüder gründeten 1921 den SV Ürzig, doch Conens Talent zeichnete sich schnell ab, sodass er für den FV Saarbrücken interessant wurde. Trainer Toni Unseld entdeckte den Jungen, der mit nur 16 Jahren bereits für die Herrenmannschaft debütierte. Genannt »Rolly«, zeigte Conen am Ball Wendigkeit und Eleganz und entwickelte sich dennoch zum Vollstrecker. 1933 jagte er Ricardo Zamora, dem legendären Schlussmann von Real Madrid, in einem Testspiel zwei Tore ins Netz. Im Januar 1934 streifte »Rolly« erstmals das Trikot der Nationalelf über und erzielte beim Debüt gegen Ungarn auch gleich sein erstes Tor – akrobatisch per Flugkopfball. Reichstrainer Otto Nerz gefiel der elegante Conen allerdings nicht: »Sie haben heute zweimal in der Nationalmannschaft gespielt, zum ersten und zum letzten Mal.«[15] Dass Conen dennoch mit zur Weltmeisterschaft nach Italien fuhr, war eher dem Verletzungspech im deutschen Sturm geschuldet.

Beim ersten WM-Auftritt Deutschlands gelang dem Stürmer des FV Saarbrücken gleich Historisches: Im Spiel gegen Belgien (5:2) traf Conen zwischen der 66. und der 85. Minute dreimal ins gegnerische Tor – in 19 Minuten erzielte der 19-Jährige den ersten lupenreinen Hattrick der WM-Geschichte. Mit vier Conen-Toren wurde die DFB-Elf WM-Dritter.

Es schien der Auftakt einer großen Fußballerkarriere. Auch 1935 beginnt das Jahr gut für Conen, er erzielt im Länderspiel gegen die Schweiz seinen zweiten Hattrick. Doch hinter dem strahlenden Fußballhelden steckte ein zerbrechlicher junger Mann, der an einer Angststörung litt. Dreieinhalb Jahre ruhte die Karriere des Ed Conen, bis er 1939 von seinem ehemaligen Trainer Ossi Müller zu den Stuttgarter Kickers vermittelt wurde. Dort glückte auch die Rückkehr in die Nationalmannschaft, die allerdings aufgrund des NS-Regimes nicht mehr die Völker verbindende Wirkung des Fußballs in den Vordergrund stellte. Insgesamt kam Conen auf 27 Tore in 28 Einsätzen für Deutschland, der letzte am 3. Mai 1942 gegen Ungarn (5:3). Im gleichen Jahr schloss die FIFA Deutschland aus ihrem Verband aus.

Als der FV Saarbrücken 1943 im Finale um die Meisterschaft stand, gab es noch einmal Rückkehrgerüchte um Ed Conen. Würde er seinem alten Verein helfen und gar das junge Pfälzer Talent Fritz Walter, damals als Soldat in der Nähe von Saarbrücken stationiert, mitbringen? FCK-Idol Walter streifte dann aber nie das blau-schwarze Trikot über, Conen bekam keinen Heimaturlaub von der Front und konnte nur eine Postkarte mit besten Wünschen an den FVS schreiben.

1952 beendete Conen, der als Spieler zwar nie einen Titel gewann, aber seine Krankheit bezwang, seine Karriere. Anschließend trainierte er noch Braunschweig, Wuppertal und Leverkusen. Der erste Saarbrücker Weltstar des Fußballs verstarb 1990 im Alter von 75 Jahren.

15. GRUND

Weil wir als »Interessanteste Fußball-Mannschaft Europas« die zweite französische Liga aufgemischt haben …

Leicht hatte es der als 1. FC Saarbrücken neu gegründete FVS nach 1945 nicht. War die Rückkehr zum Spielbetrieb zunächst noch gemeinsamer Wunsch der französischen Militärregierung und der Fußballer, standen ab 1947 zwei Wünsche gegeneinander: Frankreich wollte das Saarland, aufgrund des Steinkohlevorkommens ein wichtiger Faktor für die Industrie, unbedingt von Deutschland isolieren – als teilautonomen Staat unter französischer Hegemonie. Für den FCS war jedoch der Kontakt zu anderen deutschen Spitzenvereinen aus dem Südwesten überlebenswichtig, um das eigene, hohe Niveau beizubehalten. Das untersagte die Militärregierung jedoch ab Mai 1948, sogar für Testspiele.

Nun hätte der FCS eigentlich in der neuen Ehrenliga Saarland um die Meisterschaft spielen müssen, aber dafür war die von Ossi Müller trainierte Mannschaft schlicht zu stark. Als in der französischen Division 2 Angoulême auf seinen Startplatz verzichtete, sah der FCS seine Stunde gekommen und stellte einen Antrag auf Aufnahme in die französische Liga. Die Fédération Française de Football (FFF) akzeptierte unter der Bedingung, dass der Verein eine Profi-Abteilung einrichten müsse – sehr zur Missbilligung vieler saarländischen Fans. Und der FCS dürfe nur inoffiziell am Ligabetrieb teilnehmen. So erschienen in den Zeitungen zwei Tabellen: eine mit und eine ohne den »FC Sarrebruck«.

Zu Beginn der Saison 1948/49 schienen die »Sarrebruquois« mit ihrem Frankreich-Ausflug auf die Nase zu fallen, es setzte eine derbe 2:5-Niederlage in Nantes. Doch kurz danach blickten die französischen Zweitligisten nur noch verschämt auf die Tabelle mit der saarländischen Gastmannschaft: Schnell zogen die Gäste den anderen davon, schickten Mannschaften wie Valenciennes (9:0), Monaco

(6:0), Le Mans (8:0) und Rouen (10:1) mit Packungen nach Hause. Auch die von Frankreich-Experte Bill Grönke organisierten Bahnreisen nach Frankreich waren oft von Erfolg gekrönt – ob in Lyon (4:0), Toulon (6:1) oder Troyes (7:1). Besonders Herbert Binkert lag der französische Fußball: 41 Tore sicherten ihm den Titel als Torschützenkönig, den er sich mit Bordeaux-Stürmer Libar teilen musste. Mit 26 Siegen, 59 Punkten und einem Torverhältnis 148:50 wurde der »FC Sarrebruck« inoffizieller Meister der Division 2 – vor dem FC Girondins de Bordeaux mit 54 Punkten. Die Bordelais verzichteten zum Saisonende hin auf ihre Reise ins Saarland – mutmaßlich um der Schmach zu entgehen, als offizieller Meister vom inoffiziellen eine Lehrstunde in Sachen Fußball erteilt zu bekommen.[16] Die bekam dafür Frankreichs neuer Meister: Saarbrücken spielte den Racing Club Paris in einem Test nach Saisonende mit 4:1 an die Wand.

Nun wollten die Saarländer natürlich mehr: Die Aufnahme in die FFF und damit den Anspruch auf einen Platz in der Division 1. Größter Fürsprecher für den FC Sarrebruck war kein Unbekannter: Jules Rimet, FFF- und gleichzeitig FIFA-Präsident. Er warb für die Saarländer und nannte den FCS »Europas interessanteste Mannschaft«. Doch für die Mehrzahl der französischen Vereine war die Vorstellung, plötzlich eine deutsche Mannschaft an der Spitze der Division 1 zu sehen, weder wünschenswert noch interessant. Der Antrag des FCS wurde abgelehnt, und enttäuscht zog sich Rimet von der Spitze der FFF zurück.

16. GRUND

… und als Reaktion auf den Nicht-Aufstieg einfach unseren eigenen Europapokal veranstaltet haben …

Die Ablehnung der Saarbrücker durch Frankreichs Spitzenvereine erlebte bereits im Sommer 1949 ihre Retourkutsche. Der Saarländische Fußballbund lehnte in einer Abstimmung mit deutlicher Mehrheit die Aufnahme in die FFF ab und forderte eine Rückkehr in den DFB. Damit blieb es bei der eigenen, schwachen Ehrenliga für die saarländischen Vereine. Waren nun die 23.314 Kilometer Bahnfahrt durch Frankreich für die Blau-Schwarzen also vergebens? Wohl kaum, denn der »FC Sarrebruck«, nun wieder 1. FC Saarbrücken, war um einige wertvolle Erkenntnisse reicher.

Eine wichtige Erkenntnis: Die Gründung der Profi-Abteilung legte den Baustein für eine qualitativ hochwertige Mannschaft, die aber regelmäßig Spielpraxis bekommen musste. Geboren war die Idee des »1. Internationalen Saarland-Pokals«.

Die Idee schien eine durchaus konventionelle: Mit Einladungen an namhafte internationale Mannschaften sollten die Blau-Schwarzen einerseits ebenbürtige Kontrahenten zum Schlagabtausch bekommen, andererseits sollten Zuschauer angelockt werden – ohne Ligabetrieb drohten dem Verein leere Kassen. Überhaupt nicht konventionell dagegen der Modus: 15 internationale Mannschaften wurden in den Ludwigspark eingeladen – die drei besten Mannschaften davon durften erneut zur Finalrunde anreisen, die dann im K.-o.-Modus ausgespielt wurde. Unter anderem konnten Traditionsvereine wie Austria Wien und Rapid Wien, die lothringischen Nachbarn vom FC Nancy (später AS Nancy) und FC Metz, Standard Lüttich aus Belgien, der mehrfache schwedische Meister IF Elfsborg 1904 Boras und sogar eine Elf aus Chile gewonnen werden. Die Finalrunde gegen den FCS bestritten schließlich Stade Rennais, der HNK Hajduk Split, der im gleichen Jahr jugoslawischer Meister werden sollte, und Metz. Nach einem knappen 1:0-Halbfinalsieg über Split trafen die »Molschder« im Finale auf Rennes und wurden dank eines klaren 4:0-Sieges erster Gewinner des »Internationalen Saarland-Pokals«. Viele ältere Fans schwärmen noch heute vom Pokal, den sie als einen Vorläufer der heutigen Europapokale sehen.

Sportlich ging die Rechnung auf, und die Spieler blieben in Schuss – finanziell war der Wettbewerb eher enttäuschend. Die ständigen Einladungen an Gastmannschaften waren kostspielig – trotz der Unterstützung der Sponsoren – und mit Zuschauerzahlen im meist vierstelligen Bereich war der »Internationale Saarland-Pokal« nicht der erhoffte Publikumsrenner. Was die Menschen im Saarland sehen wollten, war hochklassiger Fußball – am liebsten wieder in der Oberliga Südwest.

Trotzdem gab es eine zweite Auflage. Um die finanzielle Last auf mehrere Schultern zu verteilen, kam der VfB Borussia Neunkirchen als zweiter Ausrichter hinzu. Außerdem wurde der Modus verändert: Es sollte in Hin- und Rückspielen gegeneinander angetreten werden. Kurz vor der Endrunde zog das Hohe Kommissariat, Hauptsponsor des Pokals, seine Preisgelder dann aber zurück, da dem 1. FC Saarbrücken nun doch ab der Saison 1951/52 wieder die Teilnahme an der Oberliga Südwest zugesagt wurde – der Pokal hatte seinen Zweck in gewisser Weise erfüllt. Obwohl der Wettbewerb ohne Sieger abgebrochen wurde.

17. GRUND

... und weil der FCS dann auf seiner Europa-Tournee auch noch Real Madrid schlug

Sieger durch die Rückkehr in die Oberliga Südwest war vor allem der 1. FC Saarbrücken. Bevor es so weit war und gleich in der Saison 1951/52 der Einzug ins Endspiel um die deutsche Meisterschaft (2:3-Niederlage gegen den VfB Stuttgart) gelingen sollte, standen noch diverse Testspielreisen an.

Auf dem Reiseplan der Blau-Schwarzen standen so das bereits bekannte Frankreich, aber auch das Mutterland des Fußballs, England. Beim Liverpool FC gab es ein beachtliches 1:1-Unentschieden, das den Gästen viel Lob einbrachte. Bei Grimsby Town wurde gar mit 2:1 gewonnen, nur in Chesterfield gab es eine Niederlage.

Doch nicht nur in England präsentierte sich der 1. FC Saarbrücken internationalen Mannschaften ebenbürtig. Auf der Skandinavien-Tournee, die innerhalb von 13 Tagen ganze sechs Spiele beinhaltete, durfte sich Saarbrücken mit Malmö FF, Kopenhagen, IF Elfsborg Boras, Eskilstuna City und IF Norrkoeping messen.

Diese für die damals jungen Herren Binkert, Martin und Otto erlebnisreichen Freundschaftsspiele verblassen jedoch im Schatten eines Jahrhundertspiels der Saarbrücker Vereinsgeschichte: des Testspiels bei Real Madrid. Am 21. Februar 1951 lief die Mannschaft des 1. FC Saarbrücken im damals recht neuen Nuevo Estadio Chamartín (heute: Estadio Santiago Bernabéu) auf. Am Ende hieß es 4:0 für die Saarländer, als Torschützen waren Balzert, Clemens, Binkert und Prieur erfolgreich. Vor allem der damals 25-jährige Kurt Clemens spielte auf der Position des Rechtsaußen seine Gegenspieler schwindlig und war sowohl in der Defensive als auch im Angriff präsent. Kein Wunder, dass Real Madrid kurz nach dem Freundschaftsspiel beim 1. FC Saarbrücken vorstellig wurde und 300.000 Mark für Clemens bot, was den Homburger zum teuersten Fußballer Europas gemacht hätte.[17] Doch nach einer Verletzung im Testspiel gegen Belgrad war daran nicht mehr zu denken. Ihn sollte es später nach Nancy verschlagen.

Auch wenn aus heutiger Sicht der Stellenwert eines einzigen Testspiels für die Vereinshistorie eher nichtig anmutet: In mehreren Vereinschroniken wird betont, dass vermutlich nie zuvor und auch danach nie wieder derart hochklassiger Fußball von einer Saarbrücker Mannschaft zelebriert wurde. Das Spiel bildet den Höhepunkt in einer Zeit, als das politische Ringen um die Saar zwischen Deutschland und Frankreich den 1. FC Saarbrücken in seiner vielleicht größten Zeit ausbremste. Aber eines konnte keiner dem FCS nehmen: Er wurde am 21. Februar 1951 zur ersten deutschen (wenn auch damals noch saarländischen) Mannschaft, die Real Madrid besiegen konnte. Lange vor den Bayern und Dortmund.

18. GRUND

Weil wir fast die die komplette Nationalmannschaft des Saarlands stellen …

Nicht wenige Fußballfans, oft aus dem Ultra-Spektrum, halten es fast dogmatisch mit ihrer Liebe: Der Verein zählt, sonst nichts. Selbst die Nationalmannschaft, oder seit kurzer Zeit nur noch »Die Mannschaft«, vermag es nicht, sie mit vielen Fans anderer Vereine auf einen gemeinsamen Nenner zu bringen. In den 1950er-Jahren wäre das für Fans des 1. FC Saarbrücken kein wirkliches Problem gewesen.

Nach dem Ende des Zweiten Weltkriegs 1945 beschlossen die Mitglieder der FIFA bis auf Weiteres das Ende aller Beziehungen mit Deutschland und Japan – ergo auch deren Fußballnationalmannschaften. Als erst mit Gründung der Bundesrepublik Deutschland 1949 und kurz danach der Wiedergründung des DFB eine Rückkehr der deutschen Fußballnationalmannschaft auf die internationale Fußballbühne in greifbare Nähe rückte, gab es bereits ein »deutsches« FIFA-Mitglied: Das Saarland war im Juni 1950 der FIFA beigetreten. Gut drei Monate vor dem DFB.

Für den Saarländischen Fußball-Bund (SFB) war dies keineswegs eine Kampfansage an den DFB, sondern die Chance, sich von den sportpolitischen Interessen Frankreichs, die bereits dem 1. FC Saarbrücken eine Mitgliedschaft in der ersten französischen Liga, also auch in der Oberliga Südwest, untersagt hatten, zu emanzipieren.

Zu Beginn stellten die Saarländer einen erfahrenen Mann als Trainer an: Auguste Jordan, der als gebürtiger Österreicher in Frankreich zu Ruhm und Titeln gelangt war und ab 1937 für die französische Nationalmannschaft auflief. Parallel brachte »Gustl« auch den Spielern des 1. FC Saarbrücken das Fußballerhandwerk bei, da er den Verbandsposten gleichzeitig mit seinem Amt beim

Hauptstadtverein ausübte. Kein Wunder auch, dass sich das Personal beider Mannschaften stark ähnelte. Lediglich die Trikotsätze waren nicht blau-schwarz, sondern bestanden »aus weißen Hosen, hellblauen Trikots und wahrscheinlich blau-weißen Strümpfen«[18].

Beim ersten Länderspiel auf dem Saarbrücker Kieselhumes war der Gegner, wie so oft, eine B-Mannschaft, in diesem Falle die B-Auswahl der Schweiz. Sieben von elf saarländischen Akteuren standen beim 1. FC Saarbrücken unter Vertrag, ergänzt wurde die Mannschaft von drei Spielern von Borussia Neunkirchen und einem Stürmer des FC Ensdorf. Das Auftakttor schoss der Saarbrücker Karl Berg, der Borusse Leibenguth packte einen Zweierpack drauf, und auch der Ensdorfer durfte gleich zwei Tore zum 5:3-Sieg beisteuern.[19] Sein Name: Herbert Martin, der kurz darauf zum 1. FC Saarbrücken wechselte und zusammen mit seinem Namensvetter Herbert Binkert Rekordtorschütze der saarländischen Nationalelf (beide sechs Treffer) werden sollte.

Nicht immer sollte es für das Saarland Erfolge zu feiern geben. Von insgesamt 19 Spielen wurden lediglich sechs gewonnen, drei Partien endeten unentschieden, und zehnmal verlor das Saarland. Mit 18 Spielen schaffte es Waldemar Philippi zum Rekordspieler des Saarlandes. Hätte er nicht bei der 1:7-Niederlage gegen Uruguay im Juni 1954 passen müssen – er wäre vermutlich der einzige Spieler der Welt, der in allen Spielen einer Nationalmannschaft auf dem Platz gestanden hätte. Bevor sich das Saarland 1956 mit einer Niederlage in den Niederlanden von der FIFA-Bühne verabschiedete, sollte es allerdings in einem ganz besonderen Bruderduell fast für die Sensation sorgen.

19. GRUND

… und weil es ohne das Saarland kein Wunder von Bern gegeben hätte

Der Zufall wollte, dass die Qualifikationsgruppe zur Fußballweltmeisterschaft 1954 folgende drei Mannschaften zusammen loste: Norwegen, die Bundesrepublik Deutschland und das Saarland. Für die beiden Letztgenannten ging es logischerweise aufgrund des Beitritts zur FIFA 1950 um die erste Teilnahme an einem internationalen Turnier nach Ende des Zweiten Weltkriegs.

Das Saarland startete mit einem unerwartetem Sieg in die Quali-Runde: Am 23. Juni 1953 lag man bereits früh in Oslo mit 0:2 zurück, drehte aber mit Toren von Binkert, Otto und Siedl das Spiel. Das 3:2 in Norwegen bescherte der von Helmut Schön trainierten Saar-Elf die Tabellenführung – Deutschland kam in Oslo selbst nur zu einem 1:1. Die weiteren Spiele, eine 0:3-Niederlage in Stuttgart gegen Deutschland und ein Heim-Remis gegen Norwegen (0:0), sorgten vor dem entscheidenden Heimspiel gegen die BRD für eine ungewöhnliche Ausgangslage. Mit einem Sieg wäre das Saarland an Punkten mit Deutschland gleichgezogen, was ein Entscheidungsspiel im Pariser Prinzenpark zur Folge gehabt hätte.

Am 28. März 1954 fand vor 53.000 Zuschauern im Saarbrücker Ludwigspark das politisch brisante Duell statt. Auf das traditionelle Abspielen der Hymnen verzichteten beide Mannschaften, da es Befürchtungen gab, es käme zu Auseinandersetzungen zwischen Anhängern und Gegnern des Saar-Statuts. So gab es nur eine instrumentale Version des Deutschlandlieds zu hören – einige Zuschauer hatten tatsächlich ein Grammofon ins Stadion geschmuggelt.

Fast hätte das Saarland dann Sepp Herberger an seinem 57. Geburtstag geschockt: Herbert Martin schoss den Ball aus regulärer Position ins Tor, der niederländische Schiedsrichter entschied aber auf Abseits. 0:0 statt 1:0, und Herbergers Trick begann Wirkung zu zeigen: Er ließ die Brüder Ottmar und Fritz Walter die Positionen tauschen, dass »Fips« Philippi, der Albtraum des »alten Fritz«, verwirrt war. Max Morlock traf zweimal, Herbert Martin verkürzte kurzzeitig auf 1:2, doch ein strittiger Treffer des Kölners Hans Schäfer sieben Minuten vor Abpfiff beendete die saarländischen WM-Träume.

Doch aus Sicht der Spieler sollte die Geschichte ein kleines Happy End nehmen, obwohl die Töne beim 1:3 manchmal rau wurden, wie Herbert Binkert später berichtete: »Wir wurden von den Deutschen als Saarfranzosen bezeichnet, das hat wehgetan.«[20] Denn abseits des Spielfeldes erkannte die DFB-Delegation die starke Leistung der Saarländer an, und das Verhältnis war von gegenseitiger Wertschätzung geprägt. Die Spieler der saarländischen Elf wurden im Sommer dann auch zum Endspiel der WM nach Bern eingeladen und drückten von der Tribüne der deutschen Elf gegen Ungarn die Daumen. Stunden später sollten dann die Saarländer gemeinsam mit der Herberger-Truppe auf den Weltmeistertitel anstoßen. Den zweiten besorgte dann Helmut Schön 1974 – nachdem er vom Trainer des Saarlandes erst zum Assistenten von Herberger und dann zu seinem Nachfolger aufgestiegen war. Das Wunder von Bern und ein wenig auch der Triumph von München haben so ihre tiefen unsichtbaren Wurzeln im Saarbrücker Ludwigspark.

20. GRUND

Weil wir beim ersten Europapokal der Landesmeister dabei waren

Die Zeit, in der das Saarland nicht zur Bundesrepublik Deutschland gehörte, hat dem FCS, wie bereits in einigen Gründen in diesem Buch behandelt, das Leben oft schwer gemacht: der politisch gewollte Ausschluss vom Ligabetrieb im deutschen Verband, die gleichzeitige Ablehnung eines möglichen französischen Erstligisten »FC Sarrebruck« und die sportlich fragwürdige »Ehrenliga Saarland«. Doch aus Sicht heutiger Fans wird diese Zeit zur Fundgrube für kuriose Fußballfakten, wie sie von Sportreportern gerne bei Liveübertragungen oder von Statistik-Nerds in Kneipengesprächen eingestreut werden.

Die Saison 1955/56 sollte mit einer revolutionären Idee aufwarten, die zuvor jahrelang in Verbänden und Sportzeitschriften diskutiert wurde: ein Pokalwettbewerb der europäischen Mannschaften. Zur Erstauflage sollten 16 Mannschaften, also im Idealfall die amtierenden Meister eines Landes, im K.-o.-System gegeneinander Hin- und Rückspiel austragen. Der Wettbewerb, der seit 1993 als »Champions League« Werktage zwischen Fußballwochenenden füllt, war damals noch simpel, Reisen noch kleine Abenteuer.

Als Landesmeister für Deutschland trat Rot-Weiss Essen mit »Boss« Helmut Rahn an und schied in der ersten Runde gegen den schottischen Vertreter Hibernian Edinburgh aus (0:4 und 1:1). Doch auch der 1. FC Saarbrücken durfte am Pokal teilnehmen – obwohl längst wieder in der Oberliga Südwest aktiv, waren die Blau-Schwarzen ja noch Saarländer, also noch eigenständig. Und da der Saarländische Fußball-Bund sogar vor dem DFB Mitglied der FIFA wurde, musste natürlich auch das Saarland mit von der Partie sein!

Das Los für den FCS: der AC Mailand. In Reihen der Italiener waren damals mit den Schweden Gunnar Nordahl und Nils Liedholm sowie dem Uruguayer Schiaffino Weltstars aktiv. Der Favoritenrolle konnten sich die Rot-Schwarzen aus Italien also kaum entziehen. Beim Hinspiel im Mailänder San Siro am 1. November 1955 staunten die Zuschauer dann aber zunächst nicht schlecht, als der krasse Außenseiter Saarbrücken nach fünf Minuten dank Pit Krieger führte. Doch der Favorit stellte gleich wieder das erwartete Kräfteverhältnis her: Frignani, Schiaffino und del Monte trafen, 3:1 für Mailand nach 37 Minuten. Der FCS war zudem durch eine Verletzung von Waldemar Philippi geschwächt. Auswechslungen gab es noch keine.

Doch diese Schwäche wurde zum Trumpf. Philippi wechselte von der linken Läuferposition auf den rechten Flügel und ging mehr in die Offensive.[21] In der 43. Minute erzielte er eines seiner seltenen Tore. Der FCS witterte Morgenluft, der französische Torhüter Camille Fischbach zeigte eine starke Leistung, und mit Toren von Karl Schirra und Herbert Martin drehten die Blau-Schwarzen das Spiel: 4:3 für den Außenseiter im San Siro!

Im Rückspiel auf dem Saarbrücker Kieselhumes am 23. November stand es bis zur 75. Minute 1:1, und es roch nach Sensation. Leider unterlief Verteidiger Theo Puff, sonst einer der Besten seines Fachs, ein Eigentor, Valli und Beraldo machten das 1:4 und das Ende Saarbrücker Träume perfekt. 1956 wurde der Saarländische Fußball-Bund wieder Teil des DFB, und der FCS qualifizierte sich entsprechend nie mehr wieder für den Landesmeisterpokal. Es bleibt der Sieg in Mailand als Sternstunde des Vereins – und als kurioser Fakt für Statistik-Freunde.

21. GRUND

Weil Herbert und Herbert gegnerische Verteidigungen ins Schwitzen brachten

Wenn bei Spielen des 1. FC Saarbrücken in den 1950er Jahren der Ball im Tor des Gegners zappelte, hieß der Torschütze oftmals Herbert. Das lag nicht an einem, sondern gleich zwei besonders torgefährlichen Herren in Diensten des 1. FC Saarbrücken, die mehr als nur den Vornamen teilen: Herbert Binkert und Herbert Martin.

Binkerts Herbert erblickte am 3. September 1923 in Karlsruhe das Licht der Welt und sollte beim örtlichen FC Phönix seine ersten Gehversuche am Ball wagen. Dass er ins Saarland kam, ist dem Zweiten Weltkrieg geschuldet – als Soldat war er nahe dem Kieselhumes stationiert, entsprechend lief er von da an für den FV Saarbrücken auf und zeigte bereits als 20-Jähriger Qualitäten, die den Verein bis ins Endspiel um die Fußballmeisterschaft nach Berlin brachte. Dort verloren die Saarländer mit 0:3 gegen Dresden. Bei der Rückreise in der »Holzklasse« der Reichsbahn war so wenig Platz, dass Binkert als Jüngster im Gepäcknetz liegen musste.[22] Nach Kriegsende ging Binkert zurück in seine badische Heimat Karlsruhe und spielte danach ab 1946 zwei Jahre für den VfB Stuttgart. Dass er trotz hervorragender Leistungen für die Mannschaft mit dem roten Brustring 1948 zum sportpolitisch isolierten 1. FC Saarbrücken wechselte, dürfen die FCS-Fans noch heute Binkerts Frau danken – einer Saarbrückerin.

Als Binkerts Herbert zurückkehrte, machte ein anderer Herbert bereits die Saarvereine auf sich aufmerksam: Der am 29. August 1925 im Grubenort Ensdorf geborene Herbert Martin. Der teilte nicht nur Vornamen und das Sternzeichen (Jungfrau) mit Binkert, sondern auch einen ausgeprägten Torriecher. 1950 wechselte er von seinem Heimatverein FC Ensdorf zum 1. FC Saarbrücken, der sich gerade anschickte, international Erfahrungen zu sammeln. In der vielleicht besten Saarbrücker Mannschaft aller Zeiten sorgten nun im Sturm das blinde Verständnis zwischen den beiden Herberts für Musik.

Schon Anfang der 1950er erlebten beide die Glanzjahre des 1. FC Saarbrücken, der nach erfolgreichen Gastspielen in Frankreich, Spanien und England wieder in der Oberliga Südwest spielte und 1952 im Endspiel um die Deutsche Meisterschaft gegen Stuttgart stand. Auf dem Platz trat der von Gustl Jordan trainierte FCS meist im populären WM-System an, in dem Binkert den Mittelstürmer gab und Martin als Halbstürmer agierte. Mit feinster Technik am Ball erarbeiteten sich beide einen Ruf im Südwesten, der auch andere Vereine lockte – doch Martin schlug etwa ein Angebot des 1. FC Kaiserslautern aus. Stattdessen brachte Martin es mit 253 Toren in 323 Spielen zum Rekordtorschützen des 1. FC Saarbrücken, während Binkert in dieser Rangliste den zweiten Platz einnahm

(125 Tore in 207 Spielen) und Zuschauern als »bester saarländischer Fußballer aller Zeiten« galt.

1960 war für Binkert Schluss, ein Jahr später beendete auch Martin seine Karriere – für die Bundesliga waren sie zu früh geboren. Beide wagten anschließend den Wechsel ins Trainerfach: Martin in Fraulautern und Ensdorf, Binkert in höheren Klassen bei Völklingen, Homburg, Theley, Neunkirchen und auch dem FCS. Im Alter wurde es etwas ruhiger um Martin, während Binkert auch heute noch dem Ehrenrat des Vereins angehört. Dass beide Herberts aber keineswegs vergessen sind, bewiesen die Fans des FCS: Zum Stadtderby gegen Saar 05 gratulierten sie auf Plakaten zum 90. und 92. Geburtstag: »Legenden bleiben immer jung! Die besten Wünsche an Herbert Martin und Herbert Binkert.«

KAPITEL 3

DER LUDWIGSPARK, DAS IST UNSERE HEIMAT!

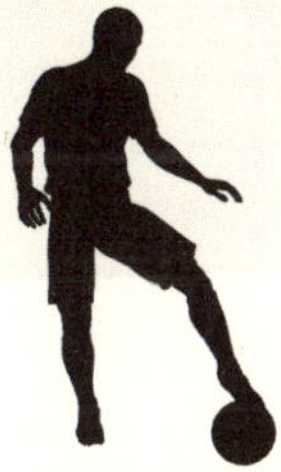

22. GRUND

Weil der Ludwigspark schon seit Ewigkeiten die Heimat des Saarbrücker Fußballs ist

Das Ludwigsparkstadion galt bis vor einigen Jahren noch als die Fußballstätte mit in Deutschland einzigartiger Infrastruktur: Trainingsgelände, Eventhalle, Kneipen, Spielcasino und Bordell in Fußnähe. Fernab dieser spitzen Bemerkungen über so manche Freizeitbeschäftigung ehemaliger FCS-Profis bleibt die spannende Frage: Seit wann spielt der 1. FC Saarbrücken im Ludwigsparkstadion? Und wie ist der FCS überhaupt im Ludwigspark gelandet?

Als Hugo Wätzmann, Willi Düpre und die anderen Gründungsväter (dieser Name ist angesichts des damals jungen Alters der Herren sinnbildlich zu verstehen) den Fußball in den Turnverein Malstatt brachten, wurde auf dem alten Jahnplatz nahe der heutigen Grundschule Wallenbaum gekickt – schließlich lag dort auch das Turnerheim des TV Malstatt. Als Tore dienten die Sprungständer. Eine logische und praktische Wahl der Fußballpioniere, denn viele besuchten die gegenüberliegende Hauptschule an der St. Josef Kirche. Dabei war diese Zeit geprägt von Konflikten mit den Turnern, sodass Spiele gegen andere Mannschaften, sogenannte »Schauspiele«, deren Zweck neben dem sportlichen Wettkampf eben auch die Demonstration des noch sehr neuen Fußballsports waren, oft auf dem Exerzierplatz auf der Spicherer Höhe stattfanden. Dort traf sich auch die gesamte Stadt zum großen Sport- und Turnfest – ob Turnier oder Fußballer.

1906 zog der Verein, wie Fanprojektleiter Jörg Rodenbüsch 2003 recherchierte[23], ans Rotfeld, blieb dort aber nur zwei Jahre. Nächste Station war der erste eigene Sportplatz »Am Wallenbaum«, der irgendwann Wohnhäusern gewichen ist. Von 1910 bis zum Ausbruch des Ersten Weltkriegs zog es den FV Saarbrücken an die Lebacher Straße, was auch aus finanzieller Hinsicht ein Gewinn für den Verein war: Dank einer Holzumzäunung als Sichtbarriere konnte der FVS Eintrittsgelder verlangen. 1919 ging es erst zum historischen Rodenhof – das Restaurant ließ den Fußballern eine Wiese neben dem Gebäude für ihr Freizeitvergnügen nach einigen Verhandlungen. Doch lange blieb der Saarbrücker Fußball nicht dort, sondern zog einige Hundert Meter entfernt in den Ludwigspark.

Errichtet wurde die neue Spielstätte von der Stadtverwaltung »unter Einsatz von Arbeitslosen«[24] zwischen einem Weiher und dem Ausflugslokal im Ludwigspark. Bei den Malstättern und vor allem bei den Gründern des FVS war die Parkanlage stetes Ziel sonntäglicher Ausflüge zum Tanzcafé – kein Wunder, dass sich die Fußballer schnell hier heimisch fühlten. Eröffnet wurde das neue Stadion am 7. August 1919 mit einem Freundschaftsspiel zwischen dem FVS und dem SV Wiesbaden (1:4). Viel hatte die damalige Spielstätte mit dem späteren Ludwigsparkstadion nicht gemein: Gespielt wurde auf roter Erde (die einige Leser vielleicht noch aus ihrer Kreisligakarriere kennen), die Zuschauer standen überwiegend auf Stehtraversen, sonst gab es nur noch eine kleine Haupttribüne.

Das erste Ludwigsparkstadion existierte, bis der Zweite Weltkrieg Saarbrücken erreichte und das Spielfeld zerstört wurde. Die Saarbrücker Fußballer mussten auf den Kieselhumes ausweichen. Ab 1951 wurde nach den Plänen von Peter Paul Seeberger[25] ein neues Stadion errichtet, wozu im ersten Schritt die ehemalige Spielfläche mit Trümmerschutt aufgefüllt wurde und der heutige Ludwigspark somit einige Meter höher als sein Vorgänger liegt. Am 2. August 1953 wurde die neue Heimat des 1. FC Saarbrücken seiner Bestimmung übergeben – mit einem Spiel gegen Rot-Weiss Essen (3:2).

23. GRUND

Weil die Geschichte hinter unserem Stadionnamen »Ludwigspark« so herrlich wenig mit Fußball zu tun hat

Stadionnamen sind das Tafelsilber im Fußball. Für die Fans ein tragender Teil der eigenen Geschichte und Identität, den es zu bewahren gilt, und für die Klubführung oft etwas, was zwar ganz nett ist, aber im Zweifelsfall nützt gutes Besteck wenig, wenn der Teller leer bleibt. Wenigstens bleiben Namen wie »Westfalenstadion«, »Waldstadion« oder »Müngersdorfer Stadion« im Duktus der Fans erhalten, während der oft marktschreierische Charakter des Sponsorennames peinlich berührt zur Kenntnis genommen wird. Anders das Ludwigsparkstadion, dem möglicherweise aufgrund seines Alters und Zustands erst nach einer Modernisierung der Verlust des Namens droht. Doch wieso sagen wir Fans eigentlich »Ludwigspark« oder noch kürzer: »Park«?

Dazu ein Exkurs in die Geschichte des Ludwigsparks – diesmal nicht die des Stadions, sondern des tatsächlichen Parks. Und die von Ludwig. Ludwig wurde 1745 als zweites Kind und erster Sohn des Fürsten Wilhelm Heinrich von Nassau-Saarbrücken geboren. Als sein Vater 1768 starb, wurde er im Alter von 23 Jahren selbst Fürst und fand – ähnlich der heutigen Situation der Landeshauptstadt – eine fast leere Kasse vor. Dennoch errichtete er in der Grafschaft die Ludwigskirche und im Jahr 1769 ein Jagdschloss auf dem Malstatter Bann mit Parkanlage. Fortan genannt: Ludwigsberg.

Pikantes Detail: Besagtes Jagdschloss soll Fürst Ludwig für seine Geliebte erbaut haben. Da die Ehe mit seiner ersten Frau Wilhelmine eher wenig Zerstreuung versprach und diese sich auf Schloss Halberg zurückzog, vergnügte sich Ludwig mit der Kammerzofe Katharina Kest, die im Volksmund als »Gänsegretel von Fechingen« bekannt wurde. Das neue Domizil der Liebenden: der Ludwigsberg.

Nach dem Tod von Wilhelmine wurde die Gänsegretel die legitime Gemahlin von Ludwig.

Nach dem Ausbruch der französischen Revolution flohen Ludwig und Gemahlin 1793 ins Exil nach Aschaffenburg. Die Revolutionäre zerstörten die Symbole der Monarchie und rissen so auch das Jagdschloss auf dem Ludwigsberg nieder – was blieb war die Parkanlage, die schon seit der Errichtung als Bürgerpark allen Saarbrückern zugänglich war. Ludwig starb kurz nach der Flucht im Exil – und glaubt man den alten Sagen aus Malstatt, spukt er seither als wilder Jäger vornehmlich zur Adventszeit auf dem Ludwigsberg und sucht sein altes Schloss (Leser, die ihn gesehen haben, mögen sich bitte bei der örtlichen Niederlassung der Geisterjäger oder direkt beim Autor melden!).

So hat der Name des Ludwigsparkstadions im Endeffekt fast nichts mit Fußball zu tun – dass Fürst Ludwig je einen Ball ins Tor getreten hat, erscheint aufgrund der Lebensdaten unwahrscheinlich. Und doch gibt es die eine, kleine Parallele: So wie für den Fürsten und seine Mätresse der Ludwigsberg der Rückzugsort zum Lieben war, leben noch heute die Saarbrücker Woche für Woche die Liebe zum runden Ball an diesem traditionsreichen Rückzugsort aus – geschützt vor eifersüchtigen Partnern!

24. GRUND

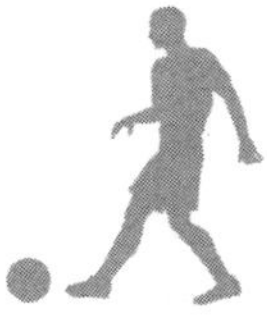

Weil die vier Flutlichtmasten den Ludwigspark verzaubern

Je später der Abend, desto größer der Fußball. Zumindest umweht jedes Abendspiel den Hauch einer Pokalbegegnung – die Liga gehört dem Tag, der Pokal der Nacht. Mit der unaufhaltsamen Zerstückelung des Spieltags bis hinein in die Halbprofiligen gehört diese gefühlte Wahrheit des Fußballs natürlich längst der Vergangenheit an. Inzwischen können sogar Regionalligapartien an einem Dienstag im November um 18.30 Uhr angepfiffen werden, und es gibt nur eine kleine Entschädigung für die Zuschauer: das strahlende, wärmende Flutlicht, das eine würdige Kulisse bereitet, selbst wenn nicht immer auch Fußball folgt, der dieser Kulisse würdig wird.

Aber wie kam es eigentlich zu der auf den ersten Blick verrückten Idee, eine Sportart im Freien unter künstlicher Beleuchtung statt am Tage durchzuführen? Das erste Flutlichtspiel der Welt datieren Fußballhistoriker auf den 14. Oktober 1878, als in Sheffield knapp 26.000 Menschen in der Bramall Lane Fußball dank vierer Bogenlampen nach Einbruch der Dunkelheit sahen[26] – eine Attraktion, die zusätzlich Zuschauer anlocken sollte. Der englische Verband verbat kurz darauf künstliche Beleuchtung aufgrund von Sicherheitsbedenken – erst in den 1950er-Jahren erlaubte der technische Fortschritt wieder erhelltes Gekicke.

Als der neue Ludwigspark 1953 seiner Bestimmung übergeben wurde, waren Spiele nach Einbruch der Dunkelheit noch nicht möglich. Erst neun Jahre später wurden Spieler und Fans erleuchtet – rechtzeitig zur Einführung der Bundesliga im darauffolgenden Jahr. Fortan lieferten die vier Flutlichtmasten das richtige Licht für großen Fußball. Etwa für das vielleicht größte Flutlichtspiel im Ludwigspark am 6. Februar 1985, als der FCS den VfB Stuttgart im Elfmeterschießen des DFB-Achtelpokalfinales besiegte.

Auch Flutlicht will gepflegt werden. Im Erstliga-Jahr 1993 gab es eine grundlegende Renovierung. 1999 erwiesen einige FCS-Fans der Anlage eine besondere Ehre und nannten ihr neues Fanmagazin *Flutlicht*, wohl auch um den investigativen (sprich: erhellenden) Aspekt der Berichterstattung zu betonen. Doch die Strahler verloren erneut ihre Kraft und sorgten nicht mehr für allzu viel Erhellung, dass 2006 für rund 300.000 Euro die Lampen erneuert wurden. Eine Aufrüstung von 600 Lux auf 1000 Lux – UEFA-Cup-Norm![27] Wären die Blau-Schwarzen im gleichen Jahr doch nur nicht abgestiegen …

Die vier Flutlichtmasten des Ludwigsparkstadions, die als leicht abgeknickte Vierecke entfernt an aufgestellte Bratenwender erinnern, haben sich über die Jahrzehnte zum heimlichen Monument des 1. FC Saarbrücken entwickelt. Sie zieren T-Shirts und Schals von Fangruppierungen, haben ihre eigene Animation auf der Anzeigetafel und werden auch regelmäßig von Gästefans mit Lob überschüttet. Wohl auch, weil immer häufiger jene Masten der modernen Stadionarchitektur zum Opfer fallen.

Aus der Ferne ragt die Flutlicht-Anlage über die Baumkronen auf dem Ludwigsberg hervor und lässt sich sogar vom Bahnhof aus erspähen. Für den Autor dieses Buches, der meist mit dem Zug zu Heimspielen kommt, sind die Masten im Park der erste Willkommensgruß des eigenen Vereins bei der Ankunft in Saarbrücken. Mögen sie noch lange auf uns scheinen!

25. GRUND

Weil die LED-Anzeigetafel an eine längst vergangene Epoche des Fußballs erinnert

Bei einem Besuch im Ludwigspark richten sich die Augen unweigerlich auf das schwarze, rechteckige Ungetüm über dem Marathontor auf der Westseite des Stadions. Die LED-Anzeigetafel des Ludwigsparkstadions. Eingeweiht wurde das gute Stück am 27. März 1985, als die deutsche Fußballnationalmannschaft in der WM-Qualifikation gegen die an diesem Tag nicht ganz ebenbürtige Elf aus Malta antrat. Mit 6:0 schickte die Beckenbauer-Elf die Malteser nach Hause, was vom Tage übrig blieb, war aber unter anderem die schicke Tafel, die schon zu Dienstantritt dank der sechs Treffer auf Herz und Nieren geprüft wurde.

Bei ihrer Einführung war die Anzeigetafel im Saarbrücker Ludwigspark – auch wenn diese Erkenntnis heute wie ein Scherz klingt – die modernste ihrer Art in ganz Deutschland. Und doch scheint seit diesem Tag im März 1985 die Zeit für sie still zu stehen. Zum Glück nur nicht für die Stadionuhr, die in die Tafel integriert wurde. Die schier unendliche Anzahl an Lämpchen flackert auf und ab, verbindet sich stets zu neuen Mustern, Worten und Bildern. In anderen Stadien verdrängte ab Ende der 1990er-Jahre allmählich die Videowand die nun altbackenen LED-Anzeigetafeln. Mit mehr Darstellungsmöglichkeiten, farbigen Animationen oder Wiederholungen von wichtigen Momenten des Spiels war der neue Star im Stadion geboren – vor allem Werbepartnern kam die technische Neuerung entgegen. Doch der Ludwigspark und die Landeshauptstadt blieben sich treu, und die Tafel blieb. Gegen Wind, Wetter und andere Widerstände. Etwa als im August 2003 plötzlich der alte Computer den Geist aufgab und der Verein seine Fans um Mithilfe bitten musste, um einen auf »8 Megahertz herunterfahrbaren 286er«[28] Rechner zu finden. Was letztlich dann doch gelang. Sie überlebte sogar die kurzlebige Konkurrenz am 33. Spieltag der Saison 2005/2006. Vor dem Abstiegsgipfel gegen die Kickers Offenbach ließ ein Sponsor zusätzliche Videoleinwände im Ludwigspark installieren. Ein schlechtes Omen, denn der FCS verlor das vorentscheidende Spiel mit 0:4 und musste am Ende aus der 2. Bundesliga absteigen.

Wahre Liebe zum Detail bewiesen über die Jahre immer wieder diejenigen, die versteckt unter dem Dach der Haupttribüne saßen und sitzen und am betagten Rechner die ebenso betagte Tafel mit Informationen und Animationen füttern. Bis zu ihrem Tod Mitte der 2000er-Jahre grüßte die Fan-Legende Oma Neis zu jedem Heimspiel die Fans vom FCS und forderte zu lautstarker Stimmung auf. Ob dem »Flutlichtspiel im Ludwigspark« gehuldigt wird, die »Alte Dampfeisenbahn« auf große Tour geht oder ob »de Bub«, ein aus dem Musikvideo zu Gigi D'Agostinos *The Riddle* entlehntes Strichmännchen, vor sich hin trabt – selbst aus den technisch limitierten Möglichkeiten werden Bilder gezaubert, die ihre Fans haben. In der endlosen Diskussion um einen Stadionneubau in Saarbrücken startete FCS-Fan Julia Alflen eine Online-Petition[29] an die Landeshauptstadt, um auch im neuen Ludwigspark die Anzeigetafel von 1985 zu erhalten. Eine Forderung, die schon nach kurzer Zeit über 400 Unterstützer fand. Auch wenn tatsächlich irgendwann mal ein neues Stadion mit einer modernen Videowand um die Gunst der Fans werben wird – der Charme der LED-Anzeigetafel bleibt trotz ihrer zahlreichen verglühten Lämpchen nicht zu ersetzen.

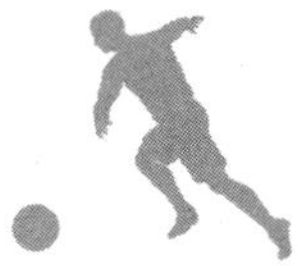

26. GRUND

Weil der Ludwigspark auch Bühne für die ganz Großen war

Die Fans des 1. FC Saarbrücken können ohne falsche Scham sagen: »Der Ludwigspark, das ist unser Stadion!« Aber natürlich befindet sich die Spielstätte selbst im Besitz der Stadt Saarbrücken, hat also nicht nur ihre Tore für die Blau-Schwarzen zu öffnen, sondern auch anderen Veranstaltungen eine würdige Bühne zu bieten.

Zunächst seien da die Spiele der saarländischen Nationalelf zu nennen – obwohl diese Spiele gefühlt oft von Spielern des 1. FC Saarbrücken bestritten wurden, nur in anderen Trikots. Aber auch die deutsche Mannschaft trat einige Male im Saarbrücker Ludwigsparkstadion an: 1966 gab es in einem inoffiziellen Test gegen Dukla Prag eine Niederlage für den DFB, 1983 schafften die Deutschen mit einem 2:1-Zittersieg gegen Albanien die Qualifikation zur Europameisterschaftsendrunde 1984. Der Boden im Ludwigspark ist für den DFB kein gutes Pflaster, dachte man sich wohl in der Otto-Fleck-Schneise und trat nur noch 1985 gegen Fußballzwerg Malta in Saarbrücken an. Endstand: 6:1.

Doch auch internationaler Vereinsfußball der Spitzenklasse sollte im Ludwigspark Station machen – obwohl die sportlichen

Ergebnisse des 1. FC Saarbrücken nicht dazu reichten. Der luxemburgische Meister Spora Luxemburg musste 1989 im Europapokal der Landesmeister gegen Real Madrid antreten und wich für das Heimspiel in den Saarbrücker Ludwigspark aus. Angefeuert von einigen FCS-Fans, präsentierten sich die Luxemburger respektabel und verloren mit 0:3.[30]

Oft waren es Gründe wie Kapazität, das Vorhandensein des Flutlichts oder Auflagen der Verbände, die für andere saarländische Vereine den Umzug nach Saarbrücken bedeuteten. Die Borussia aus Neunkirchen war so Anfang der 1960er-Jahre mehrfach Gast im Ludwigspark, auch Röchling Völklingen musste für die »großen Spiele« in den 1970ern umziehen. In den 2010er-Jahren mussten die SV Elversberg und Saar 05 Saarbrücken mehrfach den Weg auf den Rodenhof beschreiten.

Ein Sonderfall war die Partie zwischen Waldhof Mannheim und Darmstadt 98 Ende der Saison 1987/1988. Beide Vereine standen sich in der Bundesliga-Relegation gegenüber, nach Hin- und Rückspiel stand es in der Addition 4:4, und anders als heute sah das Regelwerk ein Entscheidungsspiel auf neutralem Boden vor. Der Neunkircher Schiedsrichter Theobald pfiff also auf dem Saarbrücker Rasen das Duell Mannheim gegen Darmstadt an. Eine Entscheidung fiel erst nach 120 Minuten im Elfmeterschießen – das Glück war den Blau-Schwarzen hold, nur die kamen dieses Mal eben aus Mannheim.

Aber nicht nur Fußball wurde im Ludwigspark gespielt, sondern auch American Football – von den Saarland Hurricanes – und Musik. Am 3. September 1978 spielten beim Summertime-Open-Air-Festival Brand X mit dem damaligen Schlagzeuger Phil Collins, die Scorpions, Frank Zappa und als Headliner Genesis mit Peter Gabriel vor 40.000 begeisterten Musikfans im Ludwigspark.[31] Die Zappa-Aufnahme schaffte es später als »offizielle« Bootleg-Aufnahme unter dem Titel *Saarbrücken 1978* in den Plattenhandel. Fast genau ein Jahr später traten Queen mit dem legendären Frontmann Freddie Mercury vor den Saarbrückern auf.

Ereignisse dieser Art sind mit dem stetigen Verfall der ruhmreichen Stehtraversen und Tribünen des Ludwigsparks von der Ausnahme zur Unmöglichkeit geworden. Vielleicht knüpft ja in nicht allzu ferner Zukunft der umgebaute Park an diese Zeiten an. Er hätte es verdient!

27. GRUND

Weil es der schönste Job ist, die »Stimme vom Park« zu sein

Jedes Stadion hat seine Stimme. In Saarbrücken leiht Christoph Tautz, Jahrgang 1982, von Beruf Radiomoderator, seine Stimme seit 2006 zu jedem Heimspiel ans Stadion aus. Für dieses Buch hat er erklärt, wie der schönste Job beim geilsten Klub der Welt aussieht:

Hallo Christoph, wie bist du Fan des 1. FC Saarbrücken geworden?
Ganz klassisch. Mein Stiefvater hat mich mit ins Stadion genommen, und seitdem war ich fasziniert. Das war in der letzten Bundesliga-Saison. 1993 gegen Wattenscheid 09 – leider eine doppelte Niederlage: 0 zu 1 verloren, und Wolfram Wuttke hat sich so schwer verletzt, dass er danach seine Karriere beenden musste.

Bis 2004 war »Herry« Klemm die Stimme vom Ludwigspark. Wie ist es, nun selbst »die Stimme« zu sein?
Eine ganz große Ehre! Meine ersten Erinnerungen an den Ludwigspark sind auch mit Herry Klemm verbunden: ER war für mich ein Teil des Ludwigsparks! Wenn es irgendwann mal den Fans so mit mir geht, dann macht mich das verdammt stolz. Unvergessen, wie Herry die Aufstellung damals zelebriert hat. Genauso wie seine Schlagerblöcke, die zumindest bei mir Kult-Status hatten. Er war

damals auch derjenige, der die »Alte Dampfeisenbahn« im Ludwigspark eingeführt hat. Und es war mir ein großes Bedürfnis, die Dampfeisenbahn zu reaktivieren. Vielleicht bekommen wir es ja irgendwann noch mal hin, dass Herry und ich zusammen was im Ludwigspark machen. Ich würde mich darüber sehr freuen.

Du bist seit 2012 alleiniger Stadionsprecher, hast vorher ab 2006 im Duo mit Frank Falkenauer moderiert. Wie kam es dazu?
Frank ist aus Berufsgründen nach Baden-Württemberg gezogen und wollte sich auf den neuen Job konzentrieren. Ich lebe zwar auch seit einigen Jahren in Frankfurt, aber für mich war immer klar, dass ich alles stehen und liegen lasse, wenn ich Stadionsprecher beim FCS sein kann. Deswegen war es für mich ein ganz besonderer Tag, als ich zum ersten Mal die Aufstellung mit den Fans gemacht habe – da ist ein großer Traum in Erfüllung gegangen.

Wie sieht der Spieltag für dich aus?
Schon in der Woche vor dem Spieltag kläre ich mit dem Verein ab, ob es im Stadion etwas Besonderes gibt, zum Beispiel die berühmten Fallschirmspringer, stelle die Musik und die restlichen FCS-Termine zusammen und bastele daraus einen Ablaufplan. Am Spieltag bin ich meistens zwei Stunden vor Spielbeginn im Stadion, trinke traditionell ein »Sieg-Bier« bei Frau Cartarius, und eine Stunde vor Spielbeginn geht es dann mit Musik und Moderationen los.

Welcher Teil deiner Arbeit bereitet dir den größten Spaß?
Der Moment, wenn ich für die Aufstellung zu den Fans gehe und die Spielernamen laut mitgeschrien werden, ist immer wieder einer der geilsten Momente, die es gibt! Aber natürlich ist auch geil, dass man am Spielfeldrand einiges von Spielern und Trainern mitbekommt. Es ist geil, wenn der Ludwigspark anfängt zu beben. Es ist geil, wenn sich bei Toren alle in den Armen liegen. Es ist geil, wenn die Leute im Stadion »unterhalten« werden – durch ’nen lockeren

Spruch oder ein lustiges Halbzeitspiel. Kurz: Als Stadionsprecher beim 1. FC Saarbrücken ist ALLES geil!

Was heizt den FCS am meisten ein? Klassiker wie die »alte Dampfeisenbahn« oder wollen die Fans schon mehr Helene Fischer hören?
(*lacht*) Schwierig! Die »alte Dampfeisenbahn« ist Kult und bringt – hoffentlich – jeden FCS-Fan in Stimmung. Genauso wie unsere FCS-Songs. Was die restliche Musik geht, versuche ich immer, die »goldene Mitte« zu finden. Also ein paar Rocksongs, ein bisschen aktuelle Chart-Musik und hin und wieder auch mal Schlager. Es sollte für jeden was dabei sein. Auf jeden Fall müssen die Songs »Bums« haben und gute Laune verbreiten. Gekuschelt werden kann zu Hause.

Gab es schon mal einen ungewöhnlichen oder lustigen Musikwunsch von Spielern oder Trainern?
In einer Drittliga-Saison war ein Großteil der Mannschaft vor der Saison auf Mallorca. Und da war »Schatzi, schenk mir ein Foto« wohl der Kult-Song dieses Trips. Das lief dann zur Motivation auch öfter mal im Ludwigspark. (*lacht*) Ansonsten sind die Musikvorlieben ähnlich verschieden wie die der Fans. Ich frage regelmäßig bei der Mannschaft nach, welche Songs sie zum Aufwärmen hören wollen. Und wenn es Songwünsche gibt, plane ich die natürlich ein. Die meisten sind aber offenbar ganz zufrieden mit der Musikauswahl.

Vielen Dank, Christoph!

28. GRUND

Weil das FC-Sportfeld das schönste Zweitstadion überhaupt ist

Integriert in das Trainingsgelände des 1. FC Saarbrücken, verbirgt sich ein von Insidern geschätzter, aber doch von vielen unterschätzter Teil der Vereinsgeschichte: Das FC-Sportfeld. Hinter der Saarlandhalle in Fußnähe zum ehrwürdigen Ludwigspark gelegen, befindet sich das Sportfeld inmitten der Kunst- und Naturrasenplätze, auf denen die Mannschaften des 1. FC Saarbrücken trainieren. Das Sportfeld selbst besteht aus einer großen, überdachten Tribüne mit einem Sitzplatzbereich und jeweils links und rechts Stehrängen. Hinter dem Tor links der Haupttribüne und auf der Gegengerade befinden sich nicht überdachte Stehränge. Die reichlich vorhandene Vegetation lässt diese oft herrlich grün erscheinen. Hinter dem Tor rechts der Tribüne sorgt ein Netz dafür, dass Bälle nicht bis zur Saarlandhalle fliegen.

Während etwa bei Borussia Dortmund das zum Westfalenstadion benachbarte Stadion Rote Erde die historische Spielstätte der ersten Mannschaft darstellt, liegt in Saarbrücken der Fall anders: Das FC-Sportfeld wurde wie der »neue« Ludwigspark in den 1950er-Jahren erbaut. Reinhard Klimmt und Herbert Günther lagen also nicht verkehrt, als sie in der Chronik zum 100-jährigen Vereinsjubiläum das Ludwigsparkstadion das »Wohnzimmer« und das FC-Sportfeld das »Arbeitszimmer« der Blau-Schwarzen nannten.[32] Doch es ist viel mehr als das: Neben Trainingseinheiten und Räumlichkeiten für Herren- und Jugendmannschaften beherbergt die Tribüne im Sportfeld auch das FC-Sportheim, die Kneipe, in der an Spieltagen reger Betrieb herrscht.

Was ist derart faszinierend an einem Stadion aus den 50er-Jahren, dessen Tribünendach und auch die Tribüne selbst mitunter große Löcher aufweisen? Ein Stadion, dessen Rasen im Winter regelmäßig von der Stadt aufgrund des schlechten Zustands gesperrt wird? Sind es die eigenen Erinnerungen des Autors? Meine erste wirkliche Berührung mit der Mannschaft des 1. FC Saarbrücken fand im Sportfeld statt: Bei einem Fußballferiencamp durfte ich als Zwölfjähriger zusammen mit anderen Kindern mit der Zweitligamannschaft trainieren. Für andere waren vielleicht die 70er- und 80er-Jahre prägend: Zeitweise trug die erste Mannschaft im Sportfeld ihre Pflichtspiele aus. Da anders als im Ludwigspark keine Laufbahn Spieler und Zuschauer trennt, ist die Atmosphäre viel dichter – die Spieler spüren den Atem der Fans stets im Nacken.

Bei der jüngeren Generation steht das FC-Sportfeld sinnbildlich für die Ära von »Dieter Ferner's Blue and Black Army«, dem inoffiziellen Beinamen der 1. FC Saarbrücken Amateure (auch 1. FC Saarbrücken II, später U23). Angefeuert von Stefan »Raps« Regel, der als Herausgeber der Stadionzeitschrift *Molschder Buwe*, Stadionsprecher und Schiedsrichterschreck in Personalunion auftrat, erlebten die Amateure Anfang der 2000er ihre Glanzjahre in der Oberliga Südwest. Im Sportfeld trafen Rentner, Ultras, Alt-Hooligans, Journalisten und Aufsichtsräte ungezwungen aufeinander, um abseits der Profimannschaft den familiären Teil des 1. FC Saarbrücken zu genießen. Mit Abmeldung der U23 ist dieser Teil blauschwarzen Lebens weggefallen, und das Sportfeld entfaltet diesen ganz eigenen Glanz nur noch bei der Saisoneröffnung oder bei Testspielen der Profimannschaft. Schade eigentlich!

29. GRUND

Weil wenigstens die Fans den Verfall ihres Stadions immer mit Humor genommen haben

Wenig schafft es, die Fans des 1. FC Saarbrücken derart zu frustrieren wie die Ungewissheit in der Stadionfrage. Ab Anfang der 2000er war erst mit größeren und dann immer kürzeren Abständen die Rede von einem Neubau oder Umbau, zwischenzeitlich wurde sogar der »Stadiondiskussionsfluch« zum geflügelten Wort unter den Fans: Immer dann, wenn eine Siegesserie in der Liga die Debatte in Fanforen und Medien in Richtung Ludwigsparkstadion verlagerte, verlor die Mannschaft prompt. Eine gefühlte Wahrheit zwar nur, aber eine, die immer wieder verunsicherte.

Gerne befeuerten auch die Verantwortlichen des Vereins die Debatte mit eher gefühlten Wahrheiten. Eine Auswahl:

»Wir gehen davon aus, dass wir nach der Winterpause im neuen Stadion spielen.« (Horst Hinschberger, Präsident, April 2008)

»Es gibt Pläne. Ein Ingenieurbüro klärt noch mit der Stadt Details.« (Reinhard Klimmt, Aufsichtsratschef, Oktober 2010)

»Wer jetzt noch Zweifel hat, dass das neue Stadion kommt, dem ist nicht mehr zu helfen.« (Paul Borgard, Präsident, Juli 2011)

Als Stadt und Land einem Neubau 2013 die Absage erteilten und stattdessen die sagenumwobene »Sanierung im Bestand« in den offiziellen Sprachgebrauch einführten, war Borgard dann doch verhaltener: »Das, was jetzt vorhanden ist, ist so schlecht, dass das, was jetzt kommt, nur besser werden kann.«

Dachten sich auch die Fans, die angesichts der rhetorischen Tristesse ihrer Vertreter und der fadenscheinigen Begründung zahlreicher Politiker, warum der Ludwigspark keine Veränderung brauche, über Jahre zu den einzigen Mitteln gegriffen haben, die tatsächlich Wirkung zeigen: Humor und Kreativität.

Fanautor Jochen Klein schlug etwa in der ersten Ausgabe des 2008 erschienen Fanmagazins *Leuchtturm* vor, den Ludwigspark angesichts des Wildwuchses und der hohen Grashalme einfach zum Naturschutzgebiet umzugestalten:

»Dabei liegt die Lösung so nahe, genauer gesagt: vor den Toren der Stadt. Dort wird mit Unterstützung des Ministeriums für Umwelt seit 1997 das Naturschutzgebiet ›Urwald vor den Toren der Stadt‹ vorangetrieben, wo man Flora und Fauna ohne menschliches Eingreifen gedeihen und die Zeichen der Zivilisation überwuchern lässt. Menschliche Bauwerke, von Pflanzen ungehindert überwuchert? Kennen wir das nicht von irgendwoher? Ja, genau, den Stehrängen im Ludwigspark!

... Lasst das Gras im Park weiter wuchern, pflanzt Bäume und Sträucher, legt kleine Biotope an, kauft Dünger und setzt eure exotischen Tiere aus! Schon in wenigen Jahren hätten wir einen ›Urwald hinter Stadiontoren‹, eine Symbiose aus Sport und Natur, ein Leuchtfeuer für das friedliche Zusammenleben zwischen Mensch und Tier.«[33]

Andere nutzten die sozialen Netzwerke. Unter dem hübschen Titel *1001 Baufälligkeiten im Ludwigsparkstadion Saarbrücken*[34] sammelten Fans Fotos von überwucherten Stehrängen, vom Rost zerfressenen Zäunen und dem Gemisch aus Wasser und roten Steinchen und Dreck auf dem Boden, das der Saarländer allgemein »Batsch« nennt. »Fifty shades of Batsch« wäre der passende Name für so manchen die Hose bereichernden Ausflug auf die Stehränge des Parks, sodass sogar einige Fans auf Twitter und Instagram dem #batsch einen eigenen Hashtag widmeten.

Eines ist klar: Der Humor der Fans hat bereits gewonnen! Ob die »Sanierung im Bestand« dann auch ein Gewinn für alle Zuschauer ist? Gehen Sie davon aus, dass wir das erst nach Erscheinen dieses Buches wissen!

KAPITEL 4

UNS IST KEIN WEG ZU WEIT: DIE 60ER- UND 70ER-JAHRE.

30. GRUND

Weil Heinz Vollmar für Saarland und Deutschland traf

Der 1. FC Saarbrücken ist kein Verein, bei dem ein Fußballexperte viele Nationalspieler vermuten würde. Wenigstens sofern es sich nicht um Spieler von Mannschaften wie Kanada, Luxemburg oder Afghanistan handelt, die zwar auf jede Nominierung stolz sein dürfen, aber eine Fußballweltmeisterschaft eher vor dem heimischen Fernseher miterleben. Wie es mit der deutschen Nationalelf ausschaut? Gewiss finden sich immer mal wieder ehemalige Spieler des 1. FC Saarbrücken in der Mannschaft (die auf neudeutsch »Die Mannschaft« genannt werden will) wieder – zuletzt Patrick Herrmann, der 2015 debütierte. Herrmann verließ den FCS allerdings bereits 2008 nach vier Jahren in der Jugendabteilung und spielte nie für die erste Mannschaft. Bleiben die drei Namen, die als aktive Saarbrücker für Deutschland spielten. Ed Conen, Bubi Sold und als bislang Letzter: Heinz Vollmar.

Erstmals wird das Saarland in der Saison 1954/1955 auf Vollmar aufmerksam. Während der 1. FC Saarbrücken im Europapokal für Furore sorgt, schießt der erst 19-jährige Flügelstürmer seinen Heimatverein, den FC Viktoria St. Ingbert, in die II. Division Südwest (damals 2. Liga). Die starken Leistungen honorierte Helmut Schön, damals Saarländischer Verbandstrainer, mit einer Einladung Vollmars zum Länderspiel des Saarlandes gegen Frankreich B im Oktober 1955. Beim Debüt trifft der St. Ingberter dreimal ins Tor – Endstand 7:5. Vollmars Stern geht gerade erst auf, da endet die Geschichte der Saarländischen Nationalelf. Beim Abschiedsspiel gegen die Niederlande erzielt er sein viertes Länderspieltor.

Starke Leistungen Vollmars und der Wechsel Schöns zum DFB führten dazu, dass der Spieler von Viktoria St. Ingbert am 30. Juni 1956 sein Debüt für die Deutschland beim 2:2-Remis in Schweden gab. Auch in der Liga lief es blendend für Vollmar. St. Ingbert gelang mithilfe des ehemaligen Saarbrückers Peter Momber und vieler Vollmar-Treffer der Aufstieg in die höchste Spielklasse, die Oberliga. Doch in der Erstklassigkeit warf den talentierten Flügelflitzer eine aus heutiger Sicht ungewöhnliche Erkrankung zurück. Aufgrund von Tuberkulose kam Vollmar nur zu 19 von 30 möglichen Einsätzen. Damit konnte er auch trotz außergewöhnlicher Leistungen (14 Treffer in der limitierten Einsatzzeit) nicht den sofortigen Wiederabstieg verhindern. Das Thema Nationalelf schien passé.

Bis sich 1959 der 1. FC Saarbrücken die Dienste Vollmars sicherte. Die beiden Topstürmer Herbert Martin und Herbert Binkert standen kurz vor dem Karriereende, und der 23-Jährige aus St. Ingbert sollte für neuen Schwung sorgen. Und den brachte er: Von elf Toren im ersten Jahr steigerte Vollmar sich 1960/61 zu 19 Toren in der Oberliga und wurde mit dem FCS Meister. Dieses Niveau sollte er auch im Folgejahr beibehalten (20 Tore in 28 Spielen), weshalb er wieder zum Kader der DFB-Elf gehörte (drei Tore gelangen ihm insgesamt zwischen 1956 und 1962) und auch für die Weltmeisterschaft 1962 in Chile nominiert wurde. Die eher enttäuschende Endrunde mit einem Viertelfinalaus erlebte er von der Bank aus.

Beim 1. FC Saarbrücken erlebte Vollmar noch die Gründungssaison der Bundesliga (und den Abstieg), wechselte 1965 aber wieder zurück zur Viktoria nach St. Ingbert. Bei einem Waldlauf verstarb Heinz Vollmar viel zu früh 1987 im Alter von 51 Jahren. Er ist bis heute der letzte deutsche A-Nationalspieler des 1. FC Saarbrücken.

31. GRUND

Weil es ohne den Pressewart des 1. FC Saarbrücken heute keine Bundesliga gäbe ...

Er sollte eine der umstrittensten Persönlichkeiten des deutschen Fußballs werden: Hermann Neuberger. In das Gedächtnis vieler

Fans ging der langjährige Präsident des Deutschen Fußball-Bundes für die Skandal-Weltmeisterschaft 1978 in Argentinien ein. Er attestierte der argentinischen Militärdiktatur eine »preußische Gründlichkeit« und verteidigte die Einladung des ehemaligen Wehrmachtsoffiziers und Nazis Hans-Ulrich Rudel ins Trainingslager der deutschen Mannschaft.[35] Neben dem Konservativen mit dem Hang zu fragwürdigen Freunden gab es aber auch den anderen Hermann Neuberger: Einen Fußballvisionär.

Neuberger wurde 1919 in Völklingen-Fenne geboren, wuchs in Malstatt auf und ging zur Schule an der St.-Josef-Kirche – dort wo sich der FV Saarbrücken einst gründete. Als Mittelläufer agierte Neuberger selbst in Schüler- und Jugendmannschaften des FVS. Nach Kriegsende wechselte er die Seiten und war fortan Sportjournalist beim *Sport-Echo*. Gleichzeitig half er dem 1. FC Saarbrücken aus alter Verbundenheit als Leiter der Jugend und Pressewart aus. Auch beim nun vom DFB unabhängigen Saar-Verband war Neuberger schnell der tragende Mann und wurde Präsident. In dieser Funktion erreichte er die saarländische FIFA-Mitgliedschaft und das Ende des Spielverbots des FCS gegen deutsche Mannschaften. Sein größter Erfolg als Funktionär sollte aber am 28. Juli 1962 kommen.

Im Goldsaal der Dortmunder Westfalenhalle trafen sich 129 Delegierte des DFB, um ein neues Präsidium zu wählen und um die Einführung einer einheitlichen 1. Liga auf Bundesniveau zu debattieren. Anlass der Debatte war das sogenannte »Vertragsspielerproblem«. Diese waren »normale Vereinsmitglieder, die noch einem ordentlichen Beruf nachgingen, aber zugleich Fußballer mit einem Sonderstatus, denn sie schlossen mit ihrem Verein einen Vertrag ab, der ihnen eine Bezahlung von maximal 400 Mark zusicherte«[36]. Bei insgesamt 74 Oberligisten in Deutschland ruinierte dies auf Dauer vor allem kleine Vereine. Dies erkannte Neuberger und stellte bereits 1960 für das Saarland einen Antrag auf Minderung der Anzahl von Mannschaften mit Vertragsspielern – was zeitgenössische Kommentatoren bereits als Vorboten einer »Bundesliga« erkannten.

Nun ging es zwei Jahre später in Dortmund für den mit 42 Jahren jungen Funktionär Neuberger darum, die »alten Herren« des DFB von der Notwendigkeit einer nationalen Liga zu überzeugen. Traditionalisten hatten Angst vor Zuschauerschwund beim Wegbrechen vieler Lokalderbys und die Befürchtung, das Finanzamt würde den Sportvereinen reihenweise die Gemeinnützigkeit aberkennen.

Doch Neuberger wusste in seiner Rede den Zweiflern den Spiegel vorzuhalten. Er kritisierte, dass die Vereine längst mit verdeckten Zahlungen die Gehaltsobergrenzen ignorierten und somit maßgeblichen Anteil an der Misere hatten. Der 42-Jährige warf dem Altherrenverein deshalb das Wort »Anarchie« an den Kopf – ein Vorwurf, der saß und den niemand in einem konservativen Verband der 1960er-Jahre einfach so auf sich sitzen ließ. Neuberger erhielt für seine Rede schließlich den Applaus der Delegierten und die Bundesliga später eine breite Zustimmung. Mit 103 zu 26 Stimmen[37] beschloss der DFB die neue höchste Spielklasse, die ab der Saison 1963/1964 an den Start ging.

Neuberger machte weiter Karriere als Funktionär und tat sich als Chef-Organisator der Fußballweltmeisterschaft 1974 in Deutschland hervor. Ein Jahr später wurde er selbst zum DFB-Präsidenten gewählt – ein Amt, das er bis zu seinem Tod 1992 innehaben sollte.

32. GRUND

… und weil die Blau-Schwarzen gleich im Gründungsjahr der Bundesliga 1963/1964 als Letzter wieder abgestiegen sind

Nach Neubergers erfolgreicher Initiative also der damalige Albtraum mancher altgedienter Ballverdrescher und der heutige Traum eines Samstagnachmittags: die Bundesliga. Vereine aus ganz Deutschland, die in einer Hin- und einer Rückserie gegeneinander die deutsche Meisterschaft ausspielen. Ein Modus, der vielleicht den Reiz eines Endspiels genommen hat, den Meister als solchen aber stärker würdigt, da nun das Team gekrönt wird, das die ganze Saison über in bestechender Form war.

In einer solchen Fassung dürften sich ziemlich alle Teilnehmer der Premierensaison gefühlt haben: 1. FC Köln, Meidericher SV (heute MSV Duisburg), Eintracht Frankfurt, Borussia Dortmund, VfB Stuttgart, Hamburger SV, TSV 1860 München, FC Schalke 04, 1. FC Nürnberg, Werder Bremen, Eintracht Braunschweig, 1. FC Kaiserslautern, Karlsruher SC, Hertha BSC, Preußen Münster, und eben der 1. FC Saarbrücken. Eine Aufnahme, die nicht ganz ohne Kontroverse erfolgte, da sich auch andere Südwestvereine wie Neunkirchen und Pirmasens Hoffnung machten.

Der 1. FC Saarbrücken, der im vorherigen Jahrzehnt zu den besten Mannschaften Deutschlands gehörte, nahm sich viel für die Premierensaison vor. Mit Helmut Schneider wurde der Dortmunder Meistertrainer der Jahre 1956 und 1957 verpflichtet, dieser versprach vor Saisonbeginn: »Wir steigen nicht ab!« Ein moderates Versprechen, gemessen an heutigen Maßstäben.

Zum Auftakt erwischte der FCS den undankbarsten Gegner: den Meisterschaftsfavoriten 1. FC Köln. Die Overath-Elf vom Rhein siegte im ausverkauften Ludwigspark mit 2:0.

Auch die kommenden Spiele sollten wenig Zählbares bringen. Der FCS startete früh und stark in die Spiele, führte oft zur Halbzeit, aber gegen Ende ließen die Kräfte nach. »Hätte nur die erste Halbzeit gezählt, wäre der 1. FCS Meister geworden«, urteilte die Vereinschronik zum 100-Jährigen, halb ironisch, halb verbittert.

Den ersten Saisonsieg sollte es nach sage und schreibe 13 Spielen geben. Bei Werder Bremen sorgten Dieter Krafcyzk (2) und Rainer Schönwälder für ein 3:0 – es blieb der einzige Sieg der Hinrunde. Zum Rückrundenauftakt gelang dem FCS eine faustdicke Überraschung. Im winterlichen Müngersdorfer Stadion kam es dank zweier Schönwälder-Tore und eines Treffers von Karl Meng zu einem nicht geglaubten Sieg beim Tabellenführer (3:1). Und auch wenn der FCS im Prestigeduell auf dem Lautrer Betzenberg einen 4:2-Sieg einfuhr, blieb er zu heimschwach für den Klassenerhalt und konnte erst ab März die drei einzigen Heimsiege der Saison gegen Dortmund, Berlin und Bremen einfahren. Dabei war der 1. FC Saarbrücken nicht unbedingt offensivschwach und besaß mit Krawczyk und Schönwälder zwei ausgewiesene Torjäger. Allerdings erlebte Exnationalspieler Vollmar in seinem vorletzten Jahr beim FCS eine seiner schwächsten Spielzeiten. In der Abwehr bewiesen die Blau-Schwarzen ihre Untauglichkeit für die Erstklassigkeit und kassierten 72 Gegentreffer – 20 mehr als Mitabsteiger Preußen Münster. Kein angenehmes Jahr für den noch jungen Torhüter Volker Danner.

Mit einem 1:1 gegen Schalke am 30. Spieltag verabschiedete sich der 1. FC Saarbrücken mit der roten Laterne zum ersten Mal aus der Bundesliga. Eine Tatsache, auf die Zeitgenossen vermutlich nicht sehr stolz waren. Aus heutiger, nostalgischer Sicht, mit dem Wissen um die Ferne zur Bundesliga, darf das Urteil aber ruhig lauten: Den Titel »Gründungsmitglied der Bundesliga« und die erste rote Laterne überhaupt, das kann uns keiner mehr nehmen!

33. GRUND

Weil keiner öfter das blau-schwarze Trikot trug als Erich Rohe

Lebt ein Verein von seiner Tradition, so lebt er von seiner großen Geschichte, geschrieben von großen Spielern. Kein Real Madrid ohne Raúl, kein FC Barcelona ohne Xavi, keine Frankfurter Eintracht ohne Körbel. Was haben alle drei Spieler gemeinsam? Nicht nur, dass ihre Namen mit Titeln verbunden sind: In ihren Vereinen stehen sie noch heute in der Statistik als Spieler mit den meisten

Einsätzen ganz oben. Der Frankfurter Charly Körbel ist mit 602 Einsätzen Rekordhalter in Sachen Bundesligabegegnungen. Doch wer ist der Rekordspieler des 1. FC Saarbrücken? Ein Blick in die Vereinschroniken hilft – und doch läuten beim Namen Erich Rohe nicht unbedingt direkt alle Glocken.

Erich Rohes Karriere in der Profimannschaft des 1. FC Saarbrücken begann 1957. Das Saarland wurde vom eigenständigen Staat zum Bundesland, die Glanzzeit der Generation um Herbert Binkert, Herbert Martin und Waldemar Philippi neigte sich dem Ende zu. Letzterer, über Jahre hinweg als harter, aber fairer linker Verteidiger bekannt und gefürchtet, überließ seinen Platz dem jungen rothaarigen Burschen aus St. Ingbert, der zunächst im Schatten des großen »Fips« stehen sollte. Doch schon bei einem seiner ersten Spiele bekam Erich Rohe das Lob eines anderen alten Hasen: Waldemar Philippis großer Widersacher Fritz Walter, Weltmeister von 1954, lobte den Neuen: »Der Fips ist nicht mehr da, aber sein Nachfolger hat mich ebenso unerbittlich und zäh gedeckt.«[38]

Rohe sollte von 1957 bis 1972 das blau-schwarze Trikot tragen – und das so oft wie kein zweiter Spieler der Vereinsgeschichte. Die offizielle Vereinschronik zählt offiziell 386 Pflichtspiele, die Fanseite 100-jahre-fcs.de sogar über 400 – mit Freundschaftsspielen dürfte die tatsächliche Zahl der Spiele, in denen Rohe die Knochen hingehalten hat, bei über 800 liegen. So uneinig sich die Chronisten über die genaue Zahl der Spiele sind, so einig sind sich alle, dass Rohe sein fußballerisches Werk sauber und tugendhaft vollbrachte.

Den Höhepunkt seiner Karriere erlebte Rohe in der Saison 1963/1964: Die Gründungssaison der Bundesliga erlebte er als Spieler der Molschder. Den Abstieg verhinderte er freilich nicht, und sein einziger Treffer landete beim Spiel in Münster dann auch noch im eigenen Netz. In seiner Karriere gelang ihm überhaupt nur ein einziges Pflichtspieltor für Saarbrücken: Ebenfalls in der Saison 1963/1964, allerdings im DFB-Pokal gegen Eintracht Braunschweig. Es war der Siegtreffer in der Verlängerung. Als Spieler sollte er nie wieder die Bundesliga erleben. 1972 endete die blau-schwarze Karriere, anschließend sollte es beim Heimatverein St. Ingbert noch weitergehen, auch für die Alten Herren.

Ein großer Titel war dem Rekordspieler des FCS in seinem Blau-Schwarzen dabei nicht vergönnt. Vielleicht macht gerade das Erich Rohe zu einem passenden Rekordspieler für den Verein: Ein ehrlicher, fairer, aber emsiger Arbeiter auf dem Platz, den es sicherlich nie trübte, nie im Titelrennen mitzumischen. Kein Lautsprecher, der sich mit Sprüchen bei den Fans anbiederte, oder ein Schönspieler, auf den sich Mitspieler an schlechten Tagen nicht verlassen konnten. Sondern einer, der da war, wenn Saarbrücken ihn gebraucht hat. Und das war bei Rohe ziemlich oft der Fall.

34. GRUND

Weil der »Weiße Wal« unerwartete Auftritte hatte

Einen Torjäger zeichnet das Gespür für den richtigen Moment aus: Zur rechten Zeit am rechten Ort, und drin ist das Ding. Begnadet in diesem Fach war auch Emil Poklitar. Der 1939 in Rumänien geborene Stürmer spielte beim Ostberliner SC Dynamo (heute: BFC Dynamo), mit dem er bereits 1961 die Vizemeisterschaft der DDR-Oberliga erreichte. Eine ganz andere Bedeutung sollte »zur rechten Zeit am rechten Ort« für Poklitar der 13. August 1961 haben. Während Dynamo in Kopenhagen ein Freundschaftsspiel gegen Boldklubben 93 bestritt, liefen in Berlin die Vorbereitungen zum Mauerbau, um die Fluchtbewegung der DDR-Bewohner von Ost nach West zu stoppen. Poklitar und sein Mannschaftskollege Rolf Starost nutzten das Spiel in Dänemark und flohen in den Westen.

Drei Jahre später landete Poklitar mit seiner Familie im Saarland. Der erste Absteiger der gerade begonnenen Bundesliga-Geschichte, der 1. FC Saarbrücken, warb den Stürmer vom Freiburger FC ab.

In der Regionalliga Südwest wurden die erst von Helmut Schneider, dann vom späteren Bundestrainer Jupp Derwall trainierten Saarbrücker Meister. Bester Torschütze der Liga: Emil Poklitar, der 27 Treffer für die Blau-Schwarzen erzielte. In dieser Zeit, wo Sportreporter noch zu einer sehr bunten Sprache neigen, dichtet ein Reporter der BILD-Zeitung den Spitznamen »Weißer Wal« für Poklitar – angelehnt an einen Wal, der sich in den Rhein verirrte und immer dort auftauchte, wo ihn keiner vermutete.

Die Belohnung für die Regionalligameisterschaft war die Teilnahme an der Aufstiegsrunde zur Bundesliga, die in zwei Gruppen mit jeweils vier Mannschaften ausgespielt wurde – nur der Gruppensieger stieg auf. Als Gegner erwischten die Blau-Schwarzen Tennis Borussia Berlin, Alemannia Aachen und die Übermannschaft aller Regionalligen, den FC Bayern München mit den jungen Sepp Maier, Franz Beckenbauer und Gerd Müller. Beim Spiel im Ludwigspark schockt Poklitar mit seinem Treffer die Bayern – 1:0 für den FCS! Es sollte die einzige Niederlage der Münchner in der Aufstiegsrunde werden. Der FCS verpasste die sofortige Rückkehr ins Oberhaus.

Im Folgejahr schafften die Saarbrücker erneut dank der Tore des »Weißen Wals« die Aufstiegsrunde. Dessen erstaunliche Torquote nährte allerdings die Begehrlichkeiten der Konkurrenz – Poklitar war heiß umworben. 1966 unterschrieb der Stürmer einen Vertrag beim Bundesligisten Schalke 04, und die Fans tobten, warfen ihrem Idol Verrat vor. Beim Spiel gegen den FC Schweinfurt 05 in der Aufstiegsrunde protestierte der Saarbrücker Anhang, pfiff Poklitar unerbittlich aus. Auch sportlich stand der sonst so sichere Torjäger neben sich: Der FCS geriet nach zwölf Minuten in Rückstand, bekam kurz darauf einen Strafstoß zugesprochen, den Poklitar verschoss. Doch dann geschah fast unglaubliches: Der »Weiße Wal« drehte mit drei Toren die Partie, der FCS gewann 4:2. Zum Spielende hatten die Fans ihrem Idol vergeben, und die Verantwortlichen bemühten sich mit Schalke 04 um eine Auflösung des Vertrags. Poklitar blieb Saarbrücker.

1968 und nach 126 Toren für den FCS endete Poklitars Karriere als Fußballer aufgrund einer Verletzung. Es folgte eine zweite Karriere – als Sportlehrer am Saarbrücker Gymnasium am Schloß. Bis 2004 zeigte er seinen Schülern nicht nur die alten Geheimnisse eines Torjägers, sondern war auch für eine Eigenschaft, die jeden guten Sportpauker auszeichnet, bekannt: Poklitar demonstrierte jede neue Übung selbst.

35. GRUND

Weil Ferdi Hartung schärfer schoss als so mancher Stürmer

Das Bild hat seinen Anteil an der Erfolgsgeschichte des Fußballs. Ein gutes Foto konnte vom einen auf den anderen Tag einen Spieler zur Berühmtheit machen. Diejenigen hinter der Kamera erfahren seltener die Anerkennung der Fans. Doch es gab und gibt Ausnahmen. Wie Ferdi Hartung.

Dabei hätten dem jungen Drogisten nach Ende seiner Ausbildung nur wenige eine sagenhafte Karriere als Fotograf vorhergesagt. »Fotografieren: mangelhaft«[39] stand 1950 in seinem Abschlusszeugnis – wohl auch, weil der Lehrbetrieb keine Dunkelkammer besaß und Ferdi Hartung keine Praxis an der Kamera hatte. Das hielt den 1931 geborenen »Molschder« nicht davon ab, doch über Umwege zum Fotografieren zu kommen. Als Hartung in einem Fotogeschäft ein Praktikum absolvierte, lieh er sich an Wochenenden die Kamera, um auf dem Kieselhumes beim 1. FC Saarbrücken oder auf Sportplätzen in der Umgebung Bilder zu machen – der Anfang einer stillen Weltkarriere.

Hartungs Durchbruch als Bild-Chronist sollte mit der Weltmeisterschaft 1954 gelingen – auf eine geradezu abenteuerliche Weise. Er schlich sich zum Eröffnungsspiel Frankreich – Jugoslawien ohne Akkreditierung ins Stadion. Der Ausflug endete folglich im Stadionknast. Dann half der Zufall: Nach der 3:8-Pleite Deutschlands gegen Ungarn reiste ein anderer saarländischer Fotograf ab und überließ Hartung seine Innenraumakkreditierung. Beim Finale in Bern war Hartung einer von drei deutschen Fotografen im Stadion – und lichtete Weltmeister Fritz Walter mit Pokal ab. Der Durchbruch als Fotograf.[40]

Seinen ursprünglichen Traum von der eigenen Drogerie sollte Ferdi Hartung nicht verwirklichen, aber dafür wurde »Foto: Hartung« zum Gütesiegel für Sportfotografien, vor allem der 50er-, 60er- und 70er-Jahre. Der Mann mit der Pfeife und steter Ruhe reiste zu Weltmeisterschaften (zwischen 1954 und 1994 sollte Hartung nur die WM 1962 in Chile und die WM 1990 in Italien verpassen) und lag am Spielfeldrand auf der Lauer nach dem nächsten Schnappschuss. Das Gespür für außergewöhnliche Situationen, sowie die Neugierde für technische Entwicklungen in der Fotografie zeichneten Hartung aus. Sechsmal wählte der Verband Deutscher Sportjournalisten ein Hartung-Foto zum Sportfoto des Jahres. Eine seiner bekanntesten Aufnahmen, das »Fußballballett« von 1963, bei dem zwei Neunkircher und ein Dortmunder Spieler die Beine nach dem nicht sichtbaren Ball in die Luft strecken, wurde 2003 zum besten Bild aus 40 Jahren Bundesliga gewählt.[41]

Das Foto, das ihm 1977 den ersten Platz bei einem Wettbewerb der Association Internationale de la Presse Sportive einbringen sollte, zeigte dann aber keinen Fritz Walter, keinen Pélé oder Maradona – sondern ausgerechnet den Torhüter des 1. FC Saarbrücken, Dieter Ferner.

Bundesligaspiele der Borussia aus Neunkirchen oder »seiner Molschder« waren trotz des Weltruhms Pflichttermine, aber auch abseits des Platzes fing Hartung als Chronist die Spieler ein – ob beim Friseur, in gewagten 70er-Jahre-Mänteln oder beim Spanferkelessen. Eine besondere Beziehung pflegte er zu Torhüter Ferner. Hartung, der oft hinter einem Tor auf den nächsten Moment wartete, fing dessen tollkühne Paraden ein. Oder aber den Moment, in dem Ferner dem verpassten Ball hypnotisch hinterherstarrte – das Siegerfoto 1977.

»Wer ein Foto aus den besseren Tagen des 1. FC Saarbrücken sieht, etwa aus der Bundesliga, kann sich ziemlich sicher sein: Das hat Hartung gemacht«[42], würdigte der Sporthistoriker Tobias Fuchs das Werk Hartungs nach dessen Tod kurz vor der Fußballweltmeisterschaft 2014. Seine Bilder machten nicht nur die Molschder etwas berühmter, sondern vor allem ihn unsterblich.

36. GRUND

Weil ein deutscher Rekordnationalspieler beim 1. FC Saarbrücken war

Hätten Sie es gewusst? Auch Lothar Matthäus, Mittelfeldass der 80er-Jahre und Deutschlands Libero numero uno der 90er-Jahre, unangefochtener Rekordspieler der Deutschen Fußballnationalmannschaft mit 150 Einsätzen und fünf Weltmeisterschaftsteilnahmen, schnürte seine Schuhe auch für den 1. FC Saarbrücken. Sie haben es nicht gewusst? Natürlich, denn es stimmt auch nicht. Aber trotzdem habe ich Sie, den schlauen Leser, auch nicht mit der Überschrift dieses Grundes angelogen.

Egon Schmitt, geboren am 12. November 1948 in Mühlheim am Main. Rekordnationalspieler. Aufgrund einer ganz bewussten Entscheidung in seiner Karriere. Schmitt wollte den Status als Amateurspieler behalten und entschied sich gegen ein Auflaufen als »Vertragsspieler«. Eine Entscheidung, die es ihm ermöglichte, ab 1967 für die deutsche Fußballnationalmannschaft der Amateure anzutreten. Gegründet wurde diese 1952 vor allem, um dem DFB eine Möglichkeit zu schaffen, bei den Olympischen Sommerspielen antreten zu können.

Zurück zum jungen Hessen Schmitt, der seine ersten Schritte im Fußball für die ruhmreichen Offenbacher Kickers machte. Mit 18 Jahren spielte er erstmals für den OFC in der Bundesliga, mit 20 Jahren wurde er bereits zum Spielführer – auch aufgrund seiner hohen Flexibilität auf dem Platz, die es ihm erlaubte, jede Position zwischen Abwehr und Sturm auszuüben. Mit 21 Jahren gewann er als Kapitän der Offenbacher den DFB-Pokal – und sammelte gleichzeitig Einsatz um Einsatz in der DFB-Amateurnationalmannschaft, dass er auch dort das Kapitänsamt unter Trainer Jupp Derwall übernahm. 1972 nahm er an den Olympischen Sommerspielen in München teil, an der Seite von Spielern wie Ottmar Hitzfeld und Uli Hoeneß.

Mit 24 Jahren hatte Schmitt bereits als Kapitän die Höhen und Tiefen einer Bundesliga-Fahrstuhlmannschaft nebst gleichzeitigem Nationalelf-Ruhm erlebt. Es folgte ein vielleicht ungewöhnlicher Schritt, den er auf Anraten von Hermann Neuberger und Jupp Derwall vollzog: Ein Wechsel zum 1. FC Saarbrücken.[43]

Beim neuen Verein teilte ihm der ebenfalls neue Trainer Herbert Binkert nach einiger Bedenkzeit eine bedeutungsvolle Aufgabe zu, und so wurde Neuzugang Schmitt kurz vor Saisonbeginn 1973/1974 zum Kapitän des FCS ernannt. Gleich im Premierenjahr zahlte der Organisator auf dem Platz das Vertrauen mit Leistung zurück – getrübt lediglich vom knappen Verpassen der direkten Qualifikation für die neue 2. Bundesliga und dem resultierenden Ringen um die Lizenz mit Alsenborn.

Doch danach sollte es weiter bergauf gehen. 1975/1976 führte Schmitt als Kapitän den 1. FC Saarbrücken erstmals seit 1963/1964 zurück in die Bundesliga. Er erlebte in der Folgesaison auch den bislang einzigen Klassenerhalt der Saarbrücker Bundesligahistorie und ist mit insgesamt 68 Einsätzen (Schmitt verpasste in beiden Jahren kein Spiel) der Rekordspieler der »Molschder« in der Bundesliga. Bis zu seinem Karriereende Anfang der 80er-Jahre streifte er 324 Mal das blau-schwarze Trikot über und ist in den Top-3 der ewigen Rekordspieler des FCS.

Bleibt bei den vielen Rekorden noch der eine, der wichtige, auf den sie bereits in der Überschrift aufmerksam gemacht worden sind: In elf Jahren für die Amateurnationalmannschaft kam Schmitt 79 Mal zum Einsatz für die Mannschaft mit dem Adler auf der Brust und ist ihr alleiniger Rekordspieler. Am 26. September 1978 feierte er in Bielefeld gegen China mit einem 2:1-Sieg seinen Abschied. Die Amateurnationalmannschaft wurde nur ein Jahr später abgeschafft.

37. GRUND

Weil Felix Magath nur ungern nach Hamburg ging

Vielen Fußballfreunden gilt Felix Magath als Mysterium. Das mag seine mehr oder wenigen berechtigten Gründe haben. Die Ausstrahlung der inneren Ruhe des Schachspielers, die sich nur ganz selten, etwa durch eine ärgerliche Schiedsrichterleistung, zerstreuen lässt? Die fast hypnotische Art und Weise, wie er den Teebeutel in eine Tasse eintauchen lässt und dann wieder hochzieht, praktiziert auf nicht ganz so fesselnden Pressekonferenzen? Oder ist es doch die Mischung aus unerwarteten sportlichen Erfolgen, gefolgt von fast vorhersehbaren Pleiten? Spielt keine Rolle, »Quälix« ist eine wiederkehrende Institution des deutschen Fußballs. Auch dank des 1. FC Saarbrücken.

Wolfgang Felix Magath erblickte am 26. Juli 1953 in Aschaffenburg das Licht der Welt. Seine Mutter stammte aus Ostpreußen und war während des Krieges nach Unterfranken geflohen. Sein Vater, ein GI aus Puerto Rico, verließ kurz nach der Geburt des nach ihm benannten Sohnemanns Felix Deutschland. Sein fußballerisches Können entdeckte er beim VfR Nilkheim, mit elf Jahren spielte er beim TV 1860 Aschaffenburg, ging aber mit 19 Jahren zum großen Fußballverein der Stadt, Viktoria Aschaffenburg. In der Drittklassigkeit zeigte Magath, der seit dem Teenager-Alter nur noch »Felix« gerufen wurde, dass er zu Höherem bestimmt war. Mit 21 Jahren unterzeichnete Magath seinen ersten Profivertrag – beim 1. FC Saarbrücken.

Dieser hatte sich – kurz nach der eher schmeichelhaften Qualifikation für die neue 2. Bundesliga Süd – mit Slobodan Čendić einen neuen Trainer an Land gezogen. Der gefühlte Anspruch lag, wie immer, in einer Rückkehr in die Bundesliga, der realistisch war, aber eher in einer Standortbestimmung innerhalb der neuen Liga begründet. Felix Magath, der Neuling ohne Profierfahrung, wurde direkt in das kalte Wasser des Profifußballs geworfen. Und bewies sich prächtig. Der neue Zehner war als einziger Blau-Schwarzer in allen 38 Spielen der Saison 1974/1975 auf dem Platz, erzielte dabei zwölf Tore.

Auch im zweiten Jahr blieb Magath der Dauerbrenner beim FCS und fehlte in keinem Pflichtspiel. Dafür packte er in puncto Trefferquote noch ein wenig drauf: 17 Treffer. Eine erstaunliche Bilanz für einen Mittelfeldakteur. Den vielleicht wichtigsten Treffer erzielte er am 20. Dezember 1975. Im Spitzenspiel gegen den 1. FC Nürnberg vor 36.000 Zuschauern markierte Magath den einzigen Treffer des Tages und nahm den Franken die Tabellenführung ab. Bis Saisonende gab der 1. FC Saarbrücken den Platz an der Sonne nicht mehr ab.

Nun wäre es schön, an dieser Stelle die Heldengeschichte Magath (und für viele Fans bleibt er einer) weiterzuerzählen. Aber nach dem Aufstieg in die Bundesliga gab es Ärger zwischen Spielern und Trainer, Trainer und Führungsebene. Der talentierte Außenstürmer Frank Holzer, später Präsident der SV Elversberg, überwarf sich mit Čendić und ging nach Braunschweig. Auch Magath hätte mit etwas finanzieller Anstrengung gehalten werden können – Pustekuchen, der FCS ließ ihn zum Hamburger SV ziehen. Wo Magath drei Deutsche Meisterschaften feierte, Nationalspieler wurde und im Finale des Europapokals der Landesmeister gegen Turin traf.

1989 kam Magath kurz nach Saarbrücken zurück – aber nur in der Rolle des Managers, wo er auf einen starken Trainer (Klaus

Schlappner) traf. Eine Fortsetzung der Heldengeschichte auf dem Trainerstuhl beim FCS scheint auch eher unwahrscheinlich. Wäre er doch nicht nur ungern, sondern besser gar nicht zum HSV gegangen!

38. GRUND

Weil wir statt Michel Platini nur Marc Berdoll bekamen

Dem kleinen Michel François, der am 21. Juni 1955 in Jœuf, einer Kleinstadt im französischen Lothringen, das Welt erblickte, hätte anfangs wohl nur sein Vater Aldo eine große Karriere als Fußballer vorhergesagt. Er ist es, der seinen Sohn fördert und ihn auf seinen ersten Schritten bei AS Jœuf, dem örtlichen Fußballklub, begleitet. Michel François ist talentiert und erhält eine Einladung zum Probetraining beim großen FC Metz. Beim ersten Mal ist er verletzt, beim zweiten Probetraining scheitert er am Lungen- und Herzfunktionstest – der Atem und die Ausdauer reichen nicht für den Profifußball, so der Vereinsarzt. Also schließt sich Michel François Platini 1972 der AS Nancy-Lorraine an. Es folgen Saint-Étienne und Juventus Turin, Titel in Frankreich, Italien und mit der französischen Nationalmannschaft und die Karriere als Funktionär nach der Fußballerlaufbahn.

Wer weiß, wie diese Karriere verlaufen wäre, hätten sich die Ereignisse des Sommers 1976 doch ein wenig anders abgespielt? Denn damals hätte Platinis Karriere fast einen Umweg in das von Nancy nur 130 Kilometer entfernte Saarbrücken genommen. Die Blau-Schwarzen waren frisch in die Bundesliga aufgestiegen und ließen ohne Not die wichtigen Mittelfeldakteure Felix Magath und Frank Holzer ziehen. Trainer Slobodan Čendić suchte Ersatz und hatte schnell Interesse an Michel Platini, der schon im Februar 1975 bei einem Testspiel zwischen den Amateur-Nationalmannschaften

Deutschlands und Frankreichs in Mannheim den beiden Saarbrückern Egon Schmitt und Ernst Traser aufgefallen war.

Die Verhandlungen verliefen gut. Entgegen der weit verbreiteten Legende, Platini sei Čendić »zu schmächtig« gewesen, war sich der Trainer bereits schnell mit dem Lothringer einig. Warum der angehende französische Weltstar dann doch nicht das blau-schwarze Trikot überstreifte, gab der damalige Trainer später der Saarbrücker Zeitung zu Protokoll: »Aber dann bin ich in Urlaub gefahren und als ich zurückkam, war alles anders. Ein Präsidiumsmitglied hat mir gesagt, dass ich ein dummer Jugoslawe sei und keine Ahnung hätte. Und einen Franzosen wollte man schon gar nicht verpflichten.«[44]

Den Affront endgültig machte das blauäugige FCS-Präsidium, indem es über den Kopf des Trainers hinweg doch noch einen Franzosen verpflichtete: Den Stürmer Marc Berdoll. Der war 1975 bereits ein gestandener Erstligaspieler mit Torriecher, schoss in der Saison 1973/74 gar 29 Tore für Angers in der Division 1. Diese Tore beflügelten Čendićs Wertschätzung für den neuen Angreifer aber nicht im Geringsten. Im Gegenteil: Das Ringen mit dem Präsidium hatte der Erfolgstrainer verloren und bekam nun einen Spieler präsentiert, der nicht seinen Vorstellungen entsprach: tatsächlich zu schmächtig, da wenig auf den defensiven Fußball der Bundesliga vorbereitet und mit Sprachproblemen. Der Stareinkauf kam in 17 Einsätzen auf nur ein Tor und wurde irgendwann selbst von Fans spöttisch »Bordell« getauft. Nach nur einem Jahr in Saarbrücken wechselte der französische Nationalspieler zu Olympique Marseille, wo er zu alter Stärke zurückfand.

Unterdessen war Platinis Karriere im Verein und für die Nationalelf von Erfolgen gekrönt. Ob er dem FCS zum Aufstieg an die Spitze der Bundesliga verholfen hätte oder ob er vielleicht irgendwann auf der Bank versauert wäre, gehört zu den großen Fragen, auf die es nie eine Antwort geben wird.

39. GRUND

Weil in 100 Jahren noch jeder Fan von dem einen Sieg über die Bayern reden wird

14 Aufeinandertreffen in Liga- und Pokalwettbewerben gab es bislang zwischen dem 1. FC Saarbrücken und dem FC Bayern München. Die Bilanz steht (derzeit, man wird ja noch hoffen dürfen!) zu Gunsten der Münchner. Nur drei Siege konnte der 1. FC Saarbrücken gegen die Bayern einfahren. Aber natürlich geht es in den Gesprächen unter alten und jungen Molschdern immer nur um den einen Sieg vom 16. April 1977.

Ein pikantes Duell stand am 30. Spieltag der Bundesligasaison 1976/77 an. Der FCS, der sich unter dem neuen Trainer Manfred Krafft mitten im Abstiegskampf befand, traf auf den amtierenden Weltpokalsieger aus Bayern mit Sepp Maier, Franz Beckenbauer und Gerd Müller. Der FCS hingegen mit dem als »Butterfaß« verspotteten Jovan Aćimović, Kapitän Egon Schmitt und zwei Leihgaben, die ausgerechnet vom Gegner kamen: Ludwig Schuster und der spätere Nationalspieler Bernd Förster.

Im ausverkauften Ludwigspark tauschten mit Anpfiff durch den legendären Schiedsrichter Wolf-Dieter Ahlenfelder aus Oberhausen Favorit und Außenseiter die Rollen. Die Bayern aus München wirkten lethargisch, der 1. FC Saarbrücken frech und drängte früh auf ein Tor. In der 21. Minute verlängerte Luggi Denz eine Aćimović-Ecke per Kopf zu Roland Stegmayer, der per Fallrückzieher zum 1:0 traf – Ekstase im Ludwigspark. Zum wortwörtlichen Knackpunkt kam es einige Minuten später, als Harry Ellbracht mit einem Schuss zwar nicht das 2:0 erzielte, aber Bayern-Torwart Maier zu Fall brachte. Der Sepp und seine Vorderleute wirkten entsprechend geschockt und ließen Freiräume, die Aćimović mit einem genialen Außenristpass in der 41. Minute nutzte. Abnehmer Stegmayer, Spielstand: 2 zu 0.

Nach der Pause erhöhte abermals Stegmayer auf 3:0, und erstmals schienen die Bayern durch ein typisches »Müller-Tor« aufzuwachen. Doch statt Dieter Ferner musste an diesem Samstagnachmittag nur noch Nationaltorhüter Maier hinter sich greifen. Beim 4:1 zeigte erneut Aćimović einen Pass der Spitzenklasse, Stegmayer nahm – etwas glücklich – den Ball mit dem Rücken mit und netzte ein. Obwohl Stegmayer weitere Chancen hatte, sollte er bei seinen vier Toren bleiben. Stattdessen legte Regisseur Aćimović Luggi Denz zum 5:1 auf. Als krönenden Abschluss verlieh die Bayern-Leihgabe Schuster eine bittere Note für die Gäste. Erst tanzte er wie ein früher Okocha die Bayern-Abwehr und Maier aus, legte dann den Ball gefühlvoll in die linke Ecke. Der Endstand: 6 zu 1 für den FCS.

Für die Krafft-Elf war der Sieg gegen den Weltpokalsieger nicht nur ein Punktgewinn zum Klassenerhalt, sondern auch der Höhepunkt einer sensationellen Aufholjagd, bei der schon Köln, Schalke und Hamburg zu Fall gebracht wurden. Der 1. FC Saarbrücken beendete die Saison auf dem 14. Platz und schaffte Historisches: Zum ersten und bisher einzigen Male gelang einer FCS-Elf der Klassenerhalt in der Bundesliga.

Aus heutiger Sicht mag der Fußball des Jahres 1977 antiquiert wirken, und auch die bayrische Altersschwäche der Stars trug zum Erfolg des Außenseiters bei. Allerdings ist allein die Tatsache, dass es jahrelang den VHS-Mitschnitt des Spielberichts im Fanshop gab, Anzeichen für die Wichtigkeit des Spiels. Kein anderes einzelnes Spiel ist gleichsam bedeutend für alte und junge Fans. Es verkörpert bis heute den FCS, der sich nie aufgibt, auch nicht in schier unlösbaren Aufgaben. Und deshalb wird auch noch 2077 jeder FCS-Fan von diesem Spiel wissen und darüber reden.

40. GRUND

Weil Wolfgang Seel das größte Comeback gelang

Als 1966 ein 18-jähriger Kirkler seinen ersten Profivertrag beim 1. FC Saarbrücken unterschrieb, war die Stimmung in der Landeshauptstadt bereits irgendwo zwischen nüchtern und angespannt: Der Ex-Bundesligist hatte zweimal in Folge den Wiederaufstieg in die Bundesliga verpasst. Vom jungen Neuzugang Wolfgang Seel erwartete niemand, direkt das Ruder zu übernehmen und den angeschlagenen Kutter FCS zurück nach oben zu führen. Dafür war es aber noch zu früh, und es folgten die Lehrjahre 1966 bis 1971.

Im Premierenjahr gelangen Seel, dem flinken Außenstürmer, beachtliche 30 Einsätze und sechs Treffer. Als Vizemeister verpassten die Blau-Schwarzen allerdings erneut den Aufstieg in die Bundesliga. In den Folgejahren sollte es für Seel sportlich durchaus laufen – der Mann aus Kirkel spielte sich als Stammspieler fest in die Mannschaft und überstand auch Trainerwechsel. Allein sorgten Querelen abseits des Platzes für eine Ladehemmung beim FCS. Von 1968 bis 1971 verpasste der Verein stets die Qualifikation für die Bundesliga-Aufstiegsrunde, trotz zeitweise überragender fußballerischer Leistungen. Der finanzielle Druck nahm zu, und Finanzierungslücken konnten nicht geschlossen werden. Erst veräußerte der FCS sein FC-Sportfeld an die Landeshauptstadt und im Sommer 1971 dann sein menschliches Tafelsilber: Der zum Führungsspieler gereifte Wolfgang Seel wurde an den 1. FC Kaiserslautern verkauft.

Zum Glück (aus Sicht der FCS-Fans!) blieb er dort nur zwei Jahre und schloss sich 1973 Fortuna Düsseldorf an. Nach Seels erster Bundesligasaison kam die gleich hinter den Platzhirschen aus München und Mönchengladbach auf Rang drei ins Ziel. Die Belohnung: Nach der Weltmeisterschaft wurde Seel erstmals in die Nationalelf berufen, machte dort sechs Spiele. Für Düsseldorf sollte es aber noch erfolgreicher kommen, als die Allofs-Brüder Thomas und Klaus ins Team stießen. Die vielleicht stärkste Fortunen-Elf aller Zeiten gewann 1979 den DFB-Pokal. In der Verlängerung des Endspiels war es Wolfgang Seel persönlich, der den Treffer besorgte. Im gleichen Jahr verlor man knapp im Europapokal der Pokalsieger das Finale gegen den FC Barcelona. 1980 durfte Seel noch einmal den Titel im DFB-Pokal verteidigen.

Dauerbrenner Seel, der in den 1970ern über 200 Spiele am Stück für Düsseldorf im Einsatz war, fasste dann 1982 im Alter von 34 Jahren einen ungewöhnlichen Entschluss und kehrte zum 1. FC Saarbrücken zurück. Sein Ex-Verein war inzwischen in die Drittklassigkeit abgestürzt und weiter entfernt von einer Rückkehr in die Bundesliga, als zu Beginn von Seels Profikarriere. Der Exnationalspieler übernahm von Beginn an die Verantwortung auf dem Platz und schaffte mit seinem Verein 1983 immerhin den Aufstieg in die 2. Bundesliga. Nachdem der Klassenerhalt glückte, startete der FCS 1984/1985 unter Uwe Klimaschefski den Angriff auf die 1. Liga. Seel erlebte den dritten Frühling und erzielte zehn Treffer in der Saison. Am Ende gelang in der Relegation gegen Bielefeld der Durchmarsch in die Bundesliga.

Nach einem letzten Jahr in der Erstklassigkeit war es für Wolfgang Seel an der Zeit, die Fußballschuhe an den Nagel zu hängen. Doch er blieb dem Fußball treu, bildete als DFB-Stützpunkttrainer unter anderem die spätere deutsche Nationalspielerin Dszenifer Maroszan aus. Sein Sohn Fabian sollte eine ganz besondere Beziehung zum FCS haben – als 18-Jähriger bediente er die Anzeigetafel im Ludwigspark, mit 21 Jahren spielte er selbst für einige Spiele auf der Position des Torhüters in der ersten Mannschaft.

KAPITEL 5

DIE WAHRE HÖLLE IST BLAU-SCHWARZ

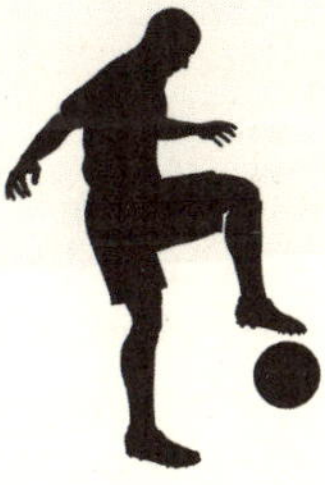

41. GRUND

Weil die Saar-Mosel-Derbys mit Eintracht Trier Dramatik pur sind

Der SV Eintracht Trier sticht unter den Konkurrenten des 1. FC Saarbrücken besonders heraus. Trier, eine der ältesten Städte Deutschlands, sehnt sich ähnlich wie Saarbrücken nach früheren, glanzvolleren Zeiten zurück, als man noch im Römischen Reich etwas zählte, oder wenigstens in der 2. Bundesliga. Oft als »Pfälzer« verspottet, haben sie mit der Pfalz nichts am Hut – außer der großen Konkurrenz mit dem großen Pfälzer 1. FC Kaiserslautern um die Gunst der Fans im Südwesten. Die Trierer Eintracht und die Molschder teilen also nicht nur die blau-schwarzen Trikotfarben, sondern auch so manches Leid. Kaum verwunderlich, dass die Fans beider Vereine in den 1980er-Jahren sogar eine Fanfreundschaft pflegten.

Aus Liebe wurde Hass. Einer der Auslöser war sicherlich das Derby im Moselstadion am 30. Oktober 1999. Die Hausherren führten seit der 10. Spielminute, es ging ruppig her. Schiedsrichter Thorsten Kinhöfer stellte Sambo Choji Ende der ersten Halbzeit für ein grobes Revanchefoul vom Platz. Trainer Toppmöller verlor die Fassung und wurde auf die Tribüne geschickt. Trierers Mittelfeldmann Sascha Hörster provozierte Saarbrückens Musa mit rassistischen Beleidigungen. Als Musa nach einer Fehlentscheidung mit Gelb-Rot vom Platz musste, streckte er Hörster per Kopfstoß nieder. Auch Kapitän Zibert sah noch den Roten Karton – als er den Schiedsrichter fragte: »Was pfeifst du denn für eine Scheiße?« Die Rache für die Kartenflut nahm der FCS im Rückspiel: Trier führte bis zur 84. Minute im Ludwigspark mit 1:0, doch dann drehten ein 30-Meter-Kracher von Martin Molz und ein später Treffer von Karsten Hutwelker die Partie – 2:1 für die Saarländer. Im Sommer wechselte Bösewicht Hörster zum FCS. Die Fans tobten in Leserbriefen und bei Testspielen, doch Hörster bat erst Musa um Verzeihung und überzeugte später die Fans mit guten Leistungen.

Duelle mit Trier waren seither von besonderer Galligkeit geprägt – ob in Fanchoreografien vor Spielbeginn, ob auf dem Platz oder noch danach im Fanblock. 2004/2005 traf man sich erneut, diesmal als Zweitligisten. Im Hinspiel entblödeten sich die Trierer mit Plakaten in schlechtem Französisch, trugen aber den Sieg davon. Vor dem Rückspiel dann die pikante Ausgangslage: Für beide Mannschaften war der Klassenerhalt noch nicht sicher. Saarbrücken reichte ein Unentschieden, Trier bei der gleichzeitig einkalkulierten Niederlage Ahlens bei 1860 München ebenfalls. Doch Ahlen schaffte einen 4:3-Sensationssieg – womit das glanzlose 1:1-Remis im Ludwigspark für Trier den Abstieg beim Rivalen bedeutete.

Nach der Demütigung für Trier, 2006/2007 aufgrund eines weiteren Abstiegs in der Oberliga gegen die zweite Mannschaft des 1. FC Saarbrücken spielen zu müssen, trafen Saar und Mosel 2007/2008 wieder aufeinander. Im April 2008 zeigte sich der FCS auswärtsstark und gewann mit 3:1 im Moselstadion – FCS-Idol Mike Frantz erzielte den Schlusstreffer aus über 60 Metern Entfernung, da Triers Torhüter Schneider in der Schlussminute zum Eckball nach vorne ging. Frantz – selbst immer Fan geblieben – durfte nach Spielende den Vorsänger für den Gästeblock geben, inklusive einiger Beleidigungen gegen die Rivalen aus Trier und Homburg. Ein Video davon gelang ins Internet, einige FCS-Hasser petzten, und Frantz musste eine Geldstrafe zahlen. In diese Reihe muss auch ein Duell aus jüngster Zeit gezählt werden: Ende September 2015 lag der FCS kurz vor Schluss mit 1:2 zurück, drehte in den letzten beiden Minuten das Spiel und gewann. Manchester lässt grüßen.

Aus ehemaligen Freunden sind nun ziemlich beste Feinde geworden. Denn auch wenn eigentlich Spiele gegen Homburg und Kaiserslautern als die »wahren Derbys« gelten, sind die Spiele gegen Trier nicht minder unterhaltsam.

42. GRUND

Weil die Spiele gegen Elversberg vielleicht mal Saarderbys werden

Frage drei Fußballfans, was ein Derby ist, und du bekommst fünf Antworten. Frage einen Fan des 1. FC Saarbrücken, was sein Saarderby ist, so sagt er ganz klar: »Homburg!« Frage einen Fan aus Elversberg, und er wird dir antworten: »Saarbrücken!« Ganz so einfach war das mit der Etikettierung im Fußball noch nie. Die Partien der Blau-Schwarzen gegen Schwarz-Weißen bilden da keine Ausnahme.

Die Sportvereinigung 07 Elversberg wurde 1907 als FC Germania Elversberg im gleichnamigen Ortsteil der Gemeinde Spiesen-Elversberg (ca. 13.000 Einwohner) gegründet. Jetzt wäre an dieser Stelle natürlich eine spannende Geschichte zu vermuten. Ist sie aber nicht. Fußball-Hochburg war im Landkreis Neunkirchen immer noch die Borussia. Erst 1980 stieg die SV Elversberg in die drittklassige Amateur-Oberliga auf und durfte erstmals in ihrer Geschichte überregional antreten. 1982 gelang der SVE gegen den frisch abgestiegenen FCS ein 4:2-Sieg auf dem alten Hartplatz – eine Peinlichkeit sondergleichen für die Klimaschefski-Truppe und der Beginn einer Art einseitiger Rivalität.

Die aber erst 16 Jahre später in Fahrt kam. Inzwischen war die SV Elversberg das Projekt von Frank Holzer, der pikanterweise den 1. FC Saarbrücken als Spieler im Streit verließ. Holzer, der Pharmazie studiert hatte und als Leiter eines Pharma-Unternehmens die Elversberger finanziell zu unterstützen begann, stieg als Vorsitzender des Vereins zu einer Art Gegenspieler von Hartmut Ostermann auf. Elversberg sollte als Gegenmodell zur Skandalnudel FCS werden: Sportlicher Erfolg trotz kleinerer Fanszene, weniger Aufmerksamkeit durch die Politik und Provinzmentalität.

Nadelstiche setzten die Elversberger, konnten aber nie am 1. FC Saarbrücken sportlich und in den Zuschauerzahlen vorbeiziehen und verpflichteten meist beim FCS ausgemusterte Kicker wie Jens Gerlach, Branko »Kiste« Zibert oder Nico Zimmermann. Dabei lieferten die Molschder der lokalen Konkurrenz 2007 die Steilvorlage und stiegen von der Regionalliga in die Oberliga ab. Elversberg war nun eine Liga höher und hätte den FCS langfristig abhängen können – verpasste aber den Sprung in die 3. Liga. Stattdessen kam es am 1. Spieltag der Saison 2009/2010 in der nunmehr viertklassigen Regionalliga zum Wiedersehen. Im Neunkircher Ellenfeld schlug die SVE den FCS vernichtend mit 6:0. Eine Schmach, die wehtat und nur durch den Aufstieg des FCS am Saisonende getilgt wurde.

2013/2014 gab es für beide Vereine jeweils einen Sieg im direkten Aufeinandertreffen und danach den brüderlichen Doppelabstieg. Eine besondere Posse gab es im Wechsel von Serkan Göcer – im Hinspiel schoss er noch ein Tor für den FCS, im Rückspiel traf er dann nach seinem Wechsel für den »Feind«. Seither hat die Rivalität auch deutlich an Fahrt aufgenommen: 2014 wechselte der Elversberger Publikumsliebling Felix Luz nach einem Streit mit dem Verein ausgerechnet nach Saarbrücken. Auf der Gegenseite lehnte der lange Zeit verletzte Kevin Maek das FCS-Angebot zur Vertragsverlängerung ab und wurde mit seinem Kollegen Christian Eggert ein Schwarz-Weißer.

Für die Fans des FCS ist Elversberg sicher nicht Kaiserslautern oder Homburg, und das Geplänkel der Vorstandsbosse um Themen wie den leidigen Umzug des FCS nach Elversberg während der Bauphase im Ludwigsparkstadion trägt das Seinige bei: Elversberg nervt, weil die Rivalität vor allem eine sportliche ist (und noch ein klein wenig Schwanzvergleich auf Vorstandsebene). Was tröstet: Das Duell mit Elversberg hat also immerhin ein wenig Potenzial, mal ein Saarderby zu werden. Irgendwann.

43. GRUND

Weil unser Saarland schon einige Kilometer vor Waldmohr aufhört

»Ein Land, eine Stadt, ein Verein« lautet eine vielzitierte Devise der Fans des 1. FC Saarbrücken, die aus einer Zeit stammt, als Borussia Neunkirchen im Amateurlager verweilte, noch niemand von der SV Elversberg sprach und tatsächlich außerhalb des Bundeslandes der allgemeine Fußballfan den Eindruck gewinnen konnte: Das Saarland, das ist der 1. FC Saarbrücken. Doch nein, es gibt diesen einen Verein, der sich gegen die blau-schwarze Allmacht wehrt. Der FC 08 Homburg.

Jetzt ist es natürlich heikel, in einem Buch mit dem Titel *111 Gründe, den 1. FC Saarbrücken zu lieben* ausgerechnet den Erzrivalen als einen dieser Gründe anzuführen. Aber es geht natürlich, denn schließlich sind die Homburger nicht der Erzrivale (Ihr wärt das gerne!), sondern auch eher spät auf der Bühne der Fußballschurken aufgetaucht: Als Fußball-Club Homburg 1908 mit damals noch blau-weißen Trikots gegründet, spielte der Verein Jahre eher eine nebensächliche Rolle in der schönsten Nebensache der Welt und war eher dafür bekannt, seinen Namen öfter zu wechseln als mancher Bundesligist den Trainer: Fußballverein Homburg, Pfalz e.V., VfL Homburg, SV Homburg. Einmal strichen die Mitglieder bei einer Namensänderung aus Versehen die »08« aus dem Namen – und bemerkten ihren Fehler fast acht Jahre lang nicht.

Ein bedauernswerter Beginn für den Verein, der erst in den 1960er-Jahren zweitklassig wurde und mithilfe seines Machers Udo Geitlinger und des jungen Trainers Uwe Klimaschefski eine Hausnummer in der 2. Bundesliga, und er stieg 1986 unter Fritz Fuchs überraschend in die Bundesliga auf, was Homburg zum damals kleinsten Spielort der Liga machte. Eine Schmach für den FCS, der gleichzeitig den Klassenerhalt verpasste und in die Zweitklassigkeit musste.

Sportlich konnte sich aber auch der FCH nicht als neues Aushängeschild des saarländischen Fußballs präsentieren und pendelte sich nach kurzen Ausflügen nach oben in der 2. Bundesliga ein, wo es oft den Schlagabtausch mit dem FCS gab – sportlich auf dem Platz, unsportlich auch mal auf den Rängen und neben dem Platz. Bei einem Aufeinandertreffen im Homburger Waldstadion 1990 stürmten Homburger Fans den Rasen, ein Fan rannte auf der Flucht vor einem Polizisten FCS-Torwart Alfred Wahlen um, der verletzt ausgewechselt wurde. Der DFB setzte die Partie, die Homburg eigentlich mit 2:1 gewann, neu an (Endstand 0:0).

1998 folgten fast schon einerseits das Ende der Rivalität und die Zementierung der Feindschaft, als mit dem gescheiterten Homburger Aufstieg der damalige FCH-Präsident Hartmut Ostermann »rübermachte«, das Modell der Kooperation verkündet wurde, die besten Homburger Spieler in die Landeshauptstadt wechselten und dafür einige Talente einige Kilometer in den Osten. Eine bittere Episode, die heute noch seitens der Homburger Fans den Saarbrückern vorgehalten wird – bitte vergesst nicht, das in der Nachbetrachtung allen von uns der Name Sude (und inzwischen vielen der Name Ostermann) gerne erspart geblieben wäre!

Wir schienen euch ja abgehängt zu haben und sahen uns dann doch fast zehn Jahre 2007 später als Oberligisten wieder: Wohl Genugtuung für euch, Schmach für uns, aber insgeheim freuten wir uns doch beide darüber, endlich mal wieder die alte Rivalität von Angesicht zu Angesicht ausüben zu dürfen. Und am Ende war es dann Dieter Ferner, der die alten Kräfteverhältnisse wiederherstellte.

Seither haben wir öfter wieder die Klingen gekreuzt, und seid euch einer Sache gewiss, liebe Homburger, die ihr uns »Landeshauptdorf« nennt: Im Herzen ist es egal, ob ihr Saarpfälzer nun Saar oder Pfalz seid – ihr seid in beiden Fällen der ewige Zweite!

44. GRUND

Weil die Schiedsrichterleistungen bei unseren Spielen schaurig-schön sind

Die Beziehung der Blau-Schwarzen zu den Männern in Schwarz stellt eine ganz besondere dar. Diese Spezies, mit einer Sprache wie das liebliche Klingen einer Fox 40 (das gängige Pfeifenmodell im Fußball, ca. 115 Dezibel laut Hersteller), wache mit besonders strengem Auge über dem 1. FC Saarbrücken, so sagen es jedenfalls sehr häufig die Fans des Vereins und fast noch häufiger die Offiziellen. Bevor die Schuld bei den profan einfachen Erklärungen des Fußballgeschäfts, etwa der eigenen Leistung, gesucht wird, hält der Schiedsrichter her. Zu einigen pflegte der 1. FC Saarbrücken eine regelrechte Hassfreundschaft.

Als der »Urvater« aller fleischgewordenen Unparteiischen-Albträume gilt ein Herr mit dem besonders klangvollen Namen Rudolf Kreitlein. Der spätere FIFA-Schiedsrichter und Erfinder der Gelben und Roten Karte pfiff das allererste Bundesliga-Spiel des 1. FC Saarbrücken, das gegen den Kölner »Effzeh« verloren ging. Das kreiden viele Fans von damals noch heute Kreitlein an, der heftige Fouls am talentierten Außenstürmer Heinz Vollmar kaum ahndete und die ruppige Gangart der Gäste vom Rhein protegierte.

Kreitleins wohl berühmtester Erbe heißt Thorsten Kinhöfer. Der Controller aus Wanne-Eickel leitete 1999 das Spiel des FCS in Trier, bei dem sage und schreibe drei Saarbrücker (Choji, Zibert, Musa) und das Trainergespann (Toppmöller, Melzer) den Abpfiff nicht mehr auf dem Platz erlebten – dafür übersah der Unparteiische leider auf der Gegenseite rassistische Beleidigungen gegen Musa. Die Wege von Kinhöfer, der später sogar FIFA-Schiedsrichter wurde, und dem FCS kreuzten sich erneut 2001 in Osnabrück. Diesmal gab es »nur« zwei Gelb-Rote Karten gegen die Saarländer. In der Folgesaison schaffte er sogar, ein Spiel ohne Platzverweis gegen

Blau-Schwarz auszukommen, allerdings sollte die Gelb-Rote Karte gegen den FCS die Spezialität von Kinhöfer bleiben. Beim vorletzten Zweitligaspiel des FCS stellte er dann den alten Rekord erneut ein und schickte beim Auflaufen des FCS in der Münchner Allianz Arena drei FCS-Akteure vorzeitig duschen. Vielleicht war das auch eine leichte Filmkritik – in der Saison 2005/2006 schickte der 1. FC Saarbrücken eine DVD mit gesammelten Fehlentscheidungen zu den eigenen Ungunsten an den DFB.

Für mehr Slapstick sorgte der gefallene Ex-FIFA-Schiedsrichter Michael Kempter bei seinem Comeback beim TV-Livespiel des FCS gegen Homburg 2014. Nachdem FCS-Kapitän Peter Chrappan den Homburger Marc Gallego leicht im Strafraum touchierte, zeigte Schiri Kempter auf den Elfmeterpunkt. Nach langen Diskussionen entschied er zudem auf den Tatbestand der Notbremse und zeigte die Rote Karte – zur Überraschung aller nicht Chrappan, sondern Marco Meyerhöfer, der nicht einmal in der Nähe stand. Zur Krönung trug er im Spielbericht dann noch einen dritten (falschen) Spieler ein.

Ein Schiedsrichter schaffte es dann sogar zum Gegenstand wilder Spekulationen. Der Unparteiische, der die Saarlandpokalbegegnung Hertha Wiesbach gegen den FCS in der Saison 2014/2015 gepfiffen hat, soll ein Studienkollege mehrerer Wiesbacher gewesen sein – und kam obendrein noch aus Homburg. »Zufälligerweise« entschied der Mann an der Pfeife dann auch im Spiel auf Strafstoß, nachdem ein Wiesbacher Spieler bei einem Schussversuch über das eigene Standbein stolperte.

Der 1. FC Saarbrücken hat es eben nicht leicht. Aber bitte nie vergessen: Der Mann in Schwarz letztlich auch nicht. Seid also fair zu ihm, auch wenn er denn mal Kreitlein, Kinhöfer oder Kempter heißen sollte!

45. GRUND

Weil eine gute Rivalität die Jahrzehnte überdauert

Mailand, Rom, Madrid. Glückliche Städte, denen jeweils nicht nur wenigstens ein höherklassiger Fußballverein vergönnt ist, sondern sogar zwei. Von London ganz und gar zu schweigen. Die Stadtrivalität ist die eigentlich schönste Disziplin im Fußball: Wo es sonst darum geht, die Ehre der eigenen Stadt in der Region zu verteidigen, entscheidet der Wettstreit innerhalb der Stadt darüber, wer überhaupt würdig ist, die Stadtfarben nach außen zu repräsentieren.

Auch wenn es außer Frage steht, welcher Saarbrücker Verein denn der schönste, tollste und unnachahmlichste ist (kleiner Tipp: Seine Vereinsfarben sind blau-schwarz), so gab es doch auch Zeiten, in denen der Kampf um die Landeshauptstadt auf sportlicher Ebene brannte. Als der Fußball im Saarland noch in den Kinderschuhen steckte, übertrumpfte Saar 05 noch regelmäßig den FV Saarbrücken. Das Duell der Saarbrücker Vereine war zugleich das Kräftemessen zweier unterschiedlicher Stadtteile: Die Nullfünfer aus dem eher reichen und bürgerlichen Sankt Johann gegen den FVS, der vor allem die Arbeiter aus Malstatt und Burbach anzog.

Den fußballerischen Klassenkampf entschieden die »Molschder« erstmals 1923 für sich, als man in der Süddeutschen Fußballmeisterschaft Zweiter der Kreisliga Saar hinter Neunkirchen wurde. Von da an hatte sich der FVS den Platz als Primus der Landeshauptstadt gesichert – vor Saar 05 und den Sportfreunden. In den 1930er-Jahren gab es allerdings einige Rückschläge, und man landete einige Male hinter letztgenannten Sportfreunden, die ebenfalls im Stadtteil Burbach beheimatet waren (und es auch noch heute im sehr schicken Saarwiesen-Stadion sind).

Die heiße Phase der Saarbrücker Stadtduelle folgte dann in der sportlichen Hochphase des FCS. In den 1950er-Jahren kreuzten sich erneut die Wege von Saar 05 und den Blau-Schwarzen in der Oberliga Südwest. Mit dem Ex-FCSler Kurt Clemens hatten die Schwarz-Weißen einen verhinderten Real-Madrid-Spieler als Kopf in den eigenen Reihen und konnten mehrfach dem Rivalen Paroli bieten. Etwa als die Nullfünfer mit einem psychologischen Trick den sichersten Elfmeterschützen des FCS, Herbert Martin, aus dem Konzept brachten: Ein Halbkreis verkürzte den Anlauf des Schützen, der Torwart hielt – Martin verschoss in seiner Karriere insgesamt nur noch einen weiteren Strafstoß. Das vorläufige Ende fand die Stadtrivalität mit einem 3:0-Sieg von Blau-Schwarz gegen Schwarz-Weiß am Valentinstag 1971. Bernd Hoffmanns Treffer wurde zum Abschiedsgruß an die Hassliebe Saar 05, die am Ende der Saison aus der Regionalliga abstieg.

Und obwohl ein jeder in Saarbrücken Saar 05 spätestens 2008 abschrieb, als der schon in die A-Klasse durchgereichte Klub nach Querelen und Schulden die Fußballsparte in der Kreisliga B neu gründen musste, so kam es nach Jahren der Rückkehr 2015 dann plötzlich doch wieder zum Derby gegen den 1. FC Saarbrücken. Die Nullfünfer, hochgetragen von der Familie Seibert und mit kleiner, treuer Fanszene ausgestattet, durfte sich nun als Underdog gegen den frisch am Aufstieg vorbeigeschrammten Skandal-FCS messen – wie die Rollen doch nach über 100 Jahren Saarbrücker Fußball gewechselt haben!

Im Spiel selbst ging es dann sehr ruppig zu – wohl auch, weil mehr als die Hälfte der Saar-05-Spieler in ihrer Karriere schon mal das blau-schwarze Trikot trug und es dem alten Verein heimzahlen wollte. Doch erneut zeigten die Molschder, dass über Saarbrücken (nicht immer) stolz die FCS-Fahne weht, und siegten in beiden Aufeinandertreffen. Saar 05 bewies aber wenigstens eins: dass eine gute Stadtrivalität auch 44 Jahre Pause übersteht.

46. GRUND

Weil wir alte Feindschaften auch mal begraben können

»Es war einmal« sollte dieser Grund eigentlich beginnen, denn heute klingt es märchenhaft: Lange bevor Spiele gegen Homburg als das »richtige« Saarderby und Spiele gegen Elversberg als das »falsche« bezeichnet wurden, gab es eine Rivalität, von der die jüngeren Fans heute überhaupt nichts mehr wissen. Möglicherweise auch lieber nichts wissen wollen.

Ähnlich wie die Saarbrücker Schüler Anfang des 20. Jahrhunderts Gefallen am »Engländersport« Fußball gefunden hatten, vereinten sich auch in der Hüttenstadt Neunkirchen die jungen Balltreter. Ab 1907 trat man als »Borussia« an und bestritt schon 1912 Spiele auf einem eigenen »Borussia-Sportplatz« (das spätere Ellenfeldstadion) und professionalisierte sich – während der FVS noch die eigene sportliche Heimat suchte.[45] Neunkirchen gelang zudem Anfang der 1920er-Jahre ein wahrer Coup, als der österreichische Nationalspieler Adolf Fischera in der Rolle des Spielertrainers ins Saarland gelotst wurde. Der Lohn: ein Süddeutscher Pokalgewinn und die Vizemeisterschaft in Süddeutschland. Erst später brach der FVS die Neunkircher Dominanz.

Ein Zeitsprung: Nachdem die Borussia zusammen mit dem FCS die sportpolitische Isolation nach Ende des Zweiten Weltkrieges überstanden hatte, kehrte sie nicht minder motiviert in den Alltag der Oberliga Südwest zurück. Nachdem die Saarbrücker 1952 Deutscher Vizemeister wurden, zog Neunkirchen erneut leicht vorbei, als die alten FCS-Stars in Rente gingen. Die Borussia sammelte starke Platzierungen in der Liga und erreichte 1959 das Finale im DFB-Pokal gegen Schwarz-Weiß Essen. Die Mannschaft um Karl Ringel wurde zudem zwei Jahre vor Gründung der Bundesliga Meister im Südwesten und durfte sich berechtigte Hoffnungen auf einen Platz in der neuen Liga machen. Die beiden Südwestplätze fielen dann aber dem 1. FC Kaiserslautern und ausgerechnet dem 1. FC Saarbrücken zu – für die Borussen ein Skandal, und mit dem Saarbrücker im DFB, Hermann Neuberger, war der vermeintlich Schuldige gefunden.[46] Umso größer die Genugtuung, als die Borussia später selbst in die Bundesliga aufstieg, als der FCS in der Regionalliga vor sich hindümpelte!

Als sich später 1981 der FCS und die Borussia gemeinsam aus dem Profifußball verabschiedeten, war das nur für die Saarbrücker ein temporärer Abschied, und die Neunkircher wurden zum Dauergast im regionalen Fußball. Die sportliche Rivalität kam zum Erliegen, sporadisch traf man sich noch in der Regionalliga. Als der FCS 2007 in die viertklassige Oberliga stürzte und zum Auftaktspiel der neuen Saison ins Ellenfeld musste, war dann aber der Moment gekommen, um die alte Feindschaft neu zu beleben. Doch etwas ganz anderes geschah.

10.000 Zuschauer sahen ein 2:2 beider Mannschaften und feierten ein Fußballfest im positiven Sinne. Denn schon länger hatte sich das Verhältnis beider Vereine gewandelt: Auf der Ebene der Ultra-Fans herrschte gegenseitiger Respekt, zumal beide Vereine das Fundament der saarländischen Fußballgeschichte bilden. Bewunderung der Neunkircher Fans für bildstarke Choreografien der Virage Est und die nostalgische Begeisterung vieler Saarbrücker für das Ellenfeldstadion führten dazu, dass anstelle der alten sportlichen Rivalität eine leichte Freundschaft getreten war. Dies zeigte sich zuletzt 2015, als viele FCS-Fans der finanziell angeschlagenen Borussia halfen und auch beide Vereine zum Benefizspiel gegeneinander antraten. Fußball ist nicht nur aufgrund der Rivalitäten schön – sondern auch dann, wenn man nach Jahren erkennt, dass einen mehr verbindet als trennt.

47. GRUND

Weil die vielen 3:2-Siege gegen Offenbach kein Zufall sein können

Fußball ist die schönste Nebensache der Welt, weil er sich trotz aller Versuche, das Spiel vorhersehbar zu gestalten, das Element des Zufalls erhalten hat. So klar die Rollen vor jedem Spiel verteilt sein sollen, so sehr die »Laptop-Trainer« Zahlen und Daten durch den Rechner jagen: Am Ende gewinnt oft der Zufall. Doch je öfter der Zufall gewinnt, umso weniger glauben wir an ihn. Die Rivalität zwischen den Offenbacher Kickers und dem 1. FC Saarbrücken klingt ebenfalls wie ein Zufallsprodukt, haben doch beide jeweils ihre ganz eigenen Lokalrivalitäten, ob mit Eintracht Frankfurt oder dem 1. FC Kaiserslautern. Und doch haben die häufigen Aufeinandertreffen und ein ganz bestimmtes Spielergebnis ihren Teil dazu beigetragen.

Den Anfang nahm alles am 31. Juli 2002 auf dem Bieberer Berg. Am zweiten Spieltag der Regionalliga Süd trat der FCS beim OFC an, ging durch Pierre Hallé in Führung, musste aber nach 50 Minuten einem Rückstand hinterherlaufen. Doch am Ende drehten Michael Oelkuch und Björn Tarillon das Spiel: 3:2 aus Sicht der saarländischen Gäste.

Das gleiche Spiel in der nachfolgenden Spielzeit. Zwei Tore von Angelo Barletta brachten die Hessen beim Heimspiel mit 2:0 in Führung. Doch vor der Halbzeit schon glichen Gunter Thiebaut und Matthias Hagner aus, in der 82. Minute besorgte das zweite Thiebaut-Tor den zweiten 3:2-Sieg in Offenbach.

Das nächste Aufeinandertreffen beider Teams fand dann in der 2. Bundesliga am 4. Dezember 2005 statt. Suat Türker traf mit zwei Toren in das Saarbrücker Herz, und die Fans im Gästeblock scherzten bereits mit Galgenhumor: »Dann müssen wir halt wieder 3:2 gewinnen!« Was sie nicht wussten: Genau das passierte. Henrich Bencik glich vor dem Halbzeitpfiff aus. Nach der Pause drückte

Mustapha Hadji einen Flugkopfball über die Linie – und verwandelte in der 86. Minute einen Freistoß direkt. Das unfassbare dritte 3:2 auf dem Bieberer Berg in Folge.

In der Zwischenzeit hatte der Fußballgott dann wohl Mitleid mit den Offenbacher Fans und ließ auch mal wieder die Rot-Weißen einen Heimsieg gegen Saarbrücken feiern. Weniger gut meinte er es auf der anderen Seite mit den Hessen beim Duell im Ludwigspark am 15. Februar 2011. Beide Drittligisten lieferten sich eine enge Partie, die ihren Knackpunkt mit der Roten Karte für OFC-Stürmer Olivier Occéan nach 60 Minuten für eine vermeintliche Tätlichkeit an FCS-Kapitän Lerandy fand. Nachdem der Occéan unsanft an der Mittellinie stoppte, hatte der OFC-Spieler aus Frust eine Kopfnuss verteilt. Die TV-Bilder bewiesen allerdings: Lerandy zuckte theatralisch zurück, tatsächlich sah die angebliche Kopfnuss mehr wie ein Nicken aus. OFC-Fanradiomoderator Hansi tobte derweil und legte sich mit Besuchern der Haupttribüne an (»Ich habe noch nie einer Mannschaft so etwas gewünscht wie den Saarbrückern, nämlich nur Scheiße!«) und wurde zur Kultfigur der Saarbrücker Fanszene – der FCS gewann unbeeindruckt mit 2:0.

Zuletzt gab es das magische 3:2 auf dem Bieberer Berg dann am 28. April 2012. Dieses Mal ging aber jeweils der FCS in Führung, und die Hausherren glichen aus – schließlich hatten sie im Vorfeld bereits Eintrittskarten für ein mögliches Relegationsspiel um den Aufstieg in die 2. Bundesliga drucken lassen. Saarbrücken spielte Spielverderber und siegte mit 3:2.

Ist das nun Zufall oder nicht? Fest steht, dass 3:2 das Saarbrücker Glücksergebnis für Spiele in Hessen bleibt und die sportliche Rivalität zwischen den Traditionsvereinen Offenbach und Saarbrücken vor allem eines ist: Ein Glücksfall für die Fans.

48. GRUND

Weil kein echter Saarländer die Roten Teufel anfeuert

Der Zahn der Zeit nagt unbarmherzig. Während dieses Buch gedruckt wurde, ist wieder Zeit vergangen, in der die alte Rivalität zwischen dem 1. FC Saarbrücken und dem 1. FC Kaiserslautern ein Stück weiter in Vergessenheit geraten ist. Wie bleibt die Glut der Feindschaft am Glimmen, wo die regelmäßigen Aufeinandertreffen in der Liga fehlen? 1993 spielten beide zuletzt in einer Liga – da waren vermutlich die Ultras noch nicht auf der Welt, die gerade irgendwo in Merzig oder Saarlouis mehrere »Anti-FCK«-Aufkleber am Bahnhof angebracht haben!

Die Wurzeln der Antipathie liegen in den 1950er-Jahren. Beide Vereine dominierten die Oberliga Südwest – auf der einen Seite die Saarländer um »Fips« Philippi, Herbert Binkert und Herbert Martin, auf der anderen die Pfälzer mit Horst Eckel und den Walter-Brüdern. 1952 wurde der FCS Deutscher Vizemeister, die Roten Teufel stemmten 1951 und 1953 die Meisterschale hoch. Später bildeten die Lautrer den Kern der Weltmeistermannschaft – während die FCS-Spieler aufgrund des politischen Status des Saarlandes nur zuschauen konnten. Was passieren konnte, wenn FCS und FCK aufeinandertrafen, zeigte der Silvestertag 1955: Im Südwestdeutschen Pokal endete die Begegnung in Saarbrücken 7:7! Zwischenzeitlich lag der FCS erst 2:4 zurück, dann 6:4 vorne und schoss in der Nachspielzeit doch noch den Ausgleich. Dass beide Mannschaften trotz aller Rivalität fair miteinander umgingen, zeigte das Nachspiel: Da es keine Verlängerung gab, nahm der Schiedsrichter einen Münzwurf vor, der dem FCK den Sieg zusprach. Doch beide Mannschaften drängten der Fairness halber lieber auf ein Wiederholungsspiel.

Eine Feindschaft entstand zwischen beiden Vereinen eher auf den Rängen: D-Block gegen Westkurve, Ludwigspark gegen Betzenberg, blau-schwarze gegen rot-weiße Kutten. Nun war nicht mehr nur wichtig, wer die direkten sportlichen Duelle für sich entschied, sondern auch wer auf den Rängen lauter anfeuerte – für einige eher kleine Sportsgeister dann leider auch irgendwann, wer härter zuschlägt.

Sportlich hängte der FCK irgendwann den FCS leider ab, sodass goldene Momente, wie der Heimsieg am 5. September 1992 vor 31.000 Zuschauern dank zweier Wynalda-Tore, verschwanden. Beim letzten Ligatreffen auf dem Betzenberg holte man immerhin ein 1:1. Danach kreuzten sich die Wege nur noch einmal 1997 im DFB-Pokal, als der spätere Meister FCK leichtes Spiel im Ludwigspark hatte und Blau-Schwarz mit 0:4 unterging.

Nun folgten viele Duelle mit der zweiten Mannschaft der Roten Teufel, die sicher ganz nett sind, aber doch eben nur Methadon, da jedem Spiel im leeren Fritz-Walter-Stadion (aus Sicherheitsgründen) eine unübersehbare Demütigung innewohnt. Ebenso ist der Stellvertreter-Krieg, der über die französischen Freunde aus Nancy ausgefochten wird, da Kaiserslautern eine Freundschaft nach Metz hegt, eben nicht das gleiche wie der pure Wettstreit wie in den 1950er-Jahren.

Der einzige Streit, der bleibt, ist der um die Fangunst. Sinnbildlich steht der Saarländer Stefan Kuntz (tut mir leid, ich wollte den Namen eigentlich in diesem Buch nicht nennen und entschuldige mich bei allen Lesern für den Brechreiz!) als Vorstandsvorsitzender für die Scharen der Unbelehrbaren, die am Wochenende lieber auf den Betze fahren, statt dem echten Saarländerverein FCS die Daumen zu drücken. Ein kleiner moralischer Trost für uns FCS-Fans: Wer sich als Saarländer ernsthaft die rote Narrenkappe anzieht, sich zwei Stunden die dämlichen hampelnden FCK-Maskottchen und Gesänge wie »Saarland-Schweine« geben kann, hat sich den FCK auch redlich verdient. Und bestätigt uns in all unserer Abneigung den Teufeln gegenüber.

KAPITEL 6

AUFERSTEHUNG UND NIEDERGANG – DIE 80ER- UND 90ER-JAHRE

49. GRUND

Weil »Klima« den FCS aus der Versenkung holte …

Die 1980er gelten als ein Jahrzehnt der Geschmacksverirrungen und begannen auch für den 1. FC Saarbrücken mit einer solchen. In der Saison 1980/1981 ging es in der 2. Bundesliga Süd um die Qualifikation für die neue eingleisige Spielklasse. Wirtschaftlich und sportlich am Ende, erreichten die Molschder auf Platz 17, was zu wenig für die neue Spielklasse war. Der Sponsorenvertrag mit Jägermeister verschaffte kurzzeitig Luft zum Atmen, aber der FCS musste in der Not das ein Jahr zuvor verpflichtete Riesentalent Andreas Brehme nach Kaiserslautern abgeben. Für ihn ging es an den Elfmeterpunkt nach Rom (erst neun Jahre später allerdings), für den FCS bergab.

In der Amateur-Oberliga gab es nun zwar wieder spannende Derbys gegen Neunkirchen und Homburg – aber auch tristen Alltag gegen Wirges, Ensdorf und Dudweiler. Gegen Letztere fand das Auftaktspiel statt, und es gab nur ein mageres 1:1. Am Ende sollte der 1. FC Saarbrücken in einer enttäuschenden Saison als Dritter hinter Homburg und Mainz sogar die Teilnahme an der Amateur-Meisterschaft verpassen. Doch eine gute Sache hatte die Spielzeit am Ende: Der farblose Dieter Schulte wurde von Manager Frank Fleschenberg geschasst, als neuer Mann wurde Uwe Klimaschefski präsentiert. Ein ehemaliger Spieler von Kaiserslautern, obendrein lange Jahre Trainer der verhassten Homburger. Immerhin keine unscheinbare Gestalt.

»Klima« versprach den Fans den Aufstieg, sofern er bei der Kadergestaltung freie Hand erhalten würde. Er bekam seine Wünsche erfüllt. Unter anderem kehrte Wolfgang Seel zum FCS zurück, aus Homburg kamen Klimas alte Bekannte Stefan Jambo und Kurt Knoll. Mit Egbert Zimmermann und Etepe Kakoko vom VfB Stuttgart kamen zwei weitere Hochkaräter für die Offensive ins Saarland. Der FCS wurde Ligameister, mit 31 Siegen aus 38 Spielen, nur drei Niederlagen. Die unglaubliche Torbilanz verdeutlicht die Dominanz von Klimas FCS: 124 Tore geschossen und nur 30 kassiert. In der Aufstiegsrunde gelang die Rückkehr in die Zweitklassigkeit.

Im Sommer verstärkten sich die Blau-Schwarzen mit Spielern wie Michael Nushöhr und Norbert Schlegl. Unter den vier Aufsteigern in die 2. Bundesliga tat sich der FCS als stärkste Mannschaft hervor und landete auf dem zehnten Tabellenplatz – noch vor Bundesligaabsteiger Hertha BSC.

Das Meisterstück beim 1. FC Saarbrücken gelang Klimaschefski in der Saison 1984/1985. Der Verein eroberte sich Mitte der Saison die Tabellenführung, da aber die Doppelbelastung durch den DFB-Pokal viel Kraft zehrte, wurde das Aufstiegsrennen eine Zitterpartie. Am vorletzten Spieltag fiel der Verein durch eine Nullnummer auf Platz vier zurück, rettete sich aber doch noch auf den dritten Rang.

Die letzte Hürde vor dem Aufstieg: Die beiden Relegationsspiele gegen den Drittletzten der Bundesliga, Arminia Bielefeld. Beim Hinspiel im Saarbrücker Ludwigspark brachten der Torjäger vom Dienst, Michael Blättel, und Pierre Dickert den FCS auf Kurs, mit einem 2:0 im Rücken reiste Saarbrücken auf die Bielefelder Alm. Dort überschlugen sich die Ereignisse. In der 59. Minute ging Bielefeld in Führung, zu allem Überfluss verlor Saarbrücken zwei Minuten später Torwart Carsten Hallmann, der verletzt ausgewechselt wurde. Drei Minuten danach sah dann Jean-Santos Muntubila die Rote Karte – Bielefeld witterte Morgenluft und drängte auf das zweite Tor. Doch in der 78. Minute verwandelte Sascha Jusufi einen Freistoß vor der Gästekurve in den Winkel – ein Stich ins Bielefelder Herz. Klimaschefski war in nur drei Jahren der Durchmarsch von der Oberliga bis in die Bundesliga gelungen.

50. GRUND

… und auch mit Sprüchen nicht geizte

Uwe Klimaschefski darf aufgrund seiner Leistungen beim 1. FC Saarbrücken als einer der besten Trainer der Vereinsgeschichte bezeichnet werden. Nicht nur, dass er die Mannschaft zweimal aufsteigen ließ und ins Halbfinale des DFB-Pokals führte, er kam zudem vor seinem Engagement in der Landeshauptstadt vom ärgsten Konkurrenten aus dem eigenen Bundesland – ein solcher Wechsel verspricht nur in ganz wenigen Fällen, ein Erfolg zu werden. Doch fällt im deutschen Fußball der Name »Klimaschefski« oder nur der Spitzname »Klima«, ist nicht die Rede vom Trainer, sondern vom gefürchteten Spaßvogel.

In Homburger Tagen hatte er an einem Rosenmontag nach einer Pleite am Wochenende die Mannschaft zum Training bestellt. Als der bereits volltrunkene Platzwart Klima und die Spieler vom Rasenplatz verjagen wollte, ließ der Trainer ihn kurzerhand mit Sprungseilen an den Torpfosten binden und veranstaltete ein ganz spezielles Schusstraining. Bis die Frau des Platzwartes ihn mit einem Brotmesser vom Gehäuse befreite.

In seiner Saarbrücker Zeit wurde Klima einst in seiner Stammkneipe von einem jungen Fan angepöbelt, der von sich behauptete, schneller als seine Spieler zu sein. Genervt meinte der Trainer, er solle das doch im Training beweisen – zur Überraschung der Mannschaft kam der Kneipengast dann tatsächlich am nächsten Morgen an die Saarlandhalle. Klima blieb cool und meinte, dass man eben den berühmten »Autobahnlauf« trainieren würde, bei dem es 15 Kilometer auf dem Standstreifen bis Dudweiler ginge. Der Trainingsneuling bekam zwei Minuten Vorsprung und lief los – Klima und Mannschaft blieben natürlich am Sportfeld. Am späteren Abend sah dann ein Spieler, der gerade nach Dudweiler fuhr, den armen Trainingsgast an einer Leitplanke stehen.[47]

Unzählige Anekdoten von Klima sind in den Kanon der Fußballgeschichte eingegangen. Etwa, dass er einst einen Testspieler aus Spanien unter der Dusche den Ball hochhalten ließ, um festzustellen, ob der Kicker denn auch bei Regen etwas tauge. Oder dass er auch mal in Mainz einen lärmenden Fan verdrosch. Berühmt geworden sind vor allem aber seine Sprüche, deren Highlights hier noch einmal zelebriert werden müssen:[48]

- »Bevor ich nach Homburg kam, wurde dort noch mit Strohballen gespielt!«
- »Keine weiteren Fragen, ich muß jetzt zu meinen Spielern. Die sind so blind, daß sie ohne mich nicht den Weg von der Kabine zum Bus finden.«
- »Unsere Spieler können 50-Meter-Pässe spielen: fünf Meter weit und 45 Meter hoch.«
- »Wenn die Schrottpreise wieder steigen!« (auf die Frage, ob er einige Spieler verkaufen würde)
- »Als Bundesligatrainer siehst du doch schon am Gang, ob einer Fußball spielen kann oder bei der Müllabfuhr ist.«
- »Von seinem Grasshopper-Trip hat er eine Menge Schweizer Speck mitgebracht.« (Über den Saarbrücker-Star-Transfer Dieter Müller)
- »Der hat sich im Bett verletzt. Wie er das gemacht hat, weiß ich auch nicht …« (Nach der Verletzung von Michael Blättel)
- »Jetzt zieht euch warm an! Jetzt reiß' ich euch den Arsch auf! Bis zur Naht!«
- »Bitte einen achtfachen Cognac!« (Nach einer Niederlage gegen Uerdingen)

51. GRUND

Weil Carsten »Hall, Mann!« seinem Namen alle Ehre machte

Nicht nur der Durchmarsch von der Oberliga in die Bundesliga bleibt ein Verdienst des Uwe Klimaschefski, sondern auch die Pokalsaison 1984/85. Der 1. FC Saarbrücken, der sich in seiner Geschichte selten den Ruf einer »Turniermannschaft« erworben hatte, stand nach einem eher mühsamen 2:1-Auswärtserfolg beim Drittligisten Rot-Weiss Essen und einem überraschend klaren 4:1-Sieg gegen Ligakonkurrent Nürnberg im Achtelfinale des DFB-Pokals. Die Klimaschefski-Truppe erwischte ein denkbar schweres Los: den amtierenden Deutschen Meister VfB Stuttgart.

Das Hinspiel in der Landeshauptstadt Baden-Württembergs fand zwei Tage vor Heiligabend 1984 statt. Vor enttäuschender Kulisse (10.000 Zuschauer) verteidige die Klimaschefski-Truppe gut und rettete ein 0:0 über 120 Minuten. Der damalige Modus sah im Falle eines Unentschiedens nach Verlängerung nicht ein Elfmeterschießen vor – sondern ein Wiederholungsspiel mit Tausch des Heimrechts. Erst bei einem weiteren Unentschieden im zweiten Spiel sah das Regelwerk die Entscheidung vom Elfmeterpunkt vor.

Die Neuauflage fand am 6. Februar 1985 vor gut 25.000 Menschen im Saarbrücker Ludwigspark statt. In der 14. Minute traf Thomas Kempe früh per Fallrückzieher für den VfB – Wolfgang Seel kommentierte für das Fernsehen trocken: »Es war schön, aber unnötig.« In den Mittelpunkt rückte immer mehr FCS-Torwart Carsten Hallmann. Der Mann mit Minipli-Frisur kam vor der Saison aus Essen und war die neue Nummer eins im FCS-Tor. Bereits mit 19 Jahren wurde Hallmann bei RWE Stammkeeper, mit nun 23 Jahren strahlte er die Ruhe eines Alten aus und verhinderte nun die Stuttgarter Vorentscheidung. Stattdessen glich der FCS durch Norbert Hönnscheidt aus.

In der zweiten Halbzeit entwickelte sich ein Spiel mit leichten Vorteilen für den Zweitligisten aus dem Saarland, doch der spätere Weltmeister Klinsmann sollte zehn Minuten vor Schluss Hallmann unhaltbar überwinden. Doch kurz vor Abpfiff fand Kurt Knolls Ball den Kopf von Michael Blättel – Tor, Ausgleich.

Die Verlängerung sah keinen weiteren Treffer, also musste ein Elfmeterschießen die Entscheidung finden. Nun schlug die Stunde von Carsten Hallmann. Zuerst parierte er den ersten VfB-Elfmeter von Karl Allgöwer – kein Knallgöwer, sondern ein halbhoch nach rechts geschossenes Bällchen, das der FCS-Keeper hielt. Auch den zweiten Stuttgarter Schuss, diesmal Karlheinz Förster, parierte Hallmann – er warf sich blitzschnell in die richtige Ecke. Der dritte VfB-Spieler, Peter Reichert, hatte da bereits so zittrige Knie, dass er den Ball am Tor bugsierte – Sieg für den Außenseiter Saarbrücken! Geburt der Legende Hallmann!

Im Viertelfinale schaltete die Klimaschefski-Elf den späteren Mitaufsteiger Hannover 96 mit 1:0 aus und kam so ins Halbfinale des DFB-Pokals. Mit Bayer Uerdingen wartete dort nun eine vermeintlich lösbare Aufgabe. Gegen den Bundesligisten zeigten die Blau-Schwarzen eine starke Partie, hatten gute Chancen, doch am Ende war es Bruder Leichtfuß, der die Partie entschied: Ein verpatzter Hackentrick im Mittelfeld von Guido Szesni leitete in der 74. Minute die Szene ein, die zum 1:0 für Uerdingen führen sollte. Das einzige Tor des Tages. Da die Bayer-Elf im Finale den FC Bayern München schlug, war man immerhin gegen den Pokalsieger ausgeschieden.

Was bleibt ist die Erinnerung an die Sensation gegen Stuttgart und den Pokalhelden Hallmann. Es blieb leider auch das Highlight seiner Karriere – mit nur Mitte 20 musste der Torwart seine Karriere verletzungsbedingt beenden.

52. GRUND

Weil Manfred Dum ein heute vergessenes »Tor des Monats« erzielte

Zu den Legenden des Vereins zählt der Mittelstürmer Manfred Dum sicher nicht. Der gebürtige Solinger spielte gerade einmal zwei Jahre im Saarland, dann auch noch in der Zeit, als man wieder in der Zweitklassigkeit hing. Doch immerhin schaffte es ein kurioser Moment für den 1. FC Saarbrücken ins Archiv der Sportschau – auch wenn dieser heute fast vergessen ist und obendrein so nie wieder vorkommen wird.

Der 28. Februar 1988. Im Ludwigspark gastiert Blau-Weiß 90 Berlin auf schneebedecktem Rasen. Der FCS hält sich knapp über dem Tabellenkeller, die Berliner sind in der Favoritenrolle und führen dank Wolfgang Schüler und Stefan Dinauer. 0:2 aus der Sicht der Heimmannschaft nach 61 Minuten. Doch in der 64. Minute sollte die Partie eine Wendung nehmen. Einen schlecht platzierten Freistoß fängt der Berliner Torwart und frühere FCS-Akteur Holger Gehrke ab. Der Schlussmann tippt den orangenen Ball einmal im Lauf auf und wirft ihn zum Abschlag leicht in die Luft. Doch bevor er das Leder weit in die andere Hälfte dreschen kann, steht dort ein Saarbrücker Angreifer: Manfred Dum. Der Mann mit der Nummer 7 dreht seinen Körper halb und spitzelt den Ball aus der Luft in Richtung Tor. Gehrke schlägt ein Luftloch, Dum rennt dem Ball nach, aus Angst, er könnte doch noch vorbeigehen, doch er hat genügend Drall, um den Weg hinter die Torlinie zu finden: Wild jubelnd über seinen spitzfindigen Treffer rennt Dum zu seinen Kollegen, Torwart Gehrke steht wie ein begossener Pudel im eigenen Strafraum. Schiedsrichter Hermann Albrecht aus Kaufbeuren gibt den Treffer, den ein Unparteiischer heutzutage sofort abpfeifen würde – Glück für Dum und den FCS. Das Abstauber-Tor leitete sogar die Aufholjagd ein – in den letzten acht Minuten des Spiels legten Rohrbacher, Brace und erneut Dum Gehrke weitere Eier ins Nest. Der Endstand: 4:2.

Obwohl sicherlich keine spielerische Glanzleistung von Dum, sondern eher eine Mischung aus Glück und dem »Zur-rechten-Zeit-am-rechten-Ort«-Instinkt eines Mittelstürmers, erkannten die Zuschauer der *ARD-Sportschau* einen ästhetischen Wert im Gurkentreffer. Vielleicht sahen sie die gerechte Strafe im überhasteten Anlauf Gehrkes? Oder der Februar 1988 war generell torarm? Die Frage wird wohl nie geklärt, aber Manfred Dum gewann die Wahl zum Tor des Monats Februar 1988.

Dums weitere Karriere in Blau-Schwarz war von weniger Erfolg gekrönt. Nach 17 Treffern in 64 Ligaspielen zog er weiter nach Freiburg und Wuppertal. Sein Sohn Sascha sollte später immerhin sogar auf seine Einsätze in der Bundesliga für Leverkusen, Aachen und Düsseldorf kommen. Sein Vater schaffte es nur bis ins »Unterhaus« des deutschen Fußballs.

Einen Erben fand Dum im Hinblick auf kuriose Treffer im Ludwigspark dann aber in Ante Čović. Der Kroate kam in der Katastrophensaison 2001/2002 beim FCS nur auf zwei Treffer. Sein letzter am 34. Spieltag gegen den SSV Reutlingen geriet aber ebenfalls zu einer Gurke für den Goalie. Der Reutlinger Schlussmann Goran Curko hatte beim Spielstand von 2:2 den Ball gefangen, glaubte einen Pfiff des Schiedsrichters gehört zu haben und legte sich das Gerät zum Freistoß im eigenen Strafraum hin. Doch es gab keine Spielunterbrechung, und Čović schob den Ball einfach am verwirrten Torwart vorbei: 3:2 für den FCS. Am Ende siegte dieser mit 4:3 – stieg aber ab. Und es gab diesmal auch leider kein Tor des Monats.

53. GRUND

Weil Matthäus zur Strafe für das Schlegel-Foul nie ein großer Trainer wird

Als der 15-jährige Sassanfahrter seinen Jugendklub verließ und sich 1976 dem großen 1. FC Nürnberg anschloss, waren sich die Verantwortlichen sicher, ein großes Talent geangelt zu haben. Schnell stieg der Libero zum bayrischen Auswahlspieler auf, spielte sich langsam in die Notizblöcke der DFB-Beobachter. Nebenher absolvierte er ganz bodenständig die Ausbildung bei Siemens. 1979 schrieb die Vereinszeitung: »Norbert Schlegel war der Kopf, der Dreh- und Angelpunkt dieses Teams. Wie er sich von Woche zu Woche immer mehr in der Rolle eines echten Kapitäns, einer echten Spielerpersönlichkeit bewährte, war beispielhaft.«[49] Der DFB-Auswahltrainer Dietrich Weise kommentierte: »Die größte Entdeckung dieses Jahrgangs.«

Im gleichen Jahr zogen die Franken das Talent Schlegel in die erste Mannschaft hoch und ließen ihn in der 2. Bundesliga regelmäßig zum Einsatz kommen. Obwohl er auf die Verteidiger-Position umschulen musste, gelang ihm eine solide Debüt-Saison, sogar der wichtige Ausgleichstreffer im Frankenderby gegen Fürth und der Aufstieg in die Bundesliga. Dort trauten die Verantwortlichen ihm allerdings noch nicht die Reife für dauerhafte Einsätze zu. Die Konsequenz: Um zu mehr Einsatzzeiten zu kommen, beschloss Schlegel den Wechsel.

1983 heuerte Schlegel beim frisch aufgestiegenen 1. FC Saarbrücken an. Dort hatte gerade der langjährige Libero und Mannschaftskapitän Egon Schmitt seine Karriere beendet. Ein freier Platz im Herzen der Mannschaft. Nach einigen Spielen erkämpfte sich der Neuzugang die Führungsrolle bei den Blau-Schwarzen. Zum Klassenerhalt steuerte er in 29 Spielen sogar drei Treffer bei. In der folgenden Saison verpasste er nur eine (!) Halbzeit, mutmaßlich auch nur, weil Trainer Klimaschefski über das Eigentor Schlegels in Berlin enttäuscht war. Mit 24 Jahren und nun als Kapitän auch in dieser Rolle Nachfolger von Egon Schmitt führte Schlegel die Blau-Schwarzen in die Bundesliga und bis ins Halbfinale des DFB-Pokals.

Schlegel hatte nun die Reife, die ihm zu Nürnberger Zeiten fehlte, und war bereits im Blickfeld der Nationalmannschaft. Doch es folgte der fünfte Spieltag der Bundesliga-Saison 1985/86. Im Spiel gegen Bayern München führte der FCS überraschend, doch nach einem Foul von Lothar Matthäus ging es für den FCS-Kapitän nicht mehr weiter. Dass Matthäus zudem den Ausgleich per Elfmeter erzielte, war nach Spielende nur Randnotiz: Schlegels Kreuzband war gerissen.[50] Den Rest der Saison fiel er aus, womit dem FCS ein wichtiger Baustein für den Klassenerhalt fehlte. Nachdem der FCS Uwe Klimaschefski mitteilte, dass er zu Saisonende gehen müsse, war das Schicksal des Vereins besiegelt: Sofortiger Wiederabstieg.

Nach Schlegels Seuchenjahr hätte er wohl durchaus das Risiko auf sich nehmen können und mit einem Wechsel zurück in die Bundesliga einen weiteren Angriff auf die Nationalmannschaft starten können. Doch er wählte die sichere Option und verlängerte seinen Vertrag in Saarbrücken. Nach seiner Rückkehr fand er zu beachtlicher Stärke zurück. Schlegel zog als intelligenter Libero zwischen Abwehr und Mittelfeld die Fäden und kam selbst oft zum Abschluss. Nachdem er 1989 und 1990 jeweils knapp die Rückkehr mit dem FCS verpasste, wechselte er noch für zwei Jahre zu Hertha BSC Berlin. Schlegel wurde zwar nicht zur Liberolegende des DFB, aber zu einem der besten Blau-Schwarzen aller Zeiten, was auch die Fans mit seiner Wahl in die Jahrhundertelf honorierten. Dass Matthäus stattdessen nach seiner Zeit als Liberolegende mehr zur TV-Persönlichkeit denn ein respektierter Trainer geworden ist, scheint immerhin eine späte Gerechtigkeit zu sein.

54. GRUND

Weil es in Saarbrücken die ersten Zeugen Yeboahs gab

Der 6. Juni 1966, in anderer Schreibweise der 6.6.66. Ein sehr gläubiger Mensch könnte bei dieser teuflischen Zahl so ernsthafte Probleme bekommen. Tatsächlich hatte Anthony, genannt »Tony«, Yeboah mit diesem Datum seine ganz konkreten Probleme. Als 16-Jähriger wollte der Stürmer bereits für die Nationalelf seines Heimatlandes auflaufen – das Alter machte ihm einen Strich durch die Rechnung. Also verlegte der Verband sein offizielles Geburtsjahr auf 1964[51], und geboren war eines der großen Mysterien des deutschen Fußballs: das wahre Alter Anthony Yeboahs.

Die leidige Diskussion lenkt dabei immer von dem eigentlichen Mysterium ab: Woher hatte Tony seinen unglaublichen Torriecher? Der hatte schon vor seinem Engagement in Deutschland von sich reden gemacht. Gegen die Kickers aus Offenbach und Borussia Dortmund setzte sich im Sommer 1988 der 1. FC Saarbrücken im Werben um die Dienste des Ghanaers durch. Die Ankunft verlief dann eher enttäuschend: Zu Beginn plagte Yeboah Heimweh, aufgrund der Folgen einer Malaria-Erkrankung war er nicht fit und kam zunächst nur zu Kurzeinsätzen. Bis zum 25. Spieltag der Saison 1988/1989 hatte der Wunderstürmer erst zwei Treffer auf dem Konto, Trainer Schlappner wollte ihn gar wieder wegschicken. Doch Manager Walter Müller erkannte Yeboahs Talent und bestand auf den Verbleib des Stürmers, der das Vertrauen mit Toren bedankte: Mit sieben Treffern im Endspurt kam der FCS in die Relegation um die Bundesliga. Gegen Erstligist Frankfurt zog man den Kürzeren – trotz eines starken Rückspiels mit zwei Yeboah-Toren.

In der Saison 1989/1990 erlebte Yeboah sein großes Jahr im blau-schwarzen Dress. In 37 Spielen erzielte Tony 17 Tore. Alleine vier davon gelangen ihm am 17. September 1989, als der FCS im heimischen Ludwigspark dem VfL Osnabrück eine Lehrstunde erteilte und mit 7:1 siegte. Das Yeboah-Fieber machte ihn zum Star der Mannschaft – obwohl er seinen Auftritt beim Saarländischen Rundfunk verpasste, weil der Taxifahrer die Wegbeschreibung »Radio, Radio!« als Zeichen, die Musik aufzudrehen, fehlinterpretierte.[52] Doch trotz der Yeboah-Manie überschatteten ständige Wechselgerüchte die Leistungen der Schlappner-Truppe. Köln bot zwei Millionen Mark, FCS-Präsident Norbert Walter lehnte ab, plante mit Yeboah den Aufstieg in die Bundesliga. Er wusste um den unbezahlbaren Wert seines Mittelstürmers, und doch sorgte die Unruhe dafür, dass der Verein erneut den Umweg über die Relegation gehen musste. Im Hinspiel gegen Bochum verloren die Molschder mit 0:1, im Rückspiel nährte Yeboah durch den Führungstreffer Hoffnungen, die aber kurz vor Schluss durch Uwe Leifelds Treffer zum Ausgleich begraben werden mussten.

Das war auch das Ende von Yeboahs Zeit im Saarland. Eintracht Frankfurt erinnerte sich an das Sturmjuwel, verhandelte geschickt mit blauäugigen Saarbrücker Offiziellen, die am Ende den vielleicht technisch versiertesten Stürmer im FCS-Trikot für lächerliche 1,2 Millionen D-Mark ziehen ließen[53]. In Frankfurt erzielte er in fünf Spielzeiten 68 Tore, wurde 1993 und 1994 Bundesliga-Torschützenkönig. Nach zwei erfolgreichen Jahren beim englischen Traditionsverein Leeds United kehrte er 1997 in die Bundesliga zurück und spielte bis 2001 beim Hamburger SV. Und obwohl der Frankfurter Fanklub »Zeugen Yeboahs« Tony ein Denkmal setzte, dürfen doch die Fans im Ludwigspark von sich behaupten, schon vor den Hessen Zeugen der Fußballkunst des Ghanaers geworden zu sein!

55. GRUND

Weil Eugen Hach mal geliebt, mal gehasst wurde, aber immer gekämpft hat

Die Geschichte von Eugen Hach und dem 1. FC Saarbrücken besitzt wohl so viele Höhen und Tiefen wie kaum eine andere. Am Ende steht eine Erzählung eines Mannes, der schon früh zur Legende wurde, bei seiner Rückkehr viel verlor, aber sich heute jeden Tag als Gewinner fühlen kann.

Eugen Hach wurde 1960 in Kaiserslautern geboren. Der waschechte »Pälzer Bub« begann auch beim dortigen Stadtprimus seine Karriere, schaffte es aber nie über die zweite Mannschaft des 1. FC Kaiserslautern hinaus. Nach Zwischenspielen in der Region bei Südwest Ludwigshafen und dem FK Pirmasens wechselte er zum Zweitligisten Alemannia Aachen. Nach drei Jahren in Schwarz-Gelb folgte 1987 der Wechsel ins Saarland zum 1. FC Saarbrücken. Ausgerechnet der »Lautrer« sollte in den nachfolgenden fünf Spielzeiten zum unangefochtenen Publikumslieblings werden. Hach, der Mittelfeldmotor mit der Pferdelunge, wurde zum Synonym für den Kampf. Das Saarbrücker Publikum zeigte sich schon seit jeher begeisterungsfähig für jene Art des Kickens. Unter Klaus Schlappner wurde Hach zum Mannschaftskapitän beordert. Zweimal scheiterte der FCS in Hachs Zeit als Spielführer am Aufstieg in die Bundesliga. Irgendwann kam Peter Neururer und mit ihm das Karriereende. Mit Neururer verstand sich Hach weniger, und 1991/1992 kam der Kapitän meist nur noch von der Bank. Nach dem Aufstieg in die Bundesliga beendete Hach die Karriere als Fußballer und wechselte sofort ins Trainerfach.

Nach einem Start als Trainer im Amateurbereich führte ein trauriger Zufall zu Hachs erster Profistation im Trainergeschäft: Während der Zeit als Co-Trainer in Aachen starb sein Chef Werner Fuchs unerwartet während eines Waldlaufs. Hach übernahm die Alemannia auf dem Aufstiegsplatz und war nun Zweitligatrainer. Dort lief es anfangs überraschend gut, aber nach Querelen im dritten Jahr war Schluss. Fast deckungsgleich das folgende Engagement in Fürth, das in Hachs drittem Jahr endete. Der Zufall wollte, dass gerade auch der 1. FC Saarbrücken seinen Trainer Ehrmantraut entließ. Hach hatte schon lange damit geliebäugelt, zu seinem alten Verein zurückzukehren. Vergessen war er dort nie, die Fans wählten ihn sogar vor Felix Magath in die Jahrhundertelf. Alles schien perfekt. Doch am Ende dauerte Hachs Rückkehr nicht einmal eine komplette Saison – am Abend vor seiner Beurlaubung tönte er noch groß, dass er auch in vier Jahren noch Trainer des 1. FC Saarbrücken sein würde.

Sichtlich niedergeschlagen vom Scheitern bei der alten Liebe, wollte Hach sich selbst, aber auch dem FCS, bei der Konkurrenz etwas beweisen. Bei Rot-Weiß Oberhausen schlug er zwar den FCS in der 2. Bundesliga, konnte aber den Abstieg nicht verhindern. Ein Jahr später stieg er mit Zweitliga-Absteiger Trier sogar in die Oberliga ab – der Trainer Hach war derart beschädigt, dass er erst einmal in das Fach des Sportdirektors wechselte und bei der SV Elversberg anheuerte.

Es folgte der 19. Dezember 2007. Als Hach und seine Familie sich auf den Weihnachtsurlaub vorbereiteten, erlitt der Ex-Spieler und Ex-Trainer des FCS einen schweren Schlaganfall. Seine stets ausgezeichnete körperliche Verfassung rettete ihm wohl das Leben. Wie er auf dem Platz kämpfte, so nahm er nun die beschwerliche Reha auf und ließ nicht locker. 2012 kehrte er sogar in neuer Funktion in den Fußball zurück: als sportlicher Leiter bei Saar 05 Saarbrücken. 2015 versuchte er mithilfe der Oppositionsgruppe »UnserFC« über die Gremien die Rückkehr zur alten Liebe FCS, womit er letztlich scheiterte.

Für die Fans weckt der Fußballer Hach andere Erinnerungen als der Trainer Hach oder als der Funktionär Hach. Doch eines ist sicher: Der Mensch Hach hat den wohl wichtigsten Kampf seines Lebens bereits gewonnen.

56. GRUND

Weil »Nuss« sogar seinen eigenen Fanclub hatte

Einer der großen Spieler der 1980er war Michael Nushöhr. Der Linksverteidiger erlebte nicht nur den Aufstieg in die Bundesliga und das Halbfinale des DFB-Pokals mit, sondern war auch ein absoluter Fanliebling. Ein Rückblick mit »Nuss«:

Hallo Herr Nushöhr, was machen Sie heute?
Ich bin Geschäftsführer einer Handelsfirma im Fürstentum Liechtenstein, die Modemarken nach Deutschland, Österreich und in die Schweiz importiert. Zusätzlich bin ich Technischer Leiter im Juniorenfußball der Klassen U12 bis U16 des Fußballverbandes der Südostschweiz/Graubünden.

Ihre Zeit beim 1. FC Saarbrücken begann 1983 unter Uwe Klimaschefski. Was war der FCS damals für ein Verein?
Der Verein war damals gerade aus der Amateur-Oberliga in die 2. Bundesliga aufgestiegen. Die Wirtschaftslage war eher mäßig, vieles war im Umbruch und der FCS nicht wirklich zweitligatauglich. Der FCS war finanziell nicht auf der Höhe, und wir mussten oft auf unsere Gehälter warten. Doch die ganze Region stand hinter dem FCS, und wir hatten von Anfang an eine tolle Unterstützung von den Fans. Mit dem Erfolg und den tollen Zuschauerzahlen sowie neuen Sponsoren ging es stetig nach oben!

1984/85 stiegen die Blau-Schwarzen auf, erlebten eine sensationelle Pokalsaison. Warum lief das so gut?
Irgendwie hatten wir eine außergewöhnliche positive Mischung im Team, und alle hatten das Ziel Bundesliga vor Augen. Auffällig war die gute Defensivarbeit der gesamten Mannschaft sowie eine große Stärke bei Standardsituationen. Zusätzlich hatten wir mit Uwe

Klimaschefski einen Trainer, der nie lockergelassen hat. Schlechte Trainingsleistungen konnten damals unangenehme Folgen haben (*lacht*).

Wie war die Zeit als Spieler unter »Klima«?
Oje, damals war es gerade für junge Spieler sicher nicht einfach. Die Spiele im Training mit Klima im Team waren zum Teil härter als das Spiel am Wochenende. Er spielte ja noch immer selbst mit, hat sich seine Spieler ausgewählt, meistens musste ich »Nuss« dann bei ihm ran, und dann ging es los. Das Wort »Niederlage« hat es bei ihm nicht gegeben. Einmal dauerte ein Spiel an einem Morgen zwei Stunden, bis wir endlich 19:18 gewonnen hatten. Klima hat sich immer »Altobelli«, nach dem ehemaligen italienischen Torjäger, genannt, und er war richtig happy, wenn er gewonnen hatte. Wie wir uns von diesen Trainings immer wieder erholt haben, ist mir heute ein Rätsel!

Hat Klima dann auch im Spiel mal gegrätscht? Oder hat sich einer getraut, dem Trainer den Ball abzunehmen?
Klima stand nur vorne und wollte Tore schießen! Wer den Trainer etwas härter attackierte, hatte immer Pech. Da Klima gleichzeitig auch Schiedsrichter war, führte jegliche Berührung zum Freistoß oder Elfmeter!

Von 1985 bis 1988 waren Sie für Stuttgart und Kaiserslautern in der Bundesliga aktiv, kehrten danach ins Saarland zurück. Wie kam es dazu?
Zwischenzeitlich war mein ehemaliger Mitspieler Walter Müller Sportchef und Dieter Marquart Vizepräsident. Beide haben zu dieser Zeit den Verein geprägt und nach einer schwierigen Zeit wieder auf gute sportliche Basis gebracht. Mit beiden war eine schnelle Einigung gefunden, und der 1. FC Saarbrücken war für mich auch etwas mehr als nur Fußball.

Ein Fanclub hat sich sogar nach Ihnen (»Dr. Nushöhr«) benannt. Wie haben Sie den Kult um Ihre Person gesehen?
Ich denke, diese Leute und Fans des FCS haben meine Art und Weise des Fußballspiels geschätzt und sicher nach einem gewonnenen Spiel mit einem »Doktor« (*Anmerkung des Autors: ein guter Magenbitter aus Pernod und Fernet Branca*) auf mich und den FCS angestoßen. So wurde ein Fanclub gegründet. Einmal besuchten sie mich sogar in Chur/Schweiz zu einem Meisterschaftsspiel, und wir haben uns nach dem Spiel noch amüsiert.

Ende 2015 mussten die Fans Abschied nehmen vom »alten« Ludwigspark-Stadion. Was verbinden Sie mit der Spielstätte?
In unserer erfolgreichen Zeit waren natürlich auch über 20.000 im Stadion, und die Stimmung, gerade bei Freitagabendspielen, war schon sensationell. Vor dem Fanblock zu spielen war schon genial für mich. Als Linksverteidiger war ich doch sehr nah beim Block, und wenn sie meinen Namen riefen, hat mich das immer sehr gepusht! In der heutigen Zeit erwarten die Zuschauer natürlich ein anderes Maß an Komfort, und diesbezüglich musste etwas geschehen. Ich freue mich auf den neuen Ludwigspark und komme sicher vorbei.

Vielen Dank für das Gespräch!

57. GRUND

Weil der FCS unter Peter Neururer erfolgreich chaotisch war

Es war einmal in einem Land, in dem die Menschen nach Profifußball lechzten. Schon zu lange hatten sie zweitklassigen Fußball gesehen und irgendwann Regent Klaus mit dem lustigen Hut hinfort geschickt. Es kam ein neuer König ins Land: Peter der Große. Die

Untertanen von Peter waren lustige Männer mit Schnauzbärten und Vokuhila-Frisuren. Was folgte, waren zwei Jahre des Wahnsinns.

Der begann schon mit Neururers Vorstellung. Der Prototyp des Ruhrpott-Fußballers fuhr stets in seinem Porsche vor, mit dem er auch abseits der Liga gerne mal Punkte sammelte. Bis die Bremsen kaputtgingen, nachdem sich einer seiner Spieler, Michael Krätzer, den Boliden geliehen hatte, um vor der Disco bei den Frauen Eindruck zu schinden.

1991/1992 hatte der 1. FC Saarbrücken zweierlei Glück: Einmal profitierte der als Außenseiter gehandelte Verein von der einmaligen Ligareform aufgrund der Eingliederung der Vereine aus der ehemaligen DDR, was insgesamt nur 32 Spieltage bedeutete. Zum anderen brachte der neue Trainer frischen Wind in den Verein, der als Chancentod verspottete Michael Preetz erlebte ein torreiches Jahr und wurde Torschützenkönig der 2. Bundesliga Süd. Der FCS qualifizierte sich für die Aufstiegsrunde und feierte nach einem 3:1-Sieg in Chemnitz den Aufstieg. Symptomatisch das anschließende Chaos: Während die knapp 1000 mitgereisten Fans noch über die Autobahn tuckerten, lösten die daheim gebliebenen (Erfolgs-)Fans am Flughafen Ensheim ein Chaos aus – die Maschine des FCS musste nach Metz umgeleitet werden. Emotional und unorganisiert, das waren die Neururer-Jahre.

Auf dem Platz lief es für den FCS in der Bundesliga-Saison 1992/1993 meist rund. Neuzugang Eric Wynalda entpuppte sich als Glückstreffer, Spieler wie Michael »Balu« Kostner und Bernd Eichmann als Stützen in der Abwehr. Und selbst Wolfram Wuttke, Zauberfuß und Ex-Nationalspieler, der mit etwas Übergewicht zum 1. FC Saarbrücken gekommen war, hatte noch einmal Bock auf die Bundesliga. Sogar der Sohn des »Kaisers« war auf einmal Saarbrücker: Stefan Beckenbauer sorgte für einige prominente Besuche auf der Tribüne im Ludwigspark, leider aber nur für wenig Glanzlichter auf dem Platz. Belohnung waren Siege gegen Kaiserslautern (2:0), ein legendäres 5:2-Auswärtsspektakel auf dem Gladbacher Bökelberg und ein hart erkämpftes 1:1 gegen den großen FC Bayern. Nach 25 Spieltagen stand der Verein im gesicherten Mittelfeld, hätte noch drei Punkte zum Klassenverbleib gebraucht. Doch neben dem Platz rumorte es gewaltig. Nachdem Neururers Vertrauter Norbert Walter als Präsident abgesägt worden war, drohte Peter der Große mit Fahnenflucht. Wuttke fiel derzeit in einer Saarbrücker Kneipe vom Hocker und brach sich die Schulter, was sein Karriereende bedeuten sollte. Der FCS 1992/1993 spielte zwar in der Bundesliga, war aber weit von Profitum entfernt. Am Ende verspielte er den sicher geglaubten Klassenerhalt mit neun Niederlagen in Folge.

Zum Abschied, so das Märchen, soll Peter der Große in seinen Porsche gestiegen sein und geschworen haben, nie wieder einen Fuß ins Saarland zu setzen. Die Fans nahmen ihm das damals übel – aus heutiger Sicht schauen sie aber vielleicht auch etwas wehmütig auf eine Zeit voller Drama, Emotionen und halt ein wenig Chaos zurück. Alles Dank Peter dem Großen.

58. GRUND

Weil Peter Neururer vielleicht noch ewig Saarbrückens letzter Bundesligatrainer bleibt

Peter Neururer, Trainer-Legende, »Feuerwehrmann« und Schalke-Fan, ist der letzte Trainer, unter dem der 1. FC Saarbrücken in der Bundesliga spielte. Und sollte nicht ein kleines Wunder eintreten (oder Hartmut Ostermann DFB-Präsident werden), ist nicht damit zu rechnen, dass er diesen Titel allzu schnell verliert. Grund genug, mit ihm über diese Zeit zu reden.

Hallo Herr Neururer, was fällt Ihnen ein, wenn Sie an den FCS denken?
Das war damals eine glänzende, geniale Mannschaft mit einem glänzenden Umfeld. Wir hatten einen sehr guten Trainerstab. Der

Aufstieg in die 1. Liga und die Hinrunde in der Bundesliga waren großartig, fast jedes Spiel war ausverkauft. Die ganze Stadt hat den Verein gelebt, aber dann passierte die größte Enttäuschung, die ich je im Fußball erlebt habe.

Woran lag das?
Der Verein war überragend geführt, solange Norbert Walter Präsident war, doch nach dem Aufstieg sind Leute zum Verein gestoßen, die sich nur profilieren wollten. Dann kamen die Probleme mit der Lizenz. Ich musste dann meinen Spielern mitten in der Saison den Rat geben, den Verein so schnell wie möglich zu verlassen. Manche wollten dann gar nicht mehr spielen. Es wurden im Hintergrund Verträge gemacht, um die Lizenz irgendwie zu erhalten. Wir durften natürlich nichts davon dem Publikum erzählen. Also waren wir, Mannschaft und Trainer, die alleinigen Buhmänner nach dem Abstieg. Die Gründe für den Niedergang lagen aber nicht im Sportlichen, sondern im Vorstand.

Wie viel Einfluss hatte das Vorstand auf das Sportliche?
Bis heute ist es meiner Meinung nach gleich geblieben: Ein Trainer oder eine Mannschaft allein können dauerhaft nur Erfolg haben, wenn die Kompetenz bei den handelnden Personen stimmt.

Damals waren die vielen Vorstände aber zu inkompetent, um den Verein weiterzuentwickeln. Wäre Norbert Walter geblieben, wäre der FCS heute noch in der Bundesliga.

Die Truppe damals war ja bunt gemischt, mit einigen »Kampfschweinen« wie Krätzer, aber auch Talenten wie »Wynalda«. Warum passte das?
Es war eine fußballerisch starke Truppe aus vermeintlich Gescheiterten mit einem großen Zusammenhalt. Spieler wie Thomas Stickroth, Wolfram Wuttke und Michael Kostner harmonierten dann noch ausgezeichnet mit den beiden Stürmern Juri Sawitschew und

Eric Wynalda. Und es gab auch noch saarländische Talente wie Bernd Eichmann – tolle Mischung!

Wie war das damals mit Wolfram Wuttke und dem »Schwitzlauf« im Trainingslager?
Wir waren damals im Trainingslager auf El Salvador, und Wuttke, ein begnadeter Fußballer, hatte ein paar Kilo zu viel. Wir haben einen Pyramidenlauf gemacht, und ich hab den Jungs gesagt: »Wer das nicht übersteht, steht im ersten Bundesligaspiel nicht auf dem Platz!« Wuttke trainierte damals immer in dieser Adidas-Trainingsjacke, auch bei 35 Grad im Schatten und der Höhenluft im Trainingslager. Am Ende hat er fünf Kilo verloren. Aber er hatte die schnell wieder drauf!

Das Herz von Saarbrücken – und auch vieler Mannschaften des FCS der letzten Jahre – ist der St. Johanner Markt. Wie war das in den 90ern?
Super! Unser Trainerteam hat sich regelmäßig dort abends getroffen und ist gemeinsam ausgegangen. Klar, manchmal wurde auch über den Durst getrunken, aber meistens blieb es vernünftig. Ich finde, dass man in der Stadt, in der man arbeitet, auch selbst lebt! Auch mit der Mannschaft sind wir dort weggegangen. Heute kann man das leider in der Form nicht mehr machen, weil jeder direkt sein Handy rausnimmt und Fotos macht.

Wenn man heute die Bilder aus den frühen 90ern sieht, sind da: Adidas-Trainingsanzüge, Vokuhila-Frisuren, Schnauzbärte. Vermissen Sie diese Zeit?
Was ist denn das für ein dämliches Klischee? Spieler mit Schnäuzer gab es immer und gibt es übrigens auch heute noch!

Der Ludwigspark wird derzeit umgebaut. Was ist Ihre schönste Erinnerung an den alten Park?
In der 2. Liga haben wir an meinem Geburtstag gegen Waldhof Mannheim, die absolute Topmannschaft, gespielt. Als wir durch das

Marathontor ins Stadion kamen, waren in der Kurve vor der Saarlandhalle, wo normal alles blau-schwarz war, ganz viele Fans mit blau-weißen Schals. Schalke 04 hatte mir als Geburtstagsgeschenk zwei-, dreitausend Fans geschickt, um den FCS zu unterstützen. Wir gewannen 4:0 und stiegen am Ende auf!

Herr Neururer, vielen Dank für das Gespräch!

59. GRUND

Weil die US-Amerikaner im blau-schwarzen Trikot »so gudd« spielten

Fußball ist die weltweit beliebteste Sportart. Weltweit? Nein! Ein kleines, unbeugsames Land wehrt sich standhaft gegen das runde Leder und übt sich wahlweise lieber mit dem eiförmigen Football, geht im Basketball auf Körbejagd oder nimmt den Schläger zum Baseball oder Eishockey in die Hand. Die Rede ist von den Vereinigten Staaten von Amerika, die laut Autor Michael Mandelbaum[54] den Fußball hassen, vor allem aufgrund des drögen Regelwerks, das Torfestivals eindämmt und sogar lästig-langweilige Unentschieden ermöglicht. Fußball ist für die meisten Amerikaner der richtige Sport für die zwölfjährige Tochter – aber nicht mehr. Entsprechend belächelten die Europäer den transatlantischen Partner für die eigenen Versuche, sich als Fußball-Nation zu präsentieren, etwa mit Altstars wie Pelé und Beckenbauer mit New York Cosmos.

Doch ab 1990 tat sich etwas. Die US-Boys nahmen erstmals seit 1950 an einer Fußballweltmeisterschaft teil und sollten 1994 selbst das Turnier ausrichten. Damals unterschrieb ein 21-jähriger Kalifornier einen Vertrag beim Verband – US-Spieler wurden damals oft von der Nationalmannschaft bezahlt und an Vereine ausgeliehen. Sein Name: Eric Wynalda.

Im Sommer 1992 kassierte der Verband etwa 45.000 Dollar für ein außergewöhnliches Geschäft: Wynalda wurde an den Bundesligaaufsteiger 1. FC Saarbrücken ausgeliehen. Aus dem sonnigen Kalifornien ging es für den blonden Frauenschwarm in die Industriestadt Dillingen, wo er zunächst im Hotel Meilchen abstieg. Bei einem Treffen der Mannschaft mit Ministerpräsident Oskar Lafontaine brachte Wynaldas Frage »Und womit verdienen Sie Ihren Lebensunterhalt?« noch zum Lachen, in der Liga brachte der Neuzugang dann vor allem Gegner zum Weinen: 21 Tore in zwei Jahren in Saarbrücken brachte Wynalda zustande. Nebenher wurde er eher zufällig zur Werbeikone für Fleischwaren (Werbespruch: »It's so gudd!«) und zierte T-Shirts. Dabei warben seine Tore aber auch für die Völkerverständigung: Mit dem Moskauer Juri Sawitschew bildete er ein Sturmduo, wie es kurz nach dem Fall des Eisernen Vorhangs schöner nicht hätte sein können.

Nach zwei Jahren hielt es der Verein für eine gute Idee, Wynalda für ein hübsches Ablösesümmchen nach Bochum ziehen zu lassen. Wynalda spielte verletzungsbedingt aber nie mehr so groß auf wie beim FCS. Späte Wiedergutmachung erlebte er 1999, als er für einen Monat per Leihe zum alten Klub zurückkehrte und in vier Spielen immerhin zwei Tore zum Aufstieg in die 2. Bundesliga beisteuerte – unter anderem beim Sieg über Bochums zweite Mannschaft.

Der nächste US-Leihspieler sollte Joe-Max Moore werden. Der Stürmer aus Oklahoma kam nach Wynaldas Abgang und sollte ebenfalls mit Toren auf sich aufmerksam machen. Da dem 1. FC Saarbrücken 1995 aber die Zweitligalizenz verwehrt bleiben sollte, folgte bereits nach 30 Spielen und 13 Toren der Abschied für Moore. Nach zwei Stürmern führte 1995 für den in New York geborenen Mittelfeldspieler Dario Brose der Weg nach Saarbrooklyn. In einer Zeit, die aus dem kollektiven Fangedächtnis oft als »dunkles Regionalligazeitalter« verdrängt wird, gehörte er zu den besseren Akteuren in oft desolat zusammengestellten Mannschaften. Legendär: seine langen Einwürfe und seine Technik am Ball. Den

Aufstieg unter Klaus Toppmöller durfte er allerdings nicht mehr mitgestalten.

Nach langer Durststrecke wechselte mit Matthew Taylor 2014 ein weiterer Erbe Wynaldas an die Saar – damals mit 32 Jahren allerdings weniger ein unbekanntes Talent als ein erfahrener Offensivmann, der schon in Koblenz, Ahlen und Münster zauberte. Im ersten Jahr beim FCS gelangen ihm 13 Tore, und das bestätigte, dass die USA längst nicht mehr nur Operettenfußball bieten, sondern auch dank saarländischer Entwicklungshilfe ernst zu nehmen, manchmal sogar »really gudd«, geworden sind.

60. GRUND

Weil wir den absoluten Tiefpunkt 1995 überlebt haben

Es war der 22. Mai 1995. Im zweiten Jahr nach dem Bundesligaabstieg schien sich der 1. FC Saarbrücken stabilisiert zu haben. Trainer Klaus Scheer, der zu Saisonbeginn noch als Assistent von Reiner Hollmann an der Seitenlinie gestanden hatte, betreute eine Mannschaft, die jung und dynamisch war und sogar einige regionale Talente vorweisen konnte. Im Tor stand der 24-jährige Saarbrücker Stephan Straub, das Güdinger Talent Jörg Reeb zeigte auf dem rechten Flügel meist bundesligareife Leistungen. Mit Henning Bürger, Falko Götz, Joe-Max Moore und Thomas Stickroth war die Mannschaft stark besetzt wie seit Langem nicht. Und die sportliche Aufholjagd zu Saisonende machte zwar die schlechte Hinrunde nicht wett, aber bereits Lust auf die neue Saison. Doch dann kam die Nachricht, die alles ändern sollte. Manche Spieler sollen noch während der Flugreise zum Auswärtsspiel in Rostock in Tränen ausgebrochen sein.

Der Deutsche Fußball-Bund hatte dem Verein am Abend mitgeteilt, dass er keine Lizenz für die Zweitliga-Saison 1995/1996 erhalten würde. Die Ursache: Die Bilanzprüfer-Firma C & L konnte die Zwischenbilanz zum 30. Dezember 1994 nicht ausreichend testieren. Ein reiner Formfehler, ausgelöst dadurch, dass der Verein den Überblick über die eigene Buchhaltung verloren hatte. Der Verein hatte die Werbefirma S&W übernommen, das Geld dafür sollte aus den Verkäufen von Eric Wynalda und Balu Kostner kommen. Doch der Verein wollte das Geld für sein Tagesgeschäft. Plötzlich gab es Liquiditätsengpässe, und die Wirtschaftsprüfer konnten die Bilanz nicht unterschreiben.

Dabei schien es auch finanziell für den Verein zu laufen. In Zeiten großer wirtschaftlicher Not hatten Politik, Wirtschaft und Anhänger des 1. FC Saarbrücken zum vielleicht letzten Mal überhaupt Geschlossenheit demonstriert und gemeinsam dafür gesorgt, dass die Blau-Schwarzen ihr Fehlkapital von rund sechs Millionen Mark auf nur noch 1,5 Millionen Mark reduzieren konnten.[55] Doch in Wahrheit hatte der Verein da längst seine Lizenz verspielt. Tatsächlich hatte der Verein Ende des Jahres 1994 eine Überschuldung von mehr als sechs Millionen Mark erreicht. Als die Sparkasse Saarbrücken sich Anfang 1995 als Aufpasser einschaltete, lief es eine Zeit lang ordentlich – doch danach verprasste die Vereinsführung weiter die Scheine. Der DFB schaltete sich ein und bat den FCS fünf Mal um einen Termin in Frankfurt – die Vertreter aus Saarbrücken sagten stets kurzfristig ab. Für den Verband war das zu viel und das Vertrauen in die Wirtschaftlichkeit dahin.[56]

Für viele gegnerische Fans in Homburg und der Pfalz war nun die gerechte Strafe für die vermeintliche Bevorzugung der »Molschder« unter Hermann Neuberger erteilt. Für die Spieler zerbrachen Zukunftspläne und Träume mit den Blau-Schwarzen. Nur sechs Spieler, darunter Götz und Musa, blieben auch nach dem Zwangsabstieg in die Regionalliga, Jörg Reeb wechselte nach Bielefeld. Für die blau-schwarze Fangemeinschaft wurde das Jahr 1995 jedoch zur nachhaltigsten Zäsur: Es folgten Jahre der Drittklassigkeit (was damals beileibe noch nicht der Dauerzustand war) und sinkende

Zuschauerzahlen. Doch auch einige der treuesten Fanklubs, etwa der Supporters Club, gründeten sich in dieser Phase. Sportlich bewies der FCS am Ende, dass er auch den absoluten Tiefpunkt überstehen sollte. Aber bis der »schlafende Riese« erweckt wurde, dauerte es fünf Jahre.

61. GRUND

Weil die 90er grandios mittelmäßig waren

Bevor ein gelockter Prinz aus Rivenich den 1. FC Saarbrücken wach küssen sollte, stand der Verein erst einmal vor einer Situation, die nicht nur eine Prüfung für das eigene vom Profifußball verwöhnte Ego darstellte, sondern konkret die Zukunft des Vereins bedrohte. Es fehlten nach dem Zwangsabstieg in die Drittklassigkeit die Fernsehgelder, um zumindest von Kreditgebern den nötigen Spielraum zu geben. Obwohl die Kassen leer waren, musste aber gleichzeitig so schnell wie möglich der Aufstieg in die 2. Bundesliga Ziel der Blau-Schwarzen sein. Ein Unterfangen, das Klaus Scheer nach seinem soliden Saisonabschluss 1994/1995 zugetraut wurde.

Mit hohen Erwartungen und einigen starken Neuzugängen wie Carsten Linke, Jürgen Kramny und Paolo Da Palma kamen zum Heimauftakt gegen den 1. FC Bocholt, im zweiten Jahr Regionalligist, fast 5000 Zuschauer in den Ludwigspark und freuten sich auf ein Schützenfest. Doch die Fußballgroßmacht aus dem Münsterland gewann mit 1:0 beim ehemaligen Europapokal-Teilnehmer. Ein Auftakt in eine Saison mit Derbysiegen über Homburg und Trier und Blamagen in Erkenschwick und Paderborn (damals noch nicht als neurreicher SC Paderborn, sondern noch als TuS Paderborn-Neuhaus unterwegs). Zum Tiefpunkt geriet das Halbfinale im Saarlandpokal: Beim Ligakonkurrenten Homburg dachte der FCS, mit der zweiten Garde bestehen zu können, und bekam den

Hintern mit 1:6 versohlt. Immerhin schafften es die Anwälte im Vergleichsverfahren abseits des Platzes, dass eine wirtschaftliche Konsolidierung stattfand.

Im zweiten Regiojahr versuchte sich der FCS als FC Bayern der Regionalliga und wilderte bei der Konkurrenz aus Paderborn, Wittlich und Homburg und verpflichtete Spieler, deren Namen alleine schon Kracherqualitäten versprachen: Adriano da Silva, Juan Carlos Corvalan und der unvergessene Kai-Uwe Schnell, dessen Name nicht immer der Art seiner Flügelläufe entsprach. Auch wurde kurzerhand Exspieler Joachim Trautmann zurückgeholt – der eigentlich vom FCS gefeuert wurde, weil er den Rauswurf des Trainers gefordert hatte. Derweil begab sich Libero Paola da Palma auf Rekordjagd. Alleine zwischen 1995 und 1998 sollte der Portugiese zwölfmal nicht den Abpfiff einer Partie auf dem Platz miterleben, weil der Schiedsrichter mal wieder kein Verständnis für eine feinfühlige Blutgrätsche hatte. Auch diesmal gab es keinen Aufstieg für den FCS, Klaus Scheer musste gehen.

1997 sollte alles besser werden, mit Dirk Karkuth kam ein neuer Trainer, mit Jürgen Luginger und Jeff Séchet starke Mittelfeldakteure. Trotz des vielleicht besten Kaders der Jahre nach dem Zwangsabstieg landete der FCS nur auf dem vierten Platz und damit sogar hinter dem klammen FC 08 Homburg. Presse und Politik forderten bereits eine »große saarländische Lösung« für den Fußball. Es kam die Kooperation – eine Idee, die dem FC 08 Homburg den Verlust vieler Stammspieler und dem 1. FC Saarbrücken den Sportdirektor Uli Sude (zuvor Trainer des FC Homburg) und Geldgeber Hartmut Ostermann einbrachte. Während sich der Homburger Hass auf den FCS verfestigte, blamierte sich der blau-schwarz angestrichene Halb-FCH in der Liga und verpasste erneut den als Ziel ausgegebenen Aufstieg. Nicht nur, dass mittelmäßige Spiele gegen Remscheid, Verl, Erkenschwick und Ahlen zur Standardbeschäftigung der Molschder geworden waren – man musste nun auch den gestiegenen Hass des Erzrivalen und dessen ehemaliges Personal ertragen.

Aus heutiger Sicht verwundert daher nicht, dass Fans selbst Trikots statt mit Spielernamen mit »Sude raus!« beflocken ließen.

Es drohte dauerhafte Lethargie, Fußball vor 2000 Zuschauern und nicht mal mehr Derbys gegen Homburg. Doch dann kam das Erwachen – dank einer Vereinslegende der anderen großen Saarbrücker Rivalen.

62. GRUND

Weil Sambo Choji der torgefährlichste Saarländer in Nigeria ist

»Sambo, Sambo, Sambo Choji, du machst die geilen Tore rein. Sambo, Sambo, Sambo Choji, du bist im Saarland daheim«, sang der Saarbrücker Restaurantbesitzer Mingo, der auch gerne mal zur Gitarre greift, Anfang der 2000er-Jahre in seinem Fußball-Folksong Weil ich so super sexy bin. Und beides war nicht übertrieben.

Zu Beginn war die Fußballweltmeisterschaft der U17-Junioren in Japan 1993. Die afrikanischen Mannschaften aus Ghana und Nigeria dominierten das Turnier und standen sich im Finale gegenüber. Spätere Weltstars wie Samuel Osei Kuffour (FC Bayern) und Nwankwo Kanu (Arsenal FC) spielten in Tokyo vor den Augen der Spielerberater und Scouts. Mit dabei war auch der damals 16-jährige Sambo Choji vom Verein Plateau United, der nach 25 Minuten aber schon vom Feld musste. Am Ende gewannen seine »Super Eagles« aus Nigeria den WM-Titel – und für viele junge Talente begann das Vorspielen in Europa. Choji streifte die Trainingskluft in Belgien und Deutschland über, bis er 1994 vom 1. FC Saarbrücken entdeckt wurde. Zunächst bekam er nur einen Amateurvertrag und wurde zu den Sportfreunden Hostenbach ausgeliehen. Nach einem Jahr kam er zurück und machte Ende der Saison 1995/1996 mit ersten Treffern zum Ende der Saison hin auf sich aufmerksam. Seinen endgültigen Durchbruch feierte er 1997/1998, als er mit 14 Treffern in 31 Spielen zum Torgaranten wurde. Mit dem erfahrenen Branko »Kiste« Zibert bildete er das gefährlichste Sturmduo der Regionalliga und durfte sich bei der Vorarbeit auf die Pässe seines nigerianischen Landsmanns Stephen Musa verlassen. Mit 21 Jahren erlebte Choji sein vielleicht größtes Spiel: Im DFB-Pokal 1997/1998 empfing der FCS den amtierenden Weltpokalsieger Borussia Dortmund. Dortmund ging früh durch Christian Nerlinger in Führung, doch Choji spielte die Abwehr um Jürgen Kohler schwindlig und erzielte Ende der ersten Hälfte den Ausgleich per Kopf – die für einen Stürmer bescheidene Körpergröße von 1,72 Meter hielt Choji nie davon ab, auch mal zum Kopfballungeheuer zu werden. Im Elfmeterschießen verlor man unglücklich, doch der Nigerianer hatte einen bleibenden Eindruck hinterlassen. Der BVB, Schalke und sogar der Erzrivale aus Kaiserslautern klopften an, doch Sammy blieb lieber im Saarland.

Unter Klaus Toppmöller stieg der FCS in die 2. Bundesliga auf, und Sammy erzielte 16 Tore in 26 Spielen. Wer weiß, wie viele es ohne die verletzungsbedingte Pause in einigen Spielen geworden wären! Nach dem Abstieg 2002 zog es Choji für ein Jahr zu Eintracht Braunschweig – bis er 2003 nach Saarbrücken zurückkehrte, um das Unternehmen Aufstieg anzugehen. Unter Horst Ehrmantraut nur als Einwechselspieler eingesetzt, blühte Sammy erst wieder auf, als Eugen Hach das Ruder übernahm. Doch die alte Knieverletzung schien den Torhunger des Nigerianers gehemmt zu haben, und die häufigen Abseitspositionen ließen die Fans oft an Sammy zweifeln. Sein letztes von insgesamt 87 Toren in Liga und DFB-Pokal für den FCS fiel bei einer glanzlosen 2:3-Niederlage in Siegen am 13. April 2004. Es war das vorletzte Spiel für Choji und Trainer Hach. Horst Ehrmantrauts Rückkehr auf den Trainerstuhl besiegelte das eher tragische Ende der Vereinsikone Choji, die in den Iran ausgeliehen wurde und plötzlich in der Presse für Negativschlagzeilen wegen Mietrückständen und nicht bezahlter Rechnungen sorgte. Nach einem Intermezzo in Österreich beendete der Stürmer seine Karriere Anfang 2007.

Heute sind die Vorwürfe gegen Choji verjährt, er selbst ist nach Nigeria zurückgekehrt und leitet dort die »Sambo Choji Soccer Academy«. Im Herzen ist er jedoch weiter im Saarland zu Haus. Dass das mehr als nur ein Lippenbekenntnis ist, zeigt sein größter Wunsch, den er 2015 im Interview äußerte: »Als ich Hartmut Ostermann das letzte Mal gesehen habe, habe ich ihm schon gesagt, dass es mein großer Traum ist, eines Tages Trainer, Sportdirektor oder auch Jugendtrainer beim FCS zu sein.«[57]

KAPITEL 7

UND DIE KURVE IST UNSER ZUHAUS

63. GRUND

Weil wir zeitweise nicht nur einen, sondern drei Fanblöcke hatten

Der Anhänger des 1. FC Saarbrücken streitet bekanntlich gerne mit dem Gegner oder der eigenen Führungsetage. Gehen ihm die Gegner aus, so arbeitet er sich auch mal an sich selbst ab. Darin ähnelt die blau-schwarze Fangemeinde frappierend dem gallischen Dorf aus den Asterix-Comics, das sich immer dann, wenn gerade kein Angriff der Römer droht, einen kleinen Faustkampf untereinander liefert. Meist aus banalen Gründen.

Über lange Jahre war der Stammblock der Saarbrücker Fans der D1, direkt neben der Gegengerade. Als großer Vorzug galt stets der gute Blick auf das Spielfeld, sowie die leichte akustische Unterstützung durch das etwas überlappende Dach der Tribüne. Doch gerade die gute Sicht entwickelte sich ab den 1990er-Jahren zum Nachteil: In der Regionalliga kamen immer mehr Fans einfach nur aufgrund der guten Sicht in den Block, beschwerten sich über große Schwenkfahnen und trugen wenig zur Stimmung bei. Zudem bemängelten viele junge Ultra-Fans die nicht vorhandene Sicht zum Gästeblock – und somit die Schwierigkeit des akustischen und optischen Kräftemessens mit dem Gast. 2005 gab es dann die Abspaltung: Mehrere Ultra-Gruppen, allen voran die »Boys Saarbrücken«, zogen in den Block E2 an der Saarlandhalle und tauften diese »Virage Est«, zu deutsch: Ostkurve. Ein Ausdruck der Fanfreundschaft zu den Fans aus Nancy und der Vielzahl französischer Fangesänge – ein heikles Thema unter vielen Fans.

Hinzu kam aber eine weitere Entwicklung: Schon bevor sich die Jung-Ultras vom alteingesessenen D-Block abspalteten, hatten sich viele alte Stimmungskanonen und Kuttenfans der 1980er- und 1990er-Jahre in den F-Block verabschiedet, der dem D-Block gegenüberliegt. Dort sammelten sich nun viele Fans, die nicht unbedingt 90 Minuten am Stück sangen, aber das instinktive Gespür besaßen, wann die Mannschaft lautstarke Anfeuerung benötigte. Wenn also mal wieder D-Block und »Virasch« nicht den Ernst der Lage erkannten, lag es an den biergeölten Stimmen der Generation Ü30 im F-Block, den Ludwigspark wachzurütteln.

Für Außenstehende, also in diesem Fall Gästefans oder vielleicht auch Spieler, wirkte diese Situation verwirrend: Es gab nun den traditionellen Fanblock im D1, dessen Reihen immer lichter wurden. Daneben die bunte und fahnenreiche Menschenmenge in der »Virage Est«, die bisweilen zu fern vom Geschehen und fast verloren wirkte. Und dann eben noch den F-Block, der sporadisch auch noch die Rolle eines Fanblocks übernahm.

Dass diese Dreifaltigkeit eben irgendwann auch mal die Fans nerven würde, zeigte sich 2010 nach einem Spiel gegen die TuS Koblenz. Als die Gästefans, nicht wirklich als einer der schärfsten Konkurrenten des FCS bekannt, lautstark das »Heimspiel in Frankreich« besangen, griff sogar die *Saarbrücker Zeitung* in einer Kolumne und einem Artikel das Thema auf. Immerhin bewegte das die Fans, sich wieder dem gemeinsamen Support verschreiben zu wollen[58], was auch eine gewisse Zeit lang klappte – bevor in regelmäßigen Abständen Wiederbelebungsversuche des D-Blocks und Boykottphasen der Virage Est den Ludwigspark zwischen zwei und drei Fanblöcken pendeln ließ.

Eine Entwicklung, die fast so banal wirkt wie die Streite der Gallier in *Asterix* und auch im neuen Stadion wohl fortgesetzt wird. Was aber nicht vergessen werden darf: Wenn es drauf ankommt, sind sowohl die Gallier als auch die Saarbrücker immer wieder schnell einer Meinung!

64. GRUND

Weil wir die besten Fangesänge haben

Musik spaltet und vereint die Menschen gleichermaßen. Für manche Fans ist der Gesang im Stadion fast schon Kunst und Wissenschaft zugleich. Kunst, da die Anfeuerungsrufe sich vor allem in Kreativität und Originalität von denen der anderen Fans abheben müssen. Wissenschaft, weil selbst hier noch heftig gestritten wird, ob Qualität oder Quantität wichtiger ist. Egal, denn am Ende bleibt der Saarbrücker Gesang oft erstligareif.

Seinen Anfang nahm der (un-)organisierte Fangesang in den 70er-Jahren. Vereinsfanartikel gab es noch nicht, die Fans trugen dicke, von der Oma gestrickte Wollschals, Jeanskutten mit Aufnähern und Schnauzbärte. Es gab noch keinen Vorsänger im Fanblock, und jeder konnte jederzeit einen Schlachtgesang anstimmen, auch wenn einzelne Fanclubs wie der berühmte »Schenkelberg« den Ton angaben. Der wohl bekannteste Gassenhauer dieser Zeit war das kurze und prägnante »Heja, heja, FCS«, angelehnt an das schwedische »Heja Sverige«. Kurz, laut, brachial – der Ludwigspark wurde zum Hexenkessel.

Im Repertoire bedienten sich die deutschen Fanszenen im Lauf der Jahrzehnte mal hier und da – beim zeitgenössischen Schlager, bei volkstümlichem Liedgut, bei britischen Rockhits und oft auch bei anderen Fankurven. Mal der *FC-Walzer*, bei dem die Fans nach der (noch zu gewinnenden) Meisterschaft zum Beethoven ziehen, mal der Treueschwur »Oh FC, wir sind da, jedes Spiel, ist doch klar!« zur Melodie von *Country Roads*.

Nicht nur aufmunternd müssen gute Fangesänge sein, sondern auch witzig und treffsicher. Dazu gehören intime Bekenntnisse wie »Wir schlafen nicht in Betten, wir schlafen nicht auf Stroh, wir schlafen auf Paletten, das ist im Saarland so!« oder kleine historisch korrekte und politisch inkorrekte Seitenhiebe auf Vereine aus

Ostdeutschland. »Erich war ein Saarländer« ertönt es meist, wenn gerade ein Verein aus Dresden oder Leipzig den Rasen des Ludwigsparks betritt.

Spott hat nicht allein der Gegner zu ertragen, denn auch der 1. FC Saarbrücken lädt – schon allein aufgrund der sportlichen Ergebnisse – zum Spötteln ein. Vor allem bei Spielen gegen die Urdeutschen der Alemannia Aachen ertönte es oft: »Ihr seid nur Rucksackfranzosen!« Bis die Fans der Blau-Schwarzen kurzerhand den Spieß umdrehten und mit einer »Rucksackfranzosen«-Choreografie an den Tivoli reisten. Entwaffnender geht kaum, und obendrein kann die Fanszene nur müde über die Beschimpfung lächeln, denn die Fanfreundschaft nach Nancy ist allgemein akzeptiert.

Nicht ganz akzeptiert in allen Teilen des Stadions sind französischsprachige Fangesänge. Das liegt bei manchen sicher an einer Abneigung gegen den Nachbarn, bei anderen eher an der Ablehnung der Ultrakultur, deren Vormachtstellung im Fanblock zum Anstieg französischer Anfeuerungen geführt hat. Neben »Hurra, hurra, die Saarbrücker sind da!« hallt so auch bei der Ankunft in der Fremde »Et ils sont là, les sarrebruquois!« durch das gegnerische Rund. Eigentlich ganz nett. Und wer nicht bei dem aus Frankreich übernommenen Wechselgesang »Aux armes!«, zu Deutsch »An die Waffen!«, Gänsehaut bekommt und hinterher durch den Block tanzen will, hat wohl eher eine Spaßallergie denn mangelnde Französischkenntnisse.

Mangelnde Kreativität kann niemand den Boys aus der Virage Est, den aktivsten »Songschreibern« aus dem Block, vorwerfen. Umdichtungen der sowjetischen Nationalhymne, 90er-Hits von Ricky Martin oder *Love Will Tear Us Apart* von Joy Division haben schon den Weg in den Fanblock gefunden. Aber um hier Alt und Jung zum Ende dieses Grundes zu versöhnen: Wenn mal die Qualität eines neuen Fangesangs doch nicht ganz stimmt, sorgen auch gerne die Alten mit einem kraftvollen »Schaaaalalalalaaaaa ….« dafür, dass die Quantität dann wieder stimmt. Genau deswegen sind unsere Gesänge auch die besten!

65. GRUND

Weil der FCS-Fan-Club Ommersheim öfter Deutscher Meister war als der FCS selbst

Es gibt diese unglaublichen Fakten, die niemand ernst nimmt, wenn man sie am Tresen sagt. Wer den Spruch »Die Fans vom 1. FC Saarbrücken waren öfter Deutscher Meister als ihr eigener Verein!« raushaut, erntet in der Kneipe vermutlich einige Lacher, hat aber schlicht und ergreifend recht.

Die 1970er-Jahre markierten den Anfang der organisierten Fanclubs in Deutschland. Der erste Zusammenschluss von Fans in Saarbrücken ist auf 1973 datiert. In Ommersheim, einem Ortsteil der saarländischen Gemeinde Mandelbachtal, gründete sich ein Verein mit dem schlichten und schönen Namen »FCS-Fan-Club Ommersheim«. Ein Name im damaligen Zeitgeist, der irgendwann natürlich auch noch die Kürzel »e. V.« aufnahm. Seinerzeit waren die Ommersheimer nicht nur die ersten Blau-Schwarzen mit einem eigenen Fanclub, sondern auch mit rund 40 Mitgliedern sehr zahlreich. Also entstand die Idee, auch eine Hobbymannschaft innerhalb des Vereins aufzustellen.

Anfangs kickten die FCS-Fans aus dem Mandelbachtal mit eher bescheidenem Erfolg. Dies änderte sich 1975 bei einem Freundschaftsspiel bei einem Fanclub der Offenbacher Kickers.[59] Als Gast fuhr Niko Semlitsch bei den FCS-Fans mit – ehemaliger OFC-Kicker und damaliger Mittelfeldspieler beim 1. FC Saarbrücken, mit Vorliebe für extravagante Bartmoden und Mäntel. Eigentlich sollte der Profi nur als Schiedsrichter wirken, hatte dann aber plötzlich doch Lust, ein wenig die Pille zu drehen. Die FCS-Fans aus Ommersheim gewannen ungefährdet mit 5:1.

Vielleicht übertrug sich der Geist von Semlitsch auf die Fans, die nun vom Ehrgeiz gepackt weiter an ihrem fußballerischen Können feilten. 1977 erreichten sie bei der Deutschen Fanclub-Meisterschaft im Fußball das Finale und mussten sich mit Anhängern der Frankfurter Eintracht, dem Gastgeber des Turniers, messen. Im Elfmeterschießen behielten die Ommersheimer die Nerven und holten die Meisterschaft erstmals ins Saarland – wo es zwar einen Empfang im Saarbrücker Rathaus gab, aber der 1. FC Saarbrücken seine Helden aus der Fankurve ignorierte. Vielleicht waren die Profis ein wenig neidisch auf den Erfolg ihrer Fans? Für sie reichte es »nur« zum Klassenerhalt – der besten Bundesliga-Platzierung aller Zeiten.

Zwei Jahre nach dem Triumph gewannen die Ommersheimer ihren zweiten Deutschen Meistertitel und durften somit sogar 1980 bei der Europameisterschaft der Fanclubs antreten. Dort reichte es am Ende immerhin zum Vizetitel. Danach wurde es aus sportlicher Sicht ruhiger um den FCS-Fan-Club Ommersheim.

Was aber vielleicht ein noch größerer Erfolg für die Ommersheimer ist als zwei Deutsche Meisterschaften: Der Fanclub hat sich nie aufgelöst und ist auch heute noch aktiv. Zwar hat er den Platz als größter Fanclub des 1. FC Saarbrücken zwar schon an andere abgetreten, ist aber zumindest auch noch dank seiner Zaunfahne sichtbar. Und dank seiner Feste am Ommersheimer Weiher auch eine Größe im Mandelbachtal. Auch wenn die sportlich erfolgreichen Zeiten – ähnlich wie beim großen FCS – Vergangenheit sind.

66. GRUND

Weil das Fanprojekt mehr als nur Ansprechpartner ist

»Innwurf«. Saarländisch für »Einwurf«, was eben nicht nur eine Spielfortsetzung im Fußball ist, sondern auch ein Einmischen in Diskussionen. So erklärte die Fankontaktstelle beim 1. FC Saarbrücken anlässlich des zehnjährigen Bestehens 2010 den eigenen Namen. Und damit verknüpfen wohl auch die meisten Anhänger der Blau-Schwarzen die kleine Truppe vom Fanprojekt: Einwürfe, die die Fanszene bereichern, auch gerne mal, weil sie anecken und Dinge hinterfragen.

Nachdem schon in der 90er-Jahren die »Kaffeekisch« eine sozialpädagogische Anlaufstelle für junge, teilweise gewaltbereite und Gewalt suchende Fußballfans aus dem Saarland bot, gab es nach dem Aufstieg in die 2. Bundesliga im Jahr 2000 eine exklusive Kontaktstelle für jugendliche Fans des 1. FC Saarbrücken.[60] Schon früh machte sich Innwurf bundesweit einen Namen, indem man ein Jahr nach der Gründung die Fachtagung der Fanprojekte im Bundesgebiet ausrichtete. Die Arbeit von Innwurf blieb dabei keineswegs bei drögen Tagungen und Sitzungen mit Kaffee und Kuchen. Jörg Rodenbüsch und später seine Kollegen Torsten Hart und zwischenzeitlich Steffen Jung packten viel an: Zum 100-jährigen Vereinsjubiläum legte Innwurf in Zusammenarbeit mit dem Fanportal Ludwigspark.de ein Buch vor, das Fußball- und Fangeschichten mit ausführlichen Statistiken verband und heute weit mehr als eine gute Ergänzung zur offiziellen Vereinschronik darstellt.

Nicht nur schriftstellerische »Innwürfe«, sondern konkret auch Angebote an Jugendliche: ob das Kicken auf dem Trainingsgelände des 1. FC Saarbrücken, spezielle U18-Auswärtsfahrten oder sogar der erste »FCS-Geocache« mit Schnitzeljagd rum um den Ludwigspark. Daneben öffnet auch regelmäßig die »Villa Blau-Schwarz«, früher das Falkenhaus hinter der Haupttribüne, regelmäßig ihre Tore. Ob nun für Lesungen mit Fußball-Autoren, Talkrunden mit dem Fanradio oder einfach nur Fußball-Turnieren auf der Playstation.

Die Hauptarbeit bleibt dabei aber stets eher ernst: die sozialpädagogische Arbeit mit jugendlichen Fans. Innwurf begleitet Auswärtsfahrten und ist als Ansprechpartner im Stadion unterwegs. Innwurf leiht jungen Fans ein Ohr und wirkt präventiv ein. Die Sozialarbeiter haben dabei stets keinen leichten Spagat zu bewältigen – einerseits werben sie in der Fanszene für Selbstreflexion und friedliche Konfliktlösungen, andererseits verteidigen sie auch die Fans nach außen hin gegen ihren schlechten Ruf. 2010 kam es etwa nach dem Spiel des 1. FC Saarbrücken bei Carl Zeiss Jena zu einem Angriff der Heimfans auf einen Bus der Saarbrücker. Statt die Angriffe auf die FCS-Fans zu stoppen, sprühte die Jenaer Polizei unerklärlicherweise Pfefferspray in das Businnere und stellte die Ereignisse später in einer Pressemitteilung als Massenschlägerei zwischen den Fangruppierungen dar. Innwurf war beim Geschehen anwesend, stellte die Meldungen richtig und nahm zur nachfolgenden Auswärtsfahrt einen Rechtsanwalt in den Gästeblock mit.

Zwischenfälle wie diese sind glücklicherweise insgesamt eher die Ausnahme als die Regel. So kann das Fanprojekt auch nach über 15 Jahren des Bestehens neben ihrer eigentlichen Arbeit noch hoffentlich sehr lange viel Fußballkulturelles in Saarbrücken »innwerfe«!

67. GRUND

Weil die Fanfreundschaft mit Nancy keine Grenzen kennt!

Fanfreundschaften verlaufen nicht selten analog zu ganz normalen menschlichen Freundschaften. Zwei lernen sich kennen und finden sich auf Anhieb sympathisch. Es gibt gemeinsame Feiern, legendäre Fahrten zu Spielen und grandiose gesangliche Auftritte in der Kurve. Aber auch Fanfreundschaften müssen gepflegt werden. Nur wenige Freundschaften zweier Fanszenen halten über viele Jahre und werden auch der kommenden Generation vererbt. In Deutschland gilt immer der Bund zwischen Schalke und Nürnberg als Vorzeigeehe. Aber die zweifellos beste grenzüberschreitende Fanfreundschaft gibt es zwischen dem 1. FC Saarbrücken und dem AS Nancy-Lorraine.

Den Anfang machten reiselustige Mitglieder des Supporters Club 95, die zum Ende der Saison 1997/1998 etwas Abwechslung vom Regionalligaalltag bei den benachbarten französischen Klubs suchten. Vier von ihnen sahen sich die Zweitligapartie des AS Nancy-Lorraine gegen Le Mans an und lösten Karten für den Heimblock. Dass einige von ihnen sogar mit Schals des eigenen Fanklubs in den Saarbrücker Farben unterwegs waren, erscheint für heutige Groundhopper sicher als ein Unding – vielleicht wären aber so nie die Mitglieder der Ultras Nancy auf die Gäste aus dem Saarland aufmerksam geworden. Man verstand sich auf Anhieb – auch dank des Einsatzes von SC-Mitglied Benne, der mit seinen Französischkenntnissen als Dolmetscher punktete. Zum nächsten Heimspiel von Nancy gegen Troyes kamen einige der Saarbrücker Besucher erneut und feierten mit ihren neuen französischen Freunden den Aufstieg des ASNL in die Ligue 1.

In der folgenden Spielzeit durchlebte der AS Nancy-Lorraine die Höhen und Tiefen der Erstklassigkeit, die Freundschaft auf beiden Seiten der Grenze setzte zum Höhenflug an. Die Nancéiens kamen nun auch zu Besuchen in den knapp 100 Kilometer entfernten Ludwigspark, während einige Saarbrücker auch schon Auswärtsfahrten nach Paris und St. Étienne zusammen mit den Ultras aus Nancy unternahmen. Die Anzahl der Fans, die den Schritt zum Nachbarn wagte, wuchs in dieser Zeit stetig.

Während in Nancy mehrfach die führenden Ultra-Gruppierungen wechselten (von den Snipers über die Furia School 04 hin zu La Clique), blieb in Saarbrücken der SC 95 der Motor der Freundschaft von deutscher Seite, aber auch die Ultras der Boys Saarbrücken lebten die Freundschaft vor allem ab Mitte der 2000er aktiv mit – vor allem mit Gründung der frankophilen Virage Est 2005 wurden die Einflüsse aus Nancy im Stadion sichtbarer. Dies wurde aber nicht von allen FCS-Fans honoriert: Die Kritik an zu vielen »französischen« Gesängen kam vermehrt auf. Zudem wurde die Freundschaft auch auf offizieller Ebene kaum gefördert – die Chefetage des FCS hatte eher gute Kontakte nach Metz und vereinbarte zwischen beiden Klubs so manches Testspiel. Ein rotes Tuch für die Ultras aus Nancy und Saarbrücken – einige Metzer Gruppen pflegen seit Anfang der 2000er passenderweise eine Freundschaft nach Kaiserslautern.

Dass 2013 das 15-jährige Jubiläum mit Freundschaftsturnieren beider Fanszenen und einer spektakulären Choreografie im Stade Marcel Picot und im Ludwigspark gefeiert wurde, und dass auch 2016 Fans beider Vereine bei fast jedem Spiel in der Kurve zu finden sind, beweist aber: Die Freundschaft mit Nancy wurde nicht nur erfolgreich an kommende Generationen vererbt und ist zum festen Bestandteil des Vereins geworden – sie macht auch die Fanszenen beider Vereine zu etwas ganz Besonderem.

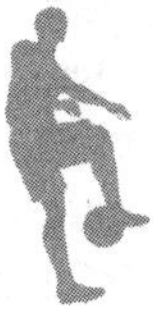

68. GRUND

Weil wir das berühmteste »Gästebuch« haben, das kein Gästebuch ist

Das Internet-Relikt der frühen 2000er-Jahre ist das Gästebuch. Jede Webseite musste ein Gästebuch haben, in dem sich Besucher brav und artig mit einem kurzen Eintrag verewigten, als ob sie eher zufällig, aber interessiert als Gast durch eine Ausstellung gewandert wären. Mit bunten, blinkenden Bildchen und vielen Smileys. Irgendwann verschwanden die Gästebücher, doch eines von ihnen hat überlebt. Das Gästebuch auf www.ludwigspark.de.

Das Fanportal mit dem Namen des Stadions nahm seinen Betrieb im Jahr 2000 auf und war als eine der wenigen virtuellen Fanseiten direkt Anlaufstelle für viele Anhänger des Vereins im Netz. Die Gründer Bernhard, Holly und Cornelius packte der Ehrgeiz, eine attraktive Alternative zur offiziellen Vereinsseite zu bieten, die eher Leute langweilte, als zum langen Verweilen einlud.[61] Nach einer turbulenten Anfangsphase, in der die Mundpropaganda unter den Fans ihre Wirkung entfaltete, war Ludwigspark.de die beliebteste

Seite zum 1. FC Saarbrücken im Netz geworden. Vom ursprünglichen Gründungsteam war nur noch Bernhard übrig geblieben.

Den einschlagenden Erfolg hatte die Webseite zu großen Teilen einem ausführlichen Angebot an Fotos, Berichten zu Spielen und einer sehr guten Statistikabteilung zu verdanken. Aber Ludwigspark.de wäre nie zu der fast schon berühmt-berüchtigten Seite geworden, hätte es nicht auch die Möglichkeit zum Austausch mit anderen Fans gegeben. Forum und Gästebuch öffneten die Pforten. Gedacht war eigentlich das Forum als Platz des Meinungsaustausches, aber relativ bald überholte das Gästebuch in den Einträgen das Forum. Wo eigentlich Gäste von anderen Vereinen grüßen sollte, grüßte bald der Wahnsinn.

Turbulente Diskussionen nahmen ihren Lauf. Kritik an Spielern, Trainern, Vereinsverantwortlichen, gemischt mit »Dummgeschwätz« aus dem Stadion und den ein oder anderen tatsächlich ernsthaften Diskussionen. Nicht immer gefiel der freie Meinungsaustausch allen Verantwortlichen, dass häufiger auch – mehr oder weniger – hinter vorgehaltener Hand Vereinsoffizielle am liebsten die Abschaltung des Gästebuchs erzwungen hätten. Vergebens, denn Ludwigspark.de blieb. Doch nicht nur Fans tauschten sich aus, irgendwann unterwanderten auch Leute aus dem Fußball mit ganz eigenen Interessen die offene Diskussion und priesen einige Spieler als besonders talentiert an, sprachen jedoch dem Trainer den nötigen Sachverstand ab. Es stellte sich irgendwann heraus, dass Spielerberater versucht hatten, die eigenen Schützlinge in die Startelf zu schreiben. So mächtig war das Gästebuch bereits geworden, dass selbst die Verantwortlichen neben dem Platz mitmischten.

Obwohl heute nach über 15 Jahren manche Gags vielleicht ausgelutscht sind oder einige Nutzer mehr an persönlichen Kabbeleien interessiert sind, haben Ludwigspark.de und sein Gästebuch dank Nutzern wie Luggi Denz, schwubbel, der Nauwiesbande, electrolutz, aber natürlich auch Dauerclown Andre vom FC (Zitat: »Hat man ggf. schon mal die Möglichkeit des Abtransportes vom

Mannheimer Stadion nach SB in Betracht gezogen? Hochöfen aus Deutschland werden ja auch nach China abtransportiert.«) viel zur Netzkultur beigetragen. Danke dafür!

69. GRUND

Weil ein Fan der *BILD*-Zeitung ein ganz dickes Osterei ins Nest legte

Die Beziehung von Fußballfans zur lokalen Presse ist stets von Ambivalenz geprägt. Mal berichten die Medien aus Sicht der Anhänger zu wenig über den eigenen Verein, mal lautet der Vorwurf, dass zu kritisch berichtet würde oder eben nicht kritisch genug. Abseits der Profession sind Sportjournalisten häufig auch nur Fans des schönen Spiels – aber im Beruf ist ihr Auftrag eben nicht die bedingungslose Unterstützung des Vereins.

Eine Sonderstellung nimmt die Boulevardpresse ein. Sie spielt meisterhaft auf der Klaviatur der Emotionen, weiß, in welchem Moment Zuckerbrot verteilt werden muss und wann die Peitsche ausgepackt werden darf. Für den 1. FC Saarbrücken übernimmt diese Rolle die Saarlandausgabe der *BILD-Zeitung* mit ihrem hessischen Schreiber Daniel Fischer, der eben nicht nur beobachtet, sondern auch Stimmungen aufnimmt und erzeugt. Dennoch dürfte die *BILD Saarland* den Fans der Blau-Schwarzen seit Ostern 2009 nicht mehr über den Weg trauen.

Alles fing am Gründonnerstag, dem 9. April 2009 an. In der Oberliga stand am Ostersamstag das traditionsreiche Derby zwischen Borussia Neunkirchen und dem 1. FC Saarbrücken im Neunkircher Ellenfeldstadion an. Im Gästebuch von www.ludwigspark.de, der bekanntesten Internet-Fanseite zum FCS, diskutieren die Nutzer bereits. Bis einer von ihnen, »The Edge«, einen vermeintlichen Beitrag aus der *Neunkircher Rundschau* der *Saarbrücker Zeitung* mit dem Titel »Ostereiersuchen beim Heimspiel gegen den 1. FC Saarbrücken« veröffentlichte, der mit folgenden Sätzen begann[62]:

»Beim Heimspiel gegen den 1. FC Saarbrücken (Samstag 14.30 Uhr) haben die Verantwortlichen der Borussia für alle Anhänger der Blau-Schwarzen eine Osterüberraschung parat. Im gesamten Gästeblock werden bis Samstag knapp 2500 bunte Ostereier ›versteckt‹ werden, wie Marketingmanager Uli Glup heute morgen mitteilte.«

Garniert mit einem vermeintlichen Zitat von Glup und dem 1. Vorsitzenden Kurt Heidrich, der zugleich Bedenken zerstreute, die Saarbrücker Fans könnten die Eier als Wurfgeschosse missbrauchen, sorgte der Eintrag zumindest für eine kurzzeitige Verwirrung. Handelte es sich um einen Streich von »The Edge« oder um einen authentischen Artikel? Schon am Folgetag löste der Nutzer auf: alles erfunden.

Rumgesprochen hatte sich das nicht bis zur *BILD Saarland*, die in ihrer Samstagsausgabe am Spieltag im Sportteil verkündete: »2500 Eier für den Aufstieg!« Auch Neunkirchens Marketingmanager Glup fand sich mit »Ein kleines Dankeschön an die zahlreichen Fans, die erwartet werden« zitiert. Falls er an besagtem Ostersamstag die *BILD-Zeitung* morgens aufgeschlagen haben sollte, dürfte er wohl nicht schlecht gestaunt haben. Auch die Polizei, bei Derbys stets mit besonders wachsamen Augen unterwegs, dürfte von der Osterüberraschung eher weniger erfreut Notiz genommen haben. Statt besinnlichem Osterfest gab es glühende Telefondrähte in den Stunden vor dem Anpfiff. Wer als Blau-Schwarzer zuvor nicht bei www.ludwigspark.de mitgelesen hatte, dürfte eine eher enttäuschende Ostereiersuche im Gästeblock erlebt haben. Doch bei vielen Fans löste die Posse eher Heiterkeit aus. Geschenke wurden sonst keine an diesem Tag verteilt: Neunkirchen und Saarbrücken trennten sich vor 4.500 Zuschauern mit einem 0:0-Unentschieden. Statt 2.500 Eiern gab es nur ein einziges: das Ei, das Internetschreiber »The Edge« der *BILD-Zeitung* ins Nest legte.

70. GRUND

Weil unser Maskottchen ein wahres Phantom geworden ist

Wer im Spitzenfußball etwas auf sich hält, braucht ein Maskottchen. Es geht um den Schmusefaktor, die Kulleraugen, den lustigen Namen, also kurz zusammengefasst: darum, wie der Fan und Eintrittsgeldzahler von morgen möglichst von klein auf an den Verein gebunden wird. Auf Tassen, als Duftbäumchen oder als Stofftier muss dann das Knuddelviech im Fanhaushalt herhalten – obwohl das Vereinswappen sowieso schon allgegenwärtig ist.

Bei der Suche nach dem richtigen Glücksbringer orientieren sich die meisten Vereine, das ist an dieser Stelle auch mal ein Lob wert, zumindest an dem Wappentier der Stadt oder des eigenen Klubs. Der Münchner Löwe von 1860 München ist in der Hinsicht authentisch – auch wenn er wie ein Opfer des jahrelangen Missbrauchs von Crystal Meth aussieht. Dem 1. FC Köln möchte man an dieser Stelle wenig Tierliebe unterstellen – Hennes der Geißbock ist eines der wenigen »echten« Maskottchen und war bereits mehrfach Opfer der Attacken jubelnder Fußballer. Die Dortmunder Biene Emma, das Stuttgarter Krokodil Fritzle und der Hamburger Dino Hermann sind nur auf den ersten Blick nette Ehrerbietungen an verdiente Vereinsmitglieder. Auf den zweiten Blick sind es einfach furchtbar dämliche Verballhornungen des Vereins. Auf die Spitze trieb es der FC Bayern München, der Mitte der 2000er seinen »Bazi« einmottete, vermutlich weil die Marketingstrategen mit Zeitverzögerung erkannten, dass der pausbäckige Fußballer Bazi eher an den Kindsmörder aus Fritz Langs *M – Eine Stadt sucht einen Mörder* erinnerte. Man ersetzte ihn durch den debil grinsenden Bären Bernie.

Doch wieso gibt es einen Text über Maskottchen in einem Buch über den 1. FC Saarbrücken? Weil es ein Maskottchen gibt, doch es ist über die letzten Jahre zum Phantom geworden. Sein Name:

Lui. Eine Kurzform von Ludwig – in Anlehnung an das Ludwigsparkstadion, das selbst nach einem Park benannt ist, den einst Fürst Ludwig bauen ließ. So weit, so logisch. Lui ist in Anlehnung an das Wappentier des Vereins ein Löwe. Im Gegensatz zum Maskottchen der Fußball-WM 2006, Goleo, sogar einer mit Hose. Lui durfte meist im Trikot des Vereins auftreten, grüßte manchmal von der Stadionzeitung und forderte den Trainer des FCS auf: »Lass die Löwen los!«

Seine Glanzzeit hatte Lui in der Toppmöller-Ära, als das Maskottchen vor dem D-Block die Fans einschwor – ein Fan streifte zu Heimspielen das Löwenkostüm über. Doch der Ruhm stieg den Verantwortlichen wohl zu schnell zu Kopf. Im noch jungen Internet ließ der 1. FC Saarbrücken die Fans über eine Umbenennung des Namens abstimmen. Die Fans wählten damals blauäugig »Leo« zum neuen Namen des Saarbrücker Löwen. In der Folge verschwand Lui von der Bildfläche – nur manchmal tauchte er noch als Schlüsselanhänger im Fanshop auf.

In den letzten Jahren häufen sich allerdings die Gerüchte, dass Lui immer öfter zu Karnevalsumzügen im Saarland wieder auftaucht und die Fahne des FCS hochhält. Das Kostüm wurde anscheinend nie entsorgt, sondern befindet sich im Besitz eines Fans. Entsprechend bilden sich die Legenden um Lui – und auch der Ruf nach einem Comeback wird immer mal wieder laut. Dabei ist die Tatsache, dass Lui in einer Zeit, in der Maskottchen inflationär geworden sind, wie ein Phantom immer dann auftaucht, wenn man ihn nicht erwartet, ein Grund mehr, den FCS zu lieben.

71. GRUND

Weil die Fans Auswärtsfahrten auch mal per Schiff oder Fahrrad bestreiten

Das letzte Abenteuer im modernen Fußball ist die Auswärtsfahrt. Statt in der Stammkneipe vor dem Fernseher oder auf dem heimischen Sofa sitzend das Schicksal über sich ergehen zu lassen, nehmen die »Allesfahrer« das Heft selbst in die Hand. In ihnen steckt noch der Pioniergeist des Fußballs als Städtekampf – ob nun nach Koblenz, Offenbach oder doch Rostock. Die Frage lautet nicht »Fahren oder nicht fahren?«, sondern »Wohin?«.

Stellt sich für die reiselustigen FCS-Fans die Frage nach dem Fortbewegungsmittel. Für Spontan- und Alleinreisende bietet sich zunächst das Auto an. Zum Kampfwagen aufgemotzt, mit stolzen Schals an den Fensterscheiben und statt des Duftbäumchens den Vereinswimpel aufgehängt, geht es fast wie im Stadion darum, Präsenz zu zeigen: Platz da, hier kommt das Saarland! Beliebt ist auch der »Neuner«, der Kleintransporter des blau-schwarzen Wahnsinns. Fahrten dieser Art besitzen meist den Charme eines Familienausflugs, wobei das Wort »Familie« hier in allen guten wie schlechten Zusammenhängen passt. Ob nun gestritten wird, ob der Fahrer den Weg besser kennt als das Navi, wann die Pinkelpause eingelegt werden muss oder ob geraucht werden darf – sie liebten und sie schlugen sich.

Wer dem das Flair einer Klassenfahrt vorzieht, ist im Fanbus richtig. Hier herrscht die pure Lebensfreude, meist unterstützt von einem nicht zu unterschätzenden Konsum flüssiger Erzeugnisse, wahlweise von der Brauerei aus Homburg oder der Konkurrenz aus Bitburg. Hier hat der FCS-Fan die Qual der Wahl zwischen den Fanclubs, deren Fahrten oft ein gewisser Ruf vorauseilt – ob nun der Nudelsalat der »Saar-Eagles«, die früher großartigen Tippspiele der »Oldies« oder aber die von Kult-Busfahrer Werner Zimmer (Zitat:

»Wenn ich sahn, dat ich selwer die Boys fahr'n, dann is datt jóó aach irjendwie en Auszeichnung fier eich.«) gelenkten Gefährte.

Wer stattdessen auf epische Massenszenen steht, wird auf die Fahrt mit der Deutschen Bahn bestehen: Einmal das Wochenendticket für fünf Leute, aus denen 500 werden, die dann unter Begleitung grimmiger Polizisten und vor Ehrfurcht erstarrter Kontrolleure am Zielbahnhof laut brüllen: »Hurra, hurra, die Saarbrücker sind da!«

Doch Saarbrücken wäre nicht Saarbrücken, wenn es das schon gewesen wäre. Nach dem tiefen Fall in die Oberliga 2007 schrumpfte die Entfernung zu den gegnerischen Spielorten. Statt stundenlanger Fahrten durch die Republik ging es »über die Dörfer«. 2008 machten einige Fans aus der Not eine Tugend – wenn halt nicht die Strecke das Abenteuer ist, dann muss es die Art des Reisens sein! Für das Auswärtsspiel beim SV Mettlach, knapp 35 Zugminuten entfernt, mieteten FCS-Fans vom »Stadtgrabenluder« kurzerhand ein Ausflugsschiff und kamen über die Saar. Eine sicher einmalige Idee, bei der am Ende – trotz aller möglichen Wortspiele – der FCS nicht baden ging und gewann.

Etwas anstrengender hingegen haben es die Radfahrer. Seit Regionalligazeiten unternimmt eine kleine Gruppe um F-Block-Zaunkönig »Lifter«, den späteren Vizepräsidenten und damaligen Fanzine-Schreiber Florian Kern, Ex-Polizeichef Peter Becker und andere mit Unterstützung des Fanprojekts Innwurf regelmäßig Radtouren. Ob nach Worms, Koblenz, Offenbach oder Baunatal – alles kann, nichts muss! Bei der Tour nach Baunatal sammelten die Radler sogar noch erfolgreich Spenden für die FCS-Jugend. Unterwegs in Diensten des Vereins – in mehrfacher Hinsicht.

72. GRUND

Weil für die Fans der »Effzeh« nicht bei der ersten Mannschaft aufhört

Was ist eigentlich der »1. FC Saarbrücken«? Darüber streiten die Gelehrten. Für manche ist der Verein schlicht die erste Mannschaft, für Ultra-Fans bedeutet das Wort »Verein« sicherlich die Summe aller ordnungsgemäßen Mitglieder, und für Anhänger von Victor's steht »Verein« manchmal auch als Synonym für »Hartmut Ostermann«.

Aber zurück zum Wesentlichen: Das Herz jedes Fußballvereins oder eben »Traditionsvereins« ist die erste Mannschaft. Und doch besteht ein Verein aus mehr als nur den 20 bis 30 Männern der ersten Elf. Er hat noch seine diversen Jugend-, Frauen- und Mädchenmannschaften vorzuweisen.

Eines der besten Beispiele ist die bis 2015 aktive zweite Mannschaft, die früher als »FCS Amateure« und später als U23-Mannschaft des Vereins auflief. Spätestens seit dem Aufkommen der Ultra-Welle in Deutschland bildeten die »Amateure« vielerorts die neue Lieblingsmannschaft der Hardcore-Fans. Aus unterschiedlichen Gründen: weil es in der Oberliga Südwest gegen viele alte Rivalen wie Neunkirchen oder Homburg ging, aber auch, weil das geringere öffentliche Interesse für die Ultras eine Grundlage bildete, um sich sowohl mit neuen Gesängen, als auch öfter mit Pyrotechnik auf den Rängen auszutoben. Und nicht zuletzt war der Trainer, Dieter Ferner, FCS-Torhüter in der Bundesliga, ein Faktor, der die Tour mit den »Amas« versüßte. Bei großen Spielen, wie etwa beim FCH, wurden dann auch mal zusätzliche Zuschauer motiviert und sogar eine Choreografie für den »kleinen FCS« organisiert. Unvergessen sind hierbei Auswärtsfahrten wie 2006 nach Trier, als gerade der Dauerrivale Trier frisch in die Oberliga abgestiegen war und der kleine FCS im Derby einen Punkt ergaunerte, oder die Spiele im Saarlandpokal – 2001/2002 durfte man sogar im DFB-Pokal antreten.

Die besondere Bindung zur zweiten Elf im Speziellen und zur Jugend im Allgemeinen drückte sich auch öfter in Besuchen der Spieler in der Fankurve im Stadion aus – ein Jugendspieler darf und soll ja auch im besten Fall Fan der eigenen Mannschaft sein! Fast schon legendär geworden ist Robin Scheid, der den umgekehrten Weg ging – vom Fan aus der Virage Est zum Ersatztorwart der U19-Mannschaft und aufgrund des Verletzungspechs der Vorderleute plötzlich gegen Borussia Neunkirchen in der Oberliga für die U23 auf dem Platz. »Robster« beeindruckte zwar nicht jedes Mal als Torwart, aber dafür immer als Stimmungskanone!

Auch bei der Frauenmannschaft gab es Ende der 2000er-Jahre eine Fanbewegung. Hier mischten sich die Ultra-Fans, für die jede Mannschaft wichtig ist, mit puren Fans des Frauenfußballs. Der Fanklub »Eschde Fans«, der sich federführend um die Unterstützung auf dem Kieselhumes kümmerte, war der bis heute wohl einzige Fanklub, bei dem die Frauenmannschaft sogar einen höheren Stellenwert besaß als die Herren. Mit dem Blick auf die sportliche Situation zur damaligen Zeit war dies eigentlich nur mehr als verständlich. Belohnt wurden die Frauenfans mit Bundesligafußball und 2008 dem Einzug ins DFB-Pokalfinale.

Die Fans haben somit oft bewiesen, dass es ihnen nicht einzig und allein um die Mannschaft geht, die seit Jahren den Fahrstuhl zwischen Bundesliga und Oberliga rauf und runter fährt. Eine gute Eigenschaft, aber sicher nicht Ausdruck einer Vernachlässigung der ersten Mannschaft – wenn das Stadion mal wieder leerer erscheint, dann ist auch meist der unterirdische Fußball die Ursache!

73. GRUND

Weil wir nicht mit peinlichen Promi-Fans nerven

Es gibt auch angenehme Kleinigkeiten, mit denen die Fans des 1. FC Saarbrücken punkten können, ohne dass sie viel dafür tun müssten. Die auffällige Unauffälligkeit ist in diesem Falle die geringe Anzahl an prominenten Fans, die ihre Leidenschaft für den 1. FC Saarbrücken zu öffentlich zur Schau stellen – und dabei eher zum Fremdschämen sind.

Der Trend zum öffentlichen »Coming-out« als Fußballfan ist eine relativ neue Erscheinung. Bis in die 2000er-Jahre hinein war Fußball eben noch nicht das massentaugliche Freizeiterlebnis für die ganze Familie, sondern ein Sport für Mecker-Opas und Kuttenträger.

Der Wandel kam zum Millennium. Plötzlich war es schicklich, sich mit einer Leidenschaft für das runde Leder zu schmücken. Fernsehmoderator Oliver Pocher bekannte sich zu Hannover 96 und sang für die Nationalmannschaft. Veronica Ferres warf den Schalke-Schal über, Harald Schmidt bedarfsweise den von Stuttgart oder Bayern. Überhaupt, der FC Bayern: Thomas Gottschalk, Boris Becker und ein kompletter Fanclub aus Bundestagsabgeordneten – wenn sich ein Verein kaum vor prominenten Trikotträgern retten konnte, dann der Rekordmeister. Absurd wurde es, als sogar die Vereine untereinander konkurrierten: Papst Johannes Paul II. wurde zu Lebzeiten Ehrenmitglied beim FC Schalke 04 und bei Borussia Dortmund – nur der höchste Kirchenvertreter konnte wohl ein solches Sakrileg ungestraft begehen.

Aber wenn wir einmal ehrlich sind, wirkten die meisten Prominenten in ihrer Fußballleidenschaft bemüht bis anstrengend. Pochers Gehampel in Fußballsendungen, übertrieben edgy auftretende B-Prominente mit Totenkopf-Pulli vom FC St. Pauli, Helene Fischers Auftritt im BVB-Trikot. Der Höhepunkt: der pointenarme

Kommentar zum Spiel des FC Bayern gegen den 1. FC Köln der beiden Edelfans Harald Schmidt und Stefan Raab.

Doch wie sieht es beim 1. FC Saarbrücken aus? Erstaunlich ruhig. Lange galt Oskar Lafontaine als der große prominente Fan des 1. FC Saarbrücken. Natürlich könnte man dem ehemaligen SPD-Ministerpräsidenten und Bundesfinanzminister und der heutigen linken Galionsfigur eine gewisse Peinlichkeit nachsagen. Zu seiner Entschuldigung sei gesagt: Er war auch Oberbürgermeister von Saarbrücken und damit per Amt zum Fansein verpflichtet. Versuche vom SR 1 Stadionradio, zu Zweitligazeiten eine ehemalige Big-Brother-Bewohnerin zum Edelfan zu pushen, scheiterten, da Big Brother nach der ersten Staffel eben keine Prominenten mehr produzierte. Reinhard Klimmt? War schon Fan, bevor er Ministerpräsident wurde! Der Ex-Drummer vom Dream Theater Mike Portnoy, der 2005 beim Konzert in Saarbrücken ein FCS-Trikot überstreifte? Eher kein Dauerfan, aber auch sicher kein peinlicher Promi! Der Schwimmer Andreas Waschburger und der Boxer Jürgen Doberstein? In ihrem Fach solide Sportler und außerhalb der Landesgrenzen nur dem Fachpublikum bekannt. Bleibt vielleicht noch Filmproduzent Ralph Schwingel. Doch der schaffte es sogar in der von ihm produzierten Ulmen-Tschirner-Komödie *FC Venus,* kleine, nette Anspielungen auf seinen Lieblingsverein einzubauen (Wer den Film noch nicht gesehen hat: Achtet mal auf den Hintergrund!).

Das Fazit: Als Promi sollte man sich seines Fantums nicht schämen, aber Zurückhaltung ist immer sympathischer als Anbiedern. Und die wenigen Promi-Fans des 1. FC Saarbrücken sind überwiegend in Ordnung. Dass der Verein allzu schnell viele C-Promis anziehen wird, ist aufgrund der sportlichen Ergebnisse auch nicht zu befürchten.

KAPITEL 8

VON 2000 BIS IN DIE NIEDERUNGEN DER OBERLIGA

74. GRUND

Weil Toppi den schlafenden Riesen weckte und sich aus dem Staub machte

Fußballtrainer haben messianische Züge. Beckenbauer ist die deutsche Lichtgestalt, Mourinho »the special one« und ein anderer vielleicht ein »normal one«, ohne wirklich normal zu sein. Einer dieser Erlöser kam im Sommer 1999 an die Saar: Klaus Toppmöller.

Normalerweise hätte die Verpflichtung eines ehemaligen Torjägers von Trier und Kaiserslautern als Übungsleiter bei den Fans nur mitleidiges bis erzürntes Raunen ausgelöst. Nicht so bei »Toppi«. Der Mann von der Mosel hatte einige Jahre zuvor sensationell Eintracht Frankfurt an die Spitze der Bundesliga geführt und nur knapp die Meisterschaft verpasst. Bei seiner nächsten Station, Bochum, wurde Toppmöller zur Legende. Die »graue Maus« des deutschen Fußballs führte er von der 2. Bundesliga bis in den UEFA-Cup. Nach fünf Jahren und dem Abstieg aus dem Oberhaus brauchte Toppmöller eine Luftveränderung und ging zur Überraschung aller zwei Ligen nach unten zum 1. FC Saarbrücken.

Großes hatten sich beide miteinander vorgenommen: Der 1. FC Saarbrücken und seine beiden Köpfe im Präsidium, Hartmut Ostermann und Klaus Meiser, auf der anderen Seite der ehemalige Bundesligatrainer. Zum Einstand nannte Toppmöller den FCS einen »schlafenden Riesen«, der nur erweckt werden müsse. Die Fans waren schnell angesichts von Neuzugängen wie Karsten Hutwelker, Norbert Hofmann und in der Winterpause Manfred Bender und sogar für vier Spiele Eric Wynalda derart verzückt, dass sie sogar verziehen, dass Toppi seine Familie mit Pöstchen versorgte (Bruder Heinz wurde Sportdirektor, Sohnemann Dino spielte mit). Der Verein brillierte mit Zauberfußball und stieg als Meister der Regionalliga West/Südwest in die 2. Bundesliga auf.

Nach dem Aufstieg durfte Toppi dann noch einmal die Mannschaft verstärken, zog mit Leo Grozavu, Mladen Bartolović und Anatoli Muschinka einige starke Spieler an Land. Die Saison begann stark: Der FCS stibitzte zum Auftakt beim 0:0 am Gladbacher Bökelberg einen wichtigen Auswärtspunkt und siegte anschließend viermal – auf einmal war der Aufsteiger in den Aufstiegsrängen vertreten.

Doch plötzlich brachen Toppis Löwen leistungstechnisch ein – denn der Trainer hatte keine Lust mehr auf die 2. Bundesliga, sondern wollte gleich ins Oberhaus. Bei Bayern 04 Leverkusen rutschte Christoph Daum auf Schnee aus, und der schärfste Konkurrent des FC Bayern München hatte einen freien Platz auf der Trainerbank. Toppmöller war sich schnell mit den Rheinländern einig, doch natürlich wollte der 1. FC Saarbrücken seinen Erfolgstrainer nicht gehen lassen, ohne ein Stück vom Kuchen abzubekommen. Oder wie manch einer sagen würde: eine ganze Konditorei. Klaus Toppmöller sollte später einmal sagen, dass der FCS 25 Millionen D-Mark Ablöse forderte – nicht für einen Spieler, sondern einen Trainer. Der FCS bestritt zu hohe Ablöseforderungen. Ob die Wahrheit nun in der Mitte liegt, wissen wir nicht. Jedenfalls trafen sich beide Vereine nicht in der Mitte, und Toppi blieb vorerst.

So war Toppis Ende eher unrühmlich. Nach einem 2:8 bei Mitaufsteiger Reutlingen warf der nun lustlose Rivenicher das Handtuch. Berti Vogts hielt ihm bei Leverkusen den Platz warm, bis Toppmöller 2001/2002 in drei Wettbewerben Zweiter werden sollte und den Mythos »Vizekusen« begründete. Später beendete ein junger Schiedsrichter namens Robert Hoyzer Toppis Bundesligakarriere, als der schon beim HSV auf der Bank saß und in Paderborn unter die Räder kam. Was hätte aus ihm nur werden können, wäre er dem FCS treu geblieben!

75. GRUND

Weil das 3-Trainer-Jahr 2001/2002 so »typisch Eff-Zeh« war

Das Toppmöller-Debakel brachte den Sportdirektor von Hannover 96 zur Trainerstelle in Saarbrücken. Thomas von Heesen, einst Lockenkopf im Mittelfeld des HSV, war schon Ende 2000 jemand, der viel vom Geschäft verstand: Von Heesen war gut mit der Spielerberatung Rogon, der Agentur von Roger Wittmann, vernetzt, für die er früher tätig war. Er brachte sogleich auch mit Lorenz Savelsberg einen Sportdirektor aus dem gleichen Hause, sowie einige Spieler (wie die personifizierte Gelbe Karte, Thomas Winklhofer) mit. Unter von Heesen reichte es immerin 2001 zu einem respektablen achten Tabellenplatz, dank der Vorarbeit von Toppmöller. Und mit Gernot Plassnegger aus Österreich kam auch ein Rogon-Spieler zum FCS, der mit starken Leistungen zu überzeugen wusste.

Im Sommer sollten dann mithilfe der Agentur die Weichen in Richtung Aufstieg gestellt werden. Doch Plassnegger wurde zunächst einmal verkauft, mit ihm weitere Leistungsträger, und es kamen vor allem Leute aus dem Hause Rogon als Ersatz. Etwa Sven Scheuer, der beim FC Bayern nach der legendären Pizzeria-Schlägerei geflogen war und beim FCS eher das Lazarett hütete als das Tor. Jonathan Akpoborie, von dessen langer Vertragslaufzeit Trainer von Heesen erst auf der Pressekonferenz erfuhr. Oder Ante Čović, der mehr durch schöne Haare als schönen Fußball auffiel. Von Heesen verkrachte sich mit Roger Wittmann und trat nach einem verpatzten Start in die Saison 2001/2002 früh zurück.

Die *Saarbrücker Zeitung*, die schon erkannt hatte, dass Wittmann den 1. FC Saarbrücken gerne mal als Testballon für Spieler und Fußballfunktionäre aus Österreich benutzte, tippte den Nachfolger richtig[63]: Heribert Weber aus der Steiermark, der die 2. Bundesliga laut eigenem Bekunden vor allem aus dem Fernsehen kannte.

Die Spieler schlichen dann unter Weber auf einmal auch nur noch über den Platz, als kannten sie den Zweitligafußball nur aus der Zuschauerposition. Der Slapstick war perfekt: Der Vizepräsident Klaus Meiser nannte Spieler Čović öffentlich eine »Mimose«, Spieler wie Manfred Bender wetterten in der Zeitung über Extrainer von Heesen, im DFB-Pokal kam der FCS in Bremen unter die Räder. 0:5 – nicht bei Werders Bundesligamannschaft, sondern bei den Amateuren.

In Saarbrücken tobte der Krieg der Spielerberater, die Spieler waren sauer, dass nicht immer die Leistung, sondern auch die Zugehörigkeit zu einem Spielerberater über die Aufstellung entschied, und die Vereinsführung beschloss, den Komödienstadl zu revolutionieren. Während Heribert Weber mit der Mannschaft im Wintertrainingslager in Portugal weilte, verpflichteten Meiser und Ostermann seinen Nachfolger: Thomas Dooley, Exspieler von Homburg und Kaiserslautern. Dieser bekam Unterstützung von Legende Uwe Klimaschefski, der den Neuen zunächst »einarbeiten« sollte. Der gehörnte Weber war nun plötzlich »Sportdirektor«. Formal über dem Trainer, tatsächlich aber entmachtet. Diese Entscheidung kommentierten einige Entscheider der Fußballszene für die *Saarbrücker Zeitung*. Ein sensationelles Zeitdokument:

»Werner Lorant (FCS-Wunschkandidat und jetzt Trainer bei Fenerbahçe Istanbul): ›Wer wird jetzt Trainer beim 1. FC Saarbrücken? Tom Dooley mit Unterstützung von Uwe Klimaschefski? Na dann herzlichen Glückwunsch!‹

Peter Eich: ›Ich bin ja schon wirklich lange im Profigeschäft, aber so etwas habe ich auch noch nicht erlebt.‹«[64]

Auch mit dem letzten Trainerwechsel des denkwürdigen 3-Trainer-Jahres 2001/2002 riss der FCS das Ruder nicht mehr herum. Rogons Testballon platzte mit einem lauten Knall. Eine wahrlich denkwürdige Spielzeit, die einfach nur »typisch Eff-Zeh« war.

76. GRUND

Weil Fußball in den 2000ern härter war

»Früher waren Fußballer noch echte Kerle!« Im Kopf entfaltet sich ein Bild von Typen in übergroßen Baumwolltrainingsanzügen, Lockenköpfen mit Schnauzern und Spielern, die so aussehen, als könnten sie sich keine »Schambeinverletzung« zuziehen, weil es das in den 1970er-Jahren einfach nicht gab. Doch diese Vorstellung ist ziemlicher Blödsinn. Die wahren Treter und Eisenfüße gaben sich beim 1. FC Saarbrücken in den 2000ern die Hand.

Beginnen muss diese kleine Hommage mit Erol Sabanov. Im März 2003 beim Heimspiel gegen Schweinfurt sprach der Schiedsrichter dem FCS einen Elfmeter in letzter Minute zu. Die Hausherren lagen zurück, Yilmaz Örtülü sollte schießen. Dann Jubel im Ludwigspark – der Torwart rannte in des Gegners Strafraum. Würde doch Sabanov antreten? Kurze Zeit später zeigte der Schiedsrichter dann dem Torwart unvermittelt die Rote Karte. Was war passiert? Die Schweinfurter reklamierten – und Sabanov meinte, mit Pöbelei einsteigen zu müssen. Als Torwart beim Elfer für die eigene Mannschaft zum Platz zu fliegen, das musst du auch erst mal schaffen.

Yilmaz Örtülü verwandelte, das der Vollständigkeit halber. Aber auch er bekommt hier seinen Eintrag in der Ruhmeshalle. Als dem FCS 2004 am vierten Spieltag der 2. Bundesliga in Burghausen schon wieder eine Niederlage drohte, zeigte der Stürmer hohe Motivation. Kurz vor der Pause, der FCS war frisch im Rückstand, foulte er ohne Not Björn Hertl an der Seitenauslinie. Das war schon glatt Rot, aber Örtülü trat nach, trat nach der Roten Karte noch einen übergroßen Fußball eines Sponsors um (in bester Jürgen-Klinsmann-Manier) und pöbelte die Zuschauer an, die von der Show nicht ganz begeistert waren. Nach diesem kurzen Amoklauf der Gefühle war der 1. FC Saarbrücken in Unterzahl, aber wohl auch derart aufgeschreckt und wach, dass er das Spiel dennoch drehte.

Besten Mannschaftsgeist zeigte auch ein anderer Spieler: Marcel Rozgonyi, Schnelleinkauf von Horst Ehrmantraut kurz vor Ende der Transferphase der Saison 2004/2005 kam vor seinem Debüt beim Heimspiel gegen Siegen noch schnell aus Cottbus angereist, um einfach mal direkt in der ersten Halbzeit den Gelben Karton zu kassieren. »In dieser Szene musste ich den Gegenspieler fällen, sonst wäre es sehr eng geworden«, so Hobby-Holzfäller Rozgonyi zur *Saarbrücker Zeitung* nach dem Spiel. Sein Trainer wechselte ihn zur Abkühlung vorsichtshalber nach 45 Minuten aus. In 97 Pflichtspielen in Liga und DFB-Pokal sah der Verteidiger 20 Mal Gelb, dreimal glatt Rot und dreimal die Ampelkarte – kein Kind von Traurigkeit. Legendär ist das Oberligaspiel in Pirmasens 2009, als der bereits aufgestiegene FCS erst Trainer Dieter Ferner verlor (Rote Karte, was auch immer sich der Schiedsrichter dabei gedacht hat) und dann Sammer Mozain nach grobem Foul verlor. Marcel Rozgonyi ließ sich nicht zweimal bitten und schloss sich mit einer Tätlichkeit an.

Der ungekrönte König der Treter der 2000er-Jahre ist jedoch Thorsten Nehrbauer. Der Kapitän und Fanliebling mit der eher sanften, unaufgeregten Stimme. Stolze 28 Verwarnungen in 109 Spielen nennt er sein Eigen – eine bessere Quote von Karten pro Spiel hat nur Grätschengott Paolo da Palma. Auch Nehrbauer beendete gerne mal ein Spiel vorzeitig (zwei Gelb-Rote und drei Rote Karten). Fairerweise muss aber auch gesagt werden: Gleich seine erste Karte kurz nach dem Wechsel zum FCS brachte ihm eine längere Sperre ein. Also verlegte er sich später meist auf den etwas helleren Farbton. Früher war Fußball eben härter. Leider aber nicht immer auch besser.

77. GRUND

Weil wir den Trainer auf dem Aufstiegsplatz beurlaubten und doch zurückholten

Es folgt eine kleine Geschichte, die veranschaulichen soll, dass dieser Verein anders tickt als die meisten. 2002 verpflichtete der 1. FC Saarbrücken einen Trainer, der polarisierte: Horst Ehrmantraut. Einerseits geschätzter Fachmann und Erfolgstrainer in Meppen und Frankfurt, andererseits vermeintlicher Esoteriker mit Hang zu hässlichen Gartenmöbeln auf der Trainerbank. Den Spitznamen »Voodoo-Horst« mochte er nie wirklich, aber er verfolgte ihn, so wie seine Vergangenheit als Spieler des FC Homburg. Nach einem ernüchternden Premierenjahr sollte 2003/2004 die Zielvorgabe Aufstieg in die 2. Bundesliga erfüllt werden. Und zunächst sah es ganz gut aus. Die Neuzugänge Gunter Thiebaut und Faysal El Idrissi schlugen ein und schossen die Blau-Schwarzen in die Aufstiegsregion, nur die Amateure des FC Bayern München (mit den späteren Bundesligaspielern Zvjezdan Misimović und Paolo Guerrero) zogen allen davon. Da diese nicht zum Aufstieg berechtigt waren, wurde automatisch der dritte Tabellenplatz zum Aufstiegsrang.

Nach dem 14. Spieltag belegte der 1. FC Saarbrücken den zweiten Tabellenplatz, also den ersten direkten Aufstiegsplatz. Allerdings mit nur einem Punkt Polster auf Rang fünf, zudem verlor man blamabel mit 0:3 gegen die Zweite vom FSV Mainz 05. Grund genug für das Präsidium, den Trainer auszuwechseln, obwohl der noch auf Aufstiegskurs war. Eine sicherlich nicht alltägliche Geschichte im Fußball. Begründet wurde das mit den üblichen Floskeln: Ehrmantraut erreiche die Mannschaft nicht mehr. Vielleicht lag es auch daran, dass Wunschtrainer Eugen Hach erreichbar und auch verfügbar für den Verein war.

Was folgte, war eine aus sportlicher Sicht fast schon sensationelle Serie: Eugen Hachs FCS blieb in der Liga elfmal in Folge unbesiegt.

Aber von diesen elf Spielen gewannen die Blau-Schwarzen auch nur drei und sahen gegen Giganten wie aus Feucht und Eschborn eine Spur zu blass aus. Niederlagen in Siegen und Augsburg ließen den FCS auf den fünften Platz stürzen, und erneut stellte das Präsidium fest, dass der Trainer die Mannschaft nicht mehr erreiche. Kurzerhand wurde Horst Ehrmantraut zurückbeordert. Wer nach Ehrmantrauts Rauswurf auf dem Aufstiegsplatz noch den Kopf schüttelte, nahm diese Meldung vermutlich überhaupt nicht mehr ernst.

Ehrmantraut stieg dann noch auf und betreute, trotz vieler Unkenrufe und eines permanent unruhigen und erfolgshungrigen Präsidiums, den Verein in der ersten Zweitligasaison und hielt die Klasse. Zum Kult wurde seine Rede in die Fernsehkameras nach dem 1:1 bei 1860 München, als er Schiedsrichter Mike Pickel (was für ein Name!) unsanft anging: »Der Junge ist doch nicht in der Lage, 2. Liga zu pfeifen, da krieg ich die Vollkrise!« Spätestens jetzt war »Ehre« König von Saarbrücken und um einige Euros ärmer dank einer Geldstrafe.

So kurios das Engagement von »Voodoo-Horst« beim FCS, so verworren auch das Ende. Im zweiten Zweitligajahr wollte der Verein mal wieder aufsteigen und kassierte in den ersten beiden Saisonspielen hohe Niederlagen. Vor dem DFB-Pokalspiel beim damaligen Bayernligisten Ingolstadt hieß es, Ehrmantraut bekäme eine Gnadenfrist noch bis zum darauffolgenden Ligaheimspiel gegen Siegen. Dass man den Viertligisten aber nur in einer Zitterpartie vom Elfmeterpunkt besiegen konnte, war dem Präsidium zu viel – die Frist wurde verkürzt und Ehrmantraut zum zweiten und letzten Mal beurlaubt. Beim katastrophalen 0:3 gegen Siegen am folgenden Spieltag skandierte das Stadion lautstark seinen Namen: »EHR-MAN-TRAUT« Die Zeit mit Ehre war eben alles andere als gewöhnlich.

78. GRUND

Weil der Methusalem des deutschen Profifußballs auch mit 46 Jahren noch die Bälle hielt

Es gibt im Fußball die Geschichten von Spätzündern, deren wahres Talent von Trainern und Zuschauern erst im hohen Fußballalter, also jenseits der 25, erkannt wurde. Ebenso gibt es die Geschichten von den sogenannten »Verrätern«, die vom Erzrivalen zum eigenen Klub wechseln und durch herausragende Leistungen anfängliche Skepsis zerstreuen. Und dann ist da Peter Eich.

Die Geschichte des Fußballprofis Eich beginnt 1990, als der Torhüter vom Oberligisten Hassia Bingen zum Erstliga-Absteiger SV Waldhof Mannheim wechselt – da war er bereits 27 Jahre alt. Ein Alter, in dem andere ehemalige Jungtalente schon an der Härte des Profigeschäfts gescheitert waren. 1992 wechselte Eich zum saarpfälzischen Zweitligisten FC 08 Homburg und blieb dem Verein sogar nach dem Abstieg 1995 treu. Bis 1998 die fast schon groteske Kooperation zwischen den Erzrivalen Homburg und Saarbrücken kam. Die besten Spieler des FCH tauschten Grün-Weiß gegen Blau-Schwarz – darunter auch Peter Eich.

In Saarbrücken musste Eich um den Platz zwischen den Pfosten kämpfen – dort stand meist Harald Ebertz. Die Wende kam im November 1999 unter Klaus Toppmöller – im stolzen Alter von 36 Jahren wurde Eich Stammtorhüter und stieg mit dem FCS auf. Als Nummer eins mit der »12« auf dem Rücken bestritt er auch das Folgejahr, sollte danach aber durch den ehemaligen Bayern-Spieler Sven Scheuer ersetzt werden. Scheuer verbrachte jedoch die meiste Zeit der Saison im Lazarett, und wieder musste Eich ran – konnte aber den Abstieg nicht verhindern. Erneut setzten die Verantwortlichen ihm einen Jüngeren vor: Erol Sabanov. Via Zeitung beklagte Eich, aufgrund starker Reflexe zeitweise einer der Besten in Liga 2, dass er ein »Opfer der Vereinspolitik«[65] sei.

Es kam anders. Nach anderthalb Jahren auf der Bank kam Eich in einer Verletzungspause von Sabanov wieder zum Zug. Am letzten Spieltag der Saison 2003/2004 setzte sich Eich sein eigenes Denkmal: Im entscheidenden Spiel gegen Schweinfurt parierte er eine Viertelstunde vor Schluss einen Elfmeter, sicherte so den Wiederaufstieg in die 2. Bundesliga. Was Trainer Horst Ehrmantraut nicht davon abhielt, wieder auf Erol Sabanov zu setzen. Doch nach zwei wenig erfolgreichen Spielen unter Sabanov und lauter werdenden Rufen nach Eich kehrte am Ende der Oldie ins Tor zurück. Beim Comeback in Liga 2 gegen Cottbus hielt Eich dann gleich einen weiteren Elfmeter und den ersten Punkt fest.

Als hätten die Verantwortlichen daraus nichts gelernt, verpflichtete man zur Folgespielzeit Marc Ziegler. Der gebürtige Saarländer hatte Erstligaerfahrung vorzuweisen – aber auch ihn traf der »Eich-Fluch«, und er verletzte sich. Und Peter »die Mauer« zeigte gewohnt glänzende Leistungen. Den Abstieg verhinderte er nicht, bestritt aber am 14. Mai 2005 im erstaunlichen Alter von 42 Jahren, zehn Monaten und 26 Tage sein letztes Zweitligaspiel – ein bis heute gültiger Rekord, der ihn auch zum drittältesten Profi aller Zeiten in Deutschland machte.

2006/2007 neigte sich auch Eichs Strähne dem Ende zu. Er blieb endlich mal Stammtorhüter, war aber dann selbst derjenige, der sich verletzte. Im Alter von 43 Jahren bestritt er im April 2007 sein letztes Spiel für Saarbrücken – eine 0:3-Niederlage in Kassel. Heute ist Peter Eich Schreiner in Diensten der Stadt Mannheim und lebt ein bodenständiges Leben. Niemand kann ihm aber nehmen, dass er gegen viele Widerstände nicht nur doch noch Fußballprofi wurde, sondern auch vom verhassten Homburger zur blau-schwarzen Mauer.

79. GRUND

Weil El Idrissi uns Höhen und Tiefen des modernen Fußballs vor Augen führte

Der moderne Fußball, so klagt der Romantiker, bringe wenig Spieler hervor, die sich durch Loyalität und Integrität auszeichnen. Allen geht es nur um das Geld. Ehrlich gesagt stimmt das. Auf viele Spieler trifft der Begriff »Söldner« zu, nicht im negativen Sinne, sondern ganz nüchtern: Wanderarbeiter, die ihren Job machen. Das kann klappen. Oder aber tragische Geschichten hervorbringen.

Mustapha Faysal El Idrissi, 1977 als Kind eines Marokkaners und einer Spanierin in Lille geboren, wechselte nach seiner Ausbildung beim lokalen OSC Lille munter zwischen den Zweit- und Drittligisten Europas hin und her, bevor er im Sommer 2003 als Testspieler für den 1. FC Saarbrücken auflief. Bei seinen vergangenen Vereinen vermochte er nie dauerhaft mit dem Team und dem Umfeld warm zu werden. In Saarbrücken überzeugte er zumindest im Testkick und bekam einen Vertrag beim ambitionierten Drittligisten – was nur den wenigsten Spielern auf Probe gelingt. Horst Ehrmantraut stellte El Idrissi als variablen Spielmacher hinter den Spitzen (und mal auf den Flügeln) auf und wurde nicht enttäuscht. Schon beim zweiten Spiel, dem 5:1 über den VfR Aalen, erzielte El Idrissi zwei Treffer. Gegen Eschborn ein noch größerer Streich: Erst erzielte er per Freistoß einen Treffer, den der Schiedsrichter nicht gab, weil es nur ein zur indirekten Ausführung freigegebener Ball war. Einige Minuten darauf dann ein direkter Freistoß von der gleichen Position – El Idrissi hämmerte den Ball unhaltbar ins Netz.

Dass El Idrissi Zauberfußball zeigte, lag auch an der guten Beziehung zu Horst Ehrmantraut und Co-Trainer Rainer Derber. Als der Verein Ehrmantraut gegen Eugen Hach austauschte, wäre El Idrissi am liebsten zu Bundesligist Hannover 96 gewechselt, da er mit dem hemdsärmeligen Pfälzer nicht zurechtkam – doch der FCS wollte nicht den wichtigsten Spieler ziehen lassen. Irgendwann kam Ehrmantraut zurück, und El Idrissi lief wieder zu Hochform auf.

Das Vertrauen zahlten Verein und Trainer mit einem Vertrag bis 2008 und der Kapitänsbinde zurück. El Idrissi nahm danken an und spielte sich in der Zweitligahinrunde 2004 bis ins Blickfeld des *Kicker*-Sportmagazins als einer der besten offensiven Mittelfeldspieler.

Doch danach begann der Abstieg. Nach dem erfolgreichen Klassenerhalt im Sommer 2005 schickte El Idrissi dem Verein aus dem Urlaub seine Kündigung. Er blieb zwar vorerst beim FCS, bekam aber die Freigabe für andere Vereine und verlor das Kapitänsamt. Sogar sein einstiger Förderer Ehrmantraut suspendierte El Idrissi nach lustlosen Leistungen und internen Streitigkeiten kurzzeitig. Unter dem neuen Trainer Rudi Bommer machte El Idrissi dann nur noch zwei Spiele in der 2. Bundesliga. Aus dem einstigen Fanliebling war »El Verpissi« geworden – die Diva, die zu früh zu hoch gehandelt wurde.

Im Trainingslager im Januar 2006 war das Kapitel FCS für den Marokkaner beendet. Zur Überraschung seines Trainers verkündete er vor versammelter Mannschaft am Essenstisch die Leihe zu Al Nasr, einem Klub aus Dubai. Auch dort sollte er nur ein halbes Jahr bleiben und später erneut als kurzer Gast in diversen europäischen Mannschaften, darunter auch kurz bei der SV Elversberg, für einen Moment glänzen, um dann festzustellen, dass er nicht in die Mannschaft passt.

Die Geschichte des Faysal El Idrissi ist die eines modernen Fußballers, der vergaß, dass in einem Mannschaftssport der Einzelne zwar Star werden, aber dies nie alleine bleiben kann. Es ist eine Geschichte, die ein tragisches Ende nahm. 2012 wurde er in Dubai für die Beteiligung an einem Überfall auf eine Wechselstube verhaftet und zu einer mehrjährigen Haftstrafe verurteilt.

80. GRUND

Weil Tai Diane im dritten Anlauf FCS-Legende wurde

Es geht aber auch anders herum: Vom verspotteten Ballverstolperer und Buhmann hin zu einer wahren Vereinslegende. Und es gibt keinen, der diesen Werdegang besser verkörpert als Taifour Diane.

Der Guineer ging zu Beginn der 1990er über den großen Teich nach New York. Beim Kicken im Park entdeckte ihn ein Jamaikaner, kurze Zeit später spielte Diane für die Colorado Foxes und gewann erste Titel in den USA.[66] »Schneeflöckchen«, wie Taifour genannt wurde, spielte sich dort in das Rampenlicht von Bayer 04 Leverkusen, kam aber nicht über die Reservistenrolle hinaus. Der 1. FC Saarbrücken verpflichtete ihn 1995 erstmals, aber dort blieb er blass. Nach einem Intermezzo in Mönchengladbach zog es ihn zum FC 08 Homburg, wo er in der Regionalliga groß auftrumpfte und zum besten Torjäger der Grün-Weißen avancierte. Als er im Zuge der Kooperation zwischen FCH und FCS ein zweites Mal in die Landeshauptstadt wechseln musste, kam er nicht richtig in Tritt und enttäuschte trotz neun Toren in 30 Spielen.

Diane zog weiter zu Alemannia Aachen. Beim Zweitligisten blühte er unter Trainer Eugen Hach auf, schoss mit einem Tor des Monats die Alemannen zum Derby-Sieg über Gladbach. Doch 2002 kam nach einem Autounfall der Absturz, und plötzlich war der Stürmer ohne Vertrag und dauerverletzt.

In der Winterpause 2003/2004 war der einstige Förderer Eugen Hach nun FCS-Trainer und gab dem ehemaligen Schützling seine inzwischen dritte Chance in Blau-Schwarz. Die Fans schüttelten den Kopf über den Neuzugang von Trainers Gnaden, der nur im Saarlandpokal traf und in der Liga eher Kurzarbeiter, meist im Mittelfeld und nicht im Sturm, war. Doch überraschenderweise blieb Diane unter Ehrmantraut und nach dem Aufstieg in die 2. Bundesliga weiter im Team – wurde aber zur zweiten Mannschaft abkommandiert.

In der Oberliga bewährte sich Diane, sodass Ehrmantraut ihn nach dem schlechten Start in die 2. Liga gegen Eintracht Frankfurt auf die Bank setzte. Zur Halbzeit kam Diane auf das Feld und steuerte die Treffer zum 2:0 und 3:0 bei. Der Stürmer, den die Fans noch bei der Saisoneröffnung im Sportfeld ausgepfiffen hatten, war nun der King vom Ludwigspark. Auch den 1. FC Köln schoss Diane ab und war damit beim dritten Anlauf endlich akzeptiert.

Dianes Treffer waren wichtig für den Klassenerhalt, aber in der Folgesaison blieb der mittlerweile 33-Jährige zu oft verletzt. Seine letzten beiden Treffer für den FCS schoss er 2007 in der Regionalliga gegen die Stuttgarter Kickers. Anschließend machte er noch eine kleine Saarlandtour und ließ die Karriere in Elversberg, Neunkirchen und bei der Zweiten des FC Homburg ausklingen.

Doch hier endet der Weg des ehemals gehassten Stürmers nicht. Diane wechselte ins Trainerfach und war nach kurzen Engagements in St. Ingbert und beim FCH (zeitweise als Cheftrainer) ab 2012 fester Bestandteil des Trainerteams der Frauenmannschaft des 1. FC Saarbrücken – und gleichzeitig Chauffeur von FCS-Mäzen Hartmut Ostermann. 2015 rückte er unter Trainer Falko Götz als Co-Trainer in den Stab der Herrenmannschaft auf und wurde im März 2016 der erste schwarze Cheftrainer der Molschder. Ein schöner und passender Werdegang für eine Vereinslegende über Umwege – und bestimmt nicht die letzte Funktion, in der wir Tai beim FCS sehen werden.

81. GRUND

Weil wir das glamouröseste Altersheim im Fußball sind

Mein lieber 1. FC Saarbrücken, ich möchte mich als Fan bei dir entschuldigen: Es tut mir leid, wie ich manchmal mit dir umgehe! Dass du in den Medien zuweilen den Beinamen »FC Bayern der Regionalliga« verpasst bekommst, liegt auch ein wenig in meiner Verantwortung (auch wenn es in deiner Verantwortung läge, mal Fußball zu zeigen, der diesem Namen gerecht würde!). Insgeheim bist du für mich immer noch der Bundesligist, der mal Bayern 6:1 besiegt hat! Also erwarte ich auch ein klein wenig Glamour von dir!

So bin ich damals als zwölfjähriger Fan, dessen größtes Heiligtum das T-Shirt mit Autogrammen der Spieler war, begeistert aufgesprungen, als der Verein die Verpflichtung von zwei Bundesliga-Stars verkündete: Jonathan Akpoborie und Sven Scheuer. Akpoborie, ein Rückkehrer, der seine Karriere bei uns im Saarland begonnen hatte und nun nach Toren für Stuttgart und Wolfsburg in der Bundesliga endlich seinen Verein in die Erstklassigkeit schießen würde! Scheuer, der über Jahre den großen Oliver Kahn vertreten durfte, wenn es sein musste, und nun als Stammtorwart durchstarten würde! Dass der eine nur aufgrund der Verwicklungen um ein Sklavenschiff Wolfsburg verlassen musste und der andere aufgrund einer Schlägerei bei München auf dem Abstellgleis landete, übersah ich in kindlicher Naivität. Unter dem Weihnachtsbaum lag dann ein Sven-Scheuer-Trikot – mein neuer ganzer Stolz. Akpoborie machte als einer der Teuersten vier Spiele und war danach Dauerinvalide, Scheuer kam ebenfalls stets verletzt auf sechs Spiele. Das Trikot landete Jahre später auf eBay.

Mein FCS, verzeihe mir, dass ich im Leichtsinn immer wieder Großes will! Aber andererseits war das schon toll, als du mir 2005 in der Sommerpause einfach einen Mustapha Hadji aus dem Hut gezaubert hast. Hadji! Der Marokkaner, der beim AS Nancy seine Weltkarriere startete, bei der Weltmeisterschaft 1998 zauberte und danach nach England und Spanien ging, hielt sich gerade in Creutzwald auf, direkt an der deutsch-französischen Grenze. Man bat ihn, zum FCS zu kommen, und er kam. Man bat ihn dann, nicht mehr im Ferrari (ein Geschenk des marokkanischen Königs für Hadjis Leistungen) zum Training zu kommen, weil dies überheblich wirke, und er kam im Mercedes. Er schoss in 54 Spielen zehn Tore, erlebte zwei denkwürdige Abstiege in Folge mit und machte vor allem im Oberliga-Jahr mit Kabinettstückchen wie dem »Rettungsfallrückzieher an der eigenen Eckfahne« oder der »Roten Karte in der Schlussminute in Pirmasens« aufkommende Kritik an seinem Wert auf dem Platz doch mit Effenberg-Aktionen wett. Was sind schon zwei Abstiege, wenn sie wenigstens mit Stil begangen werden?

Tut mir leid da bin ich gerade wieder in den berüchtigten Sa(arkasmus verfallen. Eigentlich sind wir ja nicht der Altstars wegen abgestiegen, sondern weil wir alle etwas zu doof für den Klassenerhalt waren. So ein wenig Glamour schadet ja auch nicht – aber ich verspreche dir, dass ich in Zukunft etwas zurückhaltender reagiere, wenn du mir den nächsten Ex-Weltstar präsentierst. Wenn du Möchtegern-FC Bayern mir versprichst, auch ganz genau hinzugucken, ob der Torschützenkönig von vor 20 Jahren auch noch geradeaus laufen kann.

82. GRUND

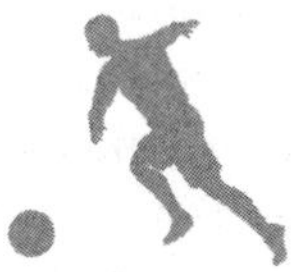

Weil die Saison 2006/2007 Pleiten, Pech und Philippe bot

Wenn es unter den nicht wenigen Chaos-Spielzeiten des 1. FC Saarbrücken eine gibt, die aufgrund ihrer absoluten Unverständlichkeit eine besondere Erwähnung verdient, so muss die Regionalliga-Saison 2006/2007 genannt werden. Ein einziges Missverständnis, das aus heutiger Sicht fast zu kurios ist, um aus den Köpfen verdrängt zu werden. Obwohl man das als FCS-Fan durchaus möchte.

Frisch aus der 2. Bundesliga abgestiegen, begann die Saison mit einem Paukenschlag. Als neuen Trainer präsentierte das Präsidium Michael Henke, seines Zeichens ehemaliger Co-Trainer des legendären Ottmar Hitzfeld. Das an sich hätte bei den Fans gut ankommen müssen, aber man übersah wohl an irgendeiner Stelle, dass dieser im Jahr zuvor beim Erzrivalen 1. FC Kaiserslautern tätig war und den Abstieg der Roten Teufel aus der Bundesliga einleitete. Was insgesamt auch vermutlich Henkes größte Leistung im Dienste des FCS war.

Eigentlich startete die Saison formidabel mit einem 3:0 beim Aufsteiger Ingolstadt. Doch während die Fans zum ersten Heimspiel per Plakat »Die Liga zu Gast beim Meister« grüßten, entpuppte sich der vermeintliche FC Bayern der Liga als Rohrkrepierer. Co-Trainer Manfred Rauscher legte sich mit Altstar Mustapha Hadji an und verließ den Verein früh, für ihn wurde der Franzose Didier Philippe neuer Assistent – auch um die »French Connection« der Spieler zu beruhigen. Henke blamierte sich, als er zum Unverständnis vieler den Vertrag des schon als Flop eingestuften Marcel Mahouvé verlängerte – angeblich überzeugte Henke ein Video von Mahouvés Fähigkeiten (»Er wird uns weiterhelfen.«). Mahouvé spielte noch genau sechs Minuten für den FCS, als dessen Stammspieler er sich wohl gesehen hatte. Er musste den Verein doch wieder verlassen.

Nach viel Fanprotest und sportlicher Ebbe wurde Henke freigestellt, aber in FCS-typischer Art gleichzeitig zum »Sportdirektor« befördert. Sein Co-Trainer Philippe übernahm das Ruder, und sportlich schien die Mannschaft nun wieder auf Kurs. Für den langsamen Altstar Marco Gebhardt und die launische Diva Sven Lintjens kamen nun mal junge Spieler zum Zug. Doch dann geschah Gresaubach. Im Saarlandpokal gastierte der FCS beim Verbandsligisten und ließ die zweite Garde ran. Es sah lange nach einem bemühten 1:0-Arbeitssieg aus, doch Stürmer Nazif

Hajdarović stoppte in der 84. Minute den Ball mit der Hand im eigenen Strafraum – Rot und der Ausgleich für Gresaubach per Handelfmeter. In der Verlängerung verabschiedete sich auch Torsten Reuter mit der Ampelkarte vorzeitig und José Luiz Ortiz vergab den entscheidenden Elfmeter. Als wäre die Blamage nicht genug gewesen, legte der 1. FC Saarbrücken beim Verband Protest gegen die Spielwertung ein: Das Flutlicht sei zu dunkel und die Sicherheit nicht gewährleistet gewesen (es standen vor allem FCS-Fans auf dem Platz). Nachdem das Saarland einmal laut lachte, wurde der Protest doch zurückgezogen.

Die größte Blamage sollte aber noch folgen. Mit einem Kader, der eigentlich für den Aufstieg reichen sollte, wusste Philippe als Trainer weniger anzufangen als mit der Floskelhaftigkeit der deutschen Fußballersprache. »Hoffentlich wissen die Spieler, wo Elversberg liegt. Wir müssen jetzt über die Emotionen ins Spiel kommen« und »Wir müssen jetzt Gras fressen« hatten dann aber nicht den gewünschten Motivationseffekt. Nachdem man eine Saison lang nicht auf einem Abstiegsplatz stand, rutschte man dann sogar am letzten Spieltag noch auf einen. Das muss man auch erst mal schaffen.

83. GRUND

Weil Enver Marina der verrückteste Torwart des FCS war

Torhüter und Linksverteidiger gelten als die verrücktesten Gesellen auf dem Platz. Beim 1. FC Saarbrücken gab es nur selten einen anständigen Linksverteidiger, aber dafür einen der irrwitzigsten Schlussmänner des Südwestens. Die Rede ist von Enver Marina.

Der talentierte Kosovo-Albaner wurde Anfang der 2000er entdeckt und sollte eigentlich für die SV Elversberg auflaufen – es kam aber dann doch nicht zustande, und er schloss sich dem SV Niederauerbach an. 2004 wechselte er zum FC Kutzhof, der erst unter Neale Marmon, dann Dieter Ferner und einer Menge Kohle im Hintergrund den Aufstieg von der Verbands- in die Oberliga anpeilen sollte. 2004/2005 parierte Marina im Endspiel um den Saarlandpokal gegen den 1. FC Saarbrücken II fünf Elfmeter und wurde zum Matchwinner. Im Folgejahr stieg er mit den Kutzhofern auf und wurde zum besten Torhüter der Verbandsliga – trotz vieler kurioser Ausflüge aus dem Tor, die ihm auch den Spitznamen »Bruder Leichtfuß« einbrachten. Da vor dem Oberliga-Start 2006 der Sponsor nicht mehr liquide war, musste Marina einen neuen Verein suchen. Er wurde dritter Torhüter des FCS und kam vor allem in der Oberliga bei der Zweiten zum Einsatz.

In der Oberliga machte Marina seine Sache ordentlich und kam so nach Verletzungen von Oldie Peter Eich und Kronprinz Marc Birkenbach zu einem Einsatz bei den Profis – ausgerechnet im DFB-Pokal gegen Mainz 05 mit Jürgen Klopp erfolgte die Feuertaufe. Doch Marina spielte mit der Souveränität eines Profis und fing die Bälle, als wäre Mainz auch nur ein Verbandsligist. Der FCS gewann mit 1:0. Überhäuft mit Lob, leistete sich Marina zwei Spiele danach einen Patzer, der es bis in die ProSieben-Sendung *TV Total* schaffte: In Stuttgart stand er zu weit vor dem Tor und krabbelte nach einem verpatzten Rückpass dem Ball nach – vergeblich, Mirnes Mešić dribbelte vorbei und schoss ein.

Als die Saison mit Abstieg endete und Eich die Karriere beendete und Birkenbach wechselte, hätten viele Fans gerne weiter Marina im Tor gesehen, doch Manager Wolfgang Loos schickte ihn weg. Nach einem Jahr in Neunkirchen kam Marina 2008 unter Dieter Ferner zurück zum FCS und war unumstrittene Nummer eins im Saarbrücker Tor, verpasste allerdings die Rückrunde verletzt. In der Saison 2009/2010 stieg er am 11. Spieltag wieder zwischen die Pfosten und erlebte den Aufstieg in die 3. Liga mit. Im ersten Jahr sollte er eine kleine Verletzungspause haben, aber in 31 Spielen auf dem Platz stehen. In der Saison 2011/2012 verpasste Marina dann keine Minute und war oft Rückhalt seines Vereins dank starker Reflexe und modernen Torwartspiels. Aber auch seine kleinen Patzer nahmen zu, und Kritik wurde laut.

Die Saison 2012/2013 startete mäßig für den 1. FC Saarbrücken, und viele Fans kritisierten nun den einstigen Aufstiegshelden Marina und Trainer Lugingers langes Festhalten an ihm. Beim Auswärtsspiel bei Dortmund II stand er mächtig unter Druck und zeigte dann wieder einmal die Essenz seines wahnsinnigen Torwartspiels – erst parierte er einen Strafstoß, um zwei Minuten später einen haltbaren Schuss durchzulassen. Drei Spieltage später wurde er aussortiert und bekam immerhin am vorletzten Spieltag die Ehre, ein letztes Mal im Ludwigspark aufzulaufen. Er war nicht der beste Torhüter des FCS, aber sicher einer der unterhaltsamsten und obendrein Identifikationsfigur für die Fans. Nach kurzer Rückkehr nach Neunkirchen und Zweibrücken lässt Marina die Karriere beim FV Diefflen ausklingen.

84. GRUND

Weil »Iron Mike« Frantz den harten Weg gegangen ist

Es gibt sie nicht mehr, die Rohes, die Trasers, die Schmitts und Martins. Mit Wehmut blicken die Fans auf die Zeit zurück, in der Fußballer Vereine nicht wechselten wie ihre Unterwäsche, sondern als »eschde Molschder Buuwe« den größten Teil ihrer Karriere im blau-schwarzen Trikot verbrachten. Aber dafür gibt es andere Spieler, die auf ihre Weise zur Vereinsikone werden können.

Mike Frantz verwechseln selbst Kenner des Fußballs aufgrund der gleich klingenden Namen mit dem Abwehr-Eisenbein Maik Franz. Während der eine den Ruf des harten Grätschers genießt, wuchs der Saarbrücker Frantz in einer der härtesten Gegenden der Landeshauptstadt auf: der Folsterhöhe, von Saarbrückern nur

»Folschda« genannt und in den Medien öfter mal als »Problemviertel« bekannt. Zwischen den hohen Betonklötzen lernte Frantz das Kicken und schloss sich in der Jugend der DJK Folsterhöhe und dem AFC Saarbrücken an. Mit fast 14 Jahren wechselte er in die Jugendabteilung des 1. FC Saarbrücken. Dort gehörte er zwar zu den Leistungsträgern, aber seine Trainer waren nicht davon überzeugt, dass er im Aktivenbereich groß durchstarten würde. 2004 wechselte Frantz in die A-Jugend des Oberligisten Borussia Neunkirchen. Es deutete für den gelernten Maler und Lackierer nun vieles auf den zukünftigen Feierabendprofi im Amateurbereich des Südwestfußballs hin. Doch es kam dann plötzlich ganz anders.

In Neunkirchen waren die Verantwortlichen anderer Meinung und beförderten den laufstarken Blondschopf nach nicht einmal einem halben Jahr in der A-Jugend direkt nach oben in die Oberliga-Mannschaft. Er feierte sein Debüt gegen den SC Hauenstein am 30.10.2004 direkt mit einem Treffer. Nach erfolgreichen anderthalb Jahren im Ellenfeld klopfte der FCS wieder an.

Der 1. FC Saarbrücken war frisch aus der 2. Bundesliga abgestiegen. Und Mike Frantz zwar im Sichtweite des Regionalligakaders, aber doch vorerst nur Stammspieler der zweiten Mannschaft. Doch Frantz machte auf sich aufmerksam und wurde von Michael Henke in die erste Elf befördert. Die ersten Schritte des Jungen von der »Folschda« bei seinem Stammverein verliefen desaströs. Er kam nur zu Kurzeinsätzen und sollte im Saarlandpokal in Gresaubach endlich mal die Chance erhalten, sich zu beweisen. Der FCS blamierte sich bis auf die Knochen, Frantz musste wieder runter zur zweiten Mannschaft. In der Endphase der Saison schuftete sich Frantz wieder hoch, wurde Stammspieler und erzielte seine beiden ersten Treffer in der Regionalliga. Den Abstieg konnte er aber nicht verhindern.

Nun wieder Oberliga, dieses Mal mit der ersten Mannschaft des FCS. Schnell sollte sich Frantz an die Situation gewöhnen und mit erst 20 Jahren den Leitwolf für einen krisengeschüttelten Verein geben. Zwölf Treffer in 27 Spielen für den FCS erzielte Frantz, darunter den Siegtreffer im Derby in Trier – von der Mittellinie! Anschließend stimmte Frantz, der auch immer Fan des FCS geblieben war, auf dem Zaun die »Humba« an und teilte kräftig gegen die Konkurrenz aus Homburg und Trier aus. Einige Homburger petzten beim Verband, Frantz wurde zu einer Geldstrafe verurteilt, doch die Kurve legte für ihn die Euros in den Hut. Eine Identifikationsfigur für Fans, die auch mal nach Spielende in T-Shirts der Fanszene für die Unterstützung dankte.

Verletzungen warfen Frantz 2007/2008 jedoch zurück, und beim FCS fehlte der letzte Wille für den Wiederaufstieg. Etwas vergrämt waren die Fans ob des Abschieds ohne wirkliches Erfolgserlebnis von Frantz. Immerhin: Als langjähriger Bundesliga- und Zweitligaspieler macht der gebürtige Saarbrücker unserem Verein alle Ehre, auch wenn er mal ein Nürnberger oder Freiburger Trikot trägt!

85. GRUND

Weil unsere Frauenmannschaft Weltklasse war

Die Mitte der 2000er dürfte für viele FCS-Fans ein Tiefpunkt in ihrer Fankarriere sein, ein Moment, in dem der Sturz in die sportliche Bedeutungslosigkeit für viele den Sinn der Fanliebe infrage stellte. Dabei verpassten viele das Fußballmärchen, das sich in einem anderen Stadtteil von Saarbrücken abspielte.

Die Geschichte des Frauenfußballs beim 1. FC Saarbrücken begann mit dem Ende des Frauenfußballs beim VfR Saarbrücken im Jahre 1997. Die Abteilung des Bundesligisten wechselte zum FCS, fortan trat die Mannschaft in blau-schwarzen Trikots an. Sportlich lief es eher mäßig, 2001 hielt man aufgrund von Lizenzproblemen anderer Vereine die Klasse, 2002 ging es dann runter in die Zweitklassigkeit. Dem direkten Wiederaufstieg 2003 folgte der sofortige

Abstieg, und der Saarbrücker Frauenfußball hatte seinen Ruf weg: Fahrstuhlmannschaft. Entsprechend beachteten viele Fans das Geschehen um den Kieselhumes, wo meist Heimspiele der FCS-Frauen stattfanden, nicht.

In der neuen 2. Bundesliga Süd blieb der FCS unter den Spitzenvereinen und war 2006/2007 auf einmal außergewöhnlich stark. Die Frauen wurden souverän Meister der Liga, bei nur einer Niederlage, und kamen im DFB-Pokal bis ins Halbfinale. Möglich machten es Spielerinnen wie Nadine Keßler, die mit 27 Treffern die Torjägerkanone gewann, Lisa Schwab, die mit 20 Toren dem in nichts nachstand, und Josephine Henning, die in der Abwehr absicherte. Das Besondere: Kaum eine Spielerin war zu diesem Zeitpunkt älter als 20 Jahre. Eine goldene Generation künftiger Nationalspielerinnen, mitten in Saarbrücken.

Im Folgejahr gab es Tränen der Freude, aber auch Tränen des erneuten Abschieds von der Bundesliga. Das Verletzungspech und die fehlende Erfahrung der Rohdiamanten machten sich bemerkbar, und punktgleich mit dem HSV (der seine Frauenmannschaft Jahre später aus Kostengründen aus der 1. Liga zurückzog) stieg man aufgrund der schlechteren Tordifferenz ab. Im DFB-Pokal hingegen zog man ins Endspiel ein und bot dem 1. FFC Frankfurt die Stirn. Man ging in Führung, Romina Holz parierte sogar einen Elfmeter, aber am Ende siegten die Starspielerinnen vom Main, 1:5 aus saarländischer Sicht.

Die Saison 2008/2009 sollte zum Schicksalsjahr der FCS-Frauen werden. Zwar blieben die Starspielerinnen Selina Wagner, Nadine Keßler und Dzsenifer Marozsán (die bereits mit 15 Jahren ihr Bundesligadebüt feierte) dem FCS treu, aber der Saarbrücker Frauenfußball wurde teuer, und bei den Herren lechzte man nach Geld für den Kraftakt »Rückkehr in den Profifußball«. Die Saison endete mit der Meisterschaft in der 2. Bundesliga Süd und vielen Abgängen.

Auch wenn sich der Frauenfußball in Saarbrücken heute im Mittelfeld der 2. Liga eingependelt hat, sind seine Nachwirkungen im deutschen Fußball noch länger zu sehen. Nadine Keßler und Josephine Henning gewannen für Potsdam und Wolfsburg insgesamt dreimal die Champions League, wurden mehrfach Deutsche Meisterin und mit der Nationalelf 2013 in Schweden Europameisterinnen. Keßler durfte 2014 die höchste Einzelauszeichnung im Fußball in Empfang nehmen: den FIFA Ballon d'Or für die beste Spielerin. Auch Marozsán, die nach diversen Titeln bei den DFB-Juniorinnen zum Triumph in Schweden beitragen durfte, wird noch einige Jahre auf internationaler Ebene an die starken Frauen von der Saar erinnern.

KAPITEL 9

DAS BESTE VOM BESTEN

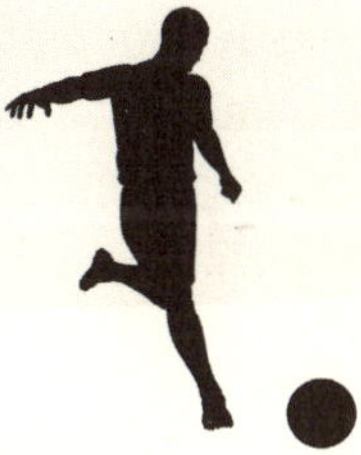

86. GRUND

Weil wir die schönsten Tore schießen

Der wichtigste Einzelmoment des Fußballerdaseins ist das Tor. Nichts ist schöner als der Moment, in dem der Ball die Linie überquert. Hier eine – natürlich ganz subjektive – Auflistung der schönsten Treffer.

Platz 10: Michael Blättel, FCS – Bielefeld, Saison 1984/85, 1:0.

Im Relegationshinspiel 1985 gegen Arminia Bielefeld nahm Michael Blättel den stramm geschlagenen Flankenball mit seiner eisenharten Stirn aus vollem Lauf und köpfte ein zum 1:0. Ein formschönes Tor mit historischem Wert: Es war das erste Tor eines Saarbrücker Spielers, das von den Zuschauern der *ARD-Sportschau* zum Tor des Monats gekürt wurde.

Platz 9: Faysal El Idrissi, ZFCS – Eschborn, Saison 2003/2004, 2:0.

Als El Idrissi gegen den 1. FC Eschborn den Ball per Freistoß ins Tor hämmerte und schon jubelte, pfiff ihn der Schiedsrichter zurück – indirekter Freistoß! Später durfte El Idrissi dann direkt ran, aus gleicher Position, und verwandelte kaltschnäuzig und ließ den Torwart dumm aus der Wäsche schauen. Zwei Treffer – ein Tor.

Platz 8: Jonathan Jäger, Siegen – FCS, Saison 2005/2006, 0:4

Bei Jägers erstem Spiel für den FCS im Frühjahr 2006 spielte er auf dem schneebedeckten Rasen des Leimbachstadions in Siegen. Als der Torhüter der Sportfreunde, Adnan Masić, zu weit vor seinem Kasten stand, lupfte der französische Tor-Jäger den Ball in hohem Bogen ins Netz.

Platz 7: Manfred Bender,
FCS – Hannover, Saison 2000/2001, 2:1

Ein Kunststück von Manni Bender, der aus unmöglichem Winkel in der Schlussminute im Heimspiel gegen Hannover 96 von der rechten Seite den Ball mit den berühmten silbernen Schuhen ins Netz haute. Keiner drehte den Ball schöner als er unter Toppmöller.

Platz 6: Martin Molz, FCS – Trier, Saison 1999/2000, 1:1

Er glänzte nicht oft für den FCS, aber unvergessen bleibt Molz, weil sein Ausgleich in letzter Minute mit einem wuchtigen Kracher aus mittlerer Distanz gegen Eintracht Trier das Derby auf den Kopf stellte und in der Aufstiegssaison 1999/2000 ein emotionales Highlight darstellte. Hutwelker machte sogar noch den Sieg klar.

Platz 5: Christian Eggert,
Bielefeld – FCS, Saison 2011/2012, 0:3

Das fünftschönste Tor durfte Christian »Kalle« Eggert beitragen. Im September 2011, in der vielleicht besten Phase unter Jürgen Luginger, wurde Bielefeld auf der Alm mit 4:0 überrannt. Das schönste Tor war dabei Eggerts 30-Meter-Hammer, der nach Doppelpass wie ein Strich ins Bielefelder Tor gezogen wurde.

Platz 4: Felix Luz, FCS – Freiburg II, Saison 2014/2015, 1:1

Der erste Fallrückzieher in dieser Liste. Felix Luz, frisch aus Elversberg gekommener Streithahn und rastloser Fußballer, verwandelte im eher müden Kick gegen den SC Freiburg II den Ball mit einer technischen Präzision und einer artistischen Perfektion.

Platz 3: Sascha Jusufi, Bielefeld – FCS, Saison 1984/1985, 1:1

Meine Nummer drei ist der Treffer, der für viele Fans, die in den 1980ern zum FCS gefunden haben, wohl auf dem ersten Platz stehen müsste. Die Rede ist natürlich von Sascha Jusufi und seinem Freistoß auf der Bielefelder Alm. Sein unhaltbar verwandelter Ball besiegelte den Aufstieg in die Bundesliga und versetzte eine Stadt in Freudentaumel.

Platz 2: Eric Wynalda,
FCS – Kaiserslautern, Saison 1992/1993, 1:0

Die Silbermedaille im »Schönschießen« geht an Eric Wynalda. Im Derby gegen den 1. FC Kaiserslautern in der Saison 1992/1993 kam nach 64 Minuten ein langer Ball auf Michael Krätzer, der per Kopf direkt das Leder perfekt für Wynalda auflegte, der intelligent über den herausstürmenden Torwart-Hulk Gerry Ehrmann lupfte.

Platz 1: Roland Stegmayer,
FCS – Bayern München, Saison 1976/1977, 1:0

Das schönste blau-schwarze Tor aller Zeiten gelang Roland Stegmayer. Wer vier Treffer gegen den FC Bayern München mit Weltmeistern wie Beckenbauer, Maier und Müller erzielt, ist schon eine verdammt coole Sau. Wer dann auch noch nach einer Ecke von Jovan Aćimović und einer Kopfballverlängerung per Fallrückzieher den Ball ins Tor haut, ist schlicht und ergreifend so cool, dass selbst Zlatan Ibrahimović vor Respekt den Hut ziehen würde!

87. GRUND

Weil wir die packendsten Siege erlebten

»Die Schlacht habt ihr gewonnen, aber den Krieg, den gewinnt ihr nicht!«, schreit das bekannte Zitat aus vielen Monumentalfilmen. Der einzelne Sieg ist auch im Fußball selten mehr wert als drei Punkte (früher zwei). Aber es gibt doch auch die Siege, die viel mehr bedeuten – weil sie eine Saison herumreißen, weil keiner mehr an sie geglaubt hat oder weil sie sich ins allgemeine Gedächtnis eingebrannt haben. Es folgen die fünf packendsten FCS-Triumphe.

Platz 5: Waldhof Mannheim – FCS, Saison 2000/2001

Im Mannheimer Carl-Benz-Stadion ging es für den 1. FC Saarbrücken in der Zweitligarückrunde nicht mehr um Auf- oder Abstieg, aber Waldhof Mannheim klopfte stark an das Tor zum Oberhaus. Fatmir Vata und Ervin Skela, Waldhofs Albanisches Doppel, sorgte bereits nach 33 Minuten für das 2:0, teils nach haarsträubenden Fehlern der Abwehr. Winterneuzugang Gernot Plassnegger nährte mit einem Anschlusstreffer die Hoffnung. In der 74. Minute grätschte Sambo Choji einen weiten Ball von Tiéku ins Tor, und in der Schlussminute durfte der Nigerianer noch den Konter zum 3:2 abschließen – Spiel gedreht und Mannheims Aufstiegsparty abgeblasen!

Platz 4: FCS – Bayern München, Saison 1976/1977

Nicht weil das Spiel vom Verlauf her packend gewesen wäre, ist das 6:1 über die Bayern in dieser Liste, sondern weil der Saisonverlauf für den FCS denkbar ungünstig war und wohl keiner der 35.000 Zuschauer im Ludwigspark für möglich gehalten hätte, dass die Blau-Schwarzen den Rot-Weißen eine derartige Lehrstunde erteilen würden.

Platz 3: Mönchengladbach – FCS, Saison 1992/1993

Am 13. Spieltag trat der FCS am Gladbacher Bökelberg an, wo noch Legenden wie Uwe Kamps und Martin Dahlin das weiße Dress trugen. Doch der FCS erlebte vor mehreren Tausend mitgereisten Molschdern einen prächtigen Tag. Eric Wynalda brachte die Gäste mit zwei Treffern zur 2:0-Pausenführung. Nach dem Seitenwechsel machten es beide Teams wieder spannend, und die Borussia verkürzte zweimal auf ein Tor Abstand. Doch am Ende gewann der FCS durch weitere Treffer von Juri Sawitschew, Wolfgang Schüler und »Balou« Kostner mit 5:2.

Platz 2: AC Mailand – FCS, Saison 1955/56

Der bis heute einzige Sieg des FCS im Europapokal der Landesmeister. Der FCS ging früh in Führung, musste dann aber gegen einen 1:3-Rückstand auf fremdem Rasen ankämpfen. Was ihm auch gelang: Waldemar Philippi verkürzte vor der Pause den Abstand, Karl Schirra und Herbert Martin besiegelten ein kleines saarländisches Fußballwunder, das leider nicht im Rückspiel wiederholt werden konnte.

Platz 1: FCS – FCK, Saison 1955/1956

Den ersten Platz teilen sich zwei Spiele, eines davon ist ein (gefühlter) Sieg, aber tatsächlich doch ein Remis: Die Aufeinandertreffen mit dem 1. FC Kaiserslautern im Südwestdeutschen Pokal. Am Silvestertag kam es zum legendären 7:7 zwischen den Erzrivalen. Der FCS drehte ein 2:4 zu einem 6:4, kassierte den Ausgleich, lag in der Verlängerung zurück und glich noch einmal aus. Als der FCK dann per Losentscheid eigentlich gewann, war das eher unbefriedigend für die Gentlemen-Fußballer beider Teams. Also traf man sich zum 1. Februar 1956 erneut. Diesmal war es nicht weniger spannend: Peter Krieger traf zur FCS-Führung, die Roten Teufel glichen aus, Herbert Martin besorgte die erneute Führung, aber der FCK drehte nun das Spiel und lag 25 Minuten vor dem Ende in Front. Doch die Blau-Schwarzen legten den Schalter um und gewannen mit 4:3. Zwei Spiele und 21 Tore – der pure Wahnsinn!

88. GRUND

Weil wir die schlimmsten Niederlagen überstanden haben

Die Niederlage gehört zum Fußball wie der Sieg. Die schlimmsten davon hat der 1. FC Saarbrücken erlebt, aber zum Glück auch überlebt.

Platz 5: Wiesbach – FCS, Saison 2014/2015

Manchmal kommt alles zusammen – eine Saison mit dem absoluten Zwang zum Aufstieg, ein Verein, der schon über den Durchmarsch in die 2. Bundesliga redet, aber dann an einem fünftklassigen Verein scheitert. Auch dank tatkräftiger Unterstützung zweier mehr als umstrittener Strafstöße für die Hausherren. Nicht nur die Blamage gegen den Außenseiter, sondern auch die Art und Weise des Ausscheidens tat hier weh. 2:1 für Wiesbach nach Verlängerung.

Platz 4: Unterhaching – FCS, Saison 2001/2002

Die höchste Niederlage in der 2. Bundesliga für den FCS war nicht nur Tiefpunkt einer rabenschwarzen Saison, sondern auch ein besonderer Tag für Christoph Büchel. Als sich Peter Eich beim Stande von 1:0 für die Hachinger verletzte, musste die etatmäßige Nummer drei zwischen die Pfosten. Es folgte Büchels einziger Einsatz in der 2. Liga mit einem Wert, der jedem Torhüter Albträume bereitet. Sieben Gegentreffer in 75 Minuten, Endstand 8:0 für die bayrische Mannschaft.

Platz 3: VfB Stuttgart – FCS, Saison 1951/1952

Nie war der FCS näher am Traum einer jeden Mannschaft dran. Im Endspiel um die Deutsche Fußballmeisterschaft reiste man nach Ludwigshafen und musste gegen den VfB Stuttgart bestehen. Gegen die Schwaben um Starstürmer Schlienz ging der FCS erst in Führung, geriet in Rückstand und glich zum 2:2 aus. Der Knock-out erfolgte 25 Minuten vor dem Abpfiff: Torwart Strempel verletzte sich und konnte nicht mehr weiterspielen. Da es noch keine Auswechslungen gab, war Verteidiger Puff gezwungen, zwischen die Pfosten zu gehen. In Unterzahl kassierte Saarbrücken den Endtreffer zum 2:3 – eine bittere Niederlage.

Platz 2: Stuttgart II – FCS, Saison 2006/2007

Was ist noch schlimmer als eine Endspielniederlage gegen den VfB Stuttgart? Die Niederlage gegen die Zweitvertretung, die über ein halbes Jahrzehnt später stattfand. Der FCS stand während der gesamten Regionalligasaison nie auf einem Abstiegsplatz, ein Punkt hätte schon zum Klassenerhalt ausgereicht und mit Mahir Saglik und Jonathan Jäger hatte man zwei der besten Torschützen der Liga im Kader. Ein Klassenerhalt der Kategorie »Ist doch nur eine Formalität!«. Denkste. Der FCS, in einer Schockstarre, lieferte die mieseste Leistung der Saison ab und ließ sich mit 0:2 in die Oberliga schießen.

Platz 1: FCS – Theley, Saison 1973/1974

Das Waterloo des 1. FC Saarbrücken. Bereits vor dem Spiel ließ man im Ludwigspark die Meisterschaft feiern und stellte sich auf einen bierseligen Kick gegen Feierabendfußballer aus dem Nordsaarland ein, die man in unglaublicher Arroganz gleich zum Mitfeiern einlud. Dabei übersahen die FCS-Verantwortlichen Werner Kaiser, der zuvor in Blau-Schwarz kickte und mit einer Menge Wut im Bauch für seinen neuen Verein Theley das 1:0 erzielte. Anschließend verteidigten die Theleyer mit Mann und Maus, der FCS fand keinen Weg zum Tor und musste zusehen, wie Neunkirchen vorbeizog und die Meisterschaft in der Regionalliga gewann. Der FCS zog die schwierigere Aufstiegsrunde für die Bundesliga, verpasste den Aufstieg, hatte aber nun auch in der sportlichen Qualifikation für die neue 2. Bundesliga zu wenige Punkte auf der Habenseite. Das alles löste die »Alsenborn-Affäre« aus.

89. GRUND

Weil wir die größten Trainer aller Zeiten hatten

Der Trainer oder auch manchmal weniger respektvoll »Übungsleiter« genannt, ist oft die ärmste Sau. In guten Zeiten jubeln die Fans den Spielern zu, in schlechten Zeiten fordern sie zuerst den Kopf, der sich am einfachsten vom Rumpf abschlagen lässt. Doch auch hier gibt es Ausnahmen, und so mancher Trainer hat sich – vollkommen zu Recht – in Saarbrücken gottgleichen Status erarbeitet.

Platz 5: Gustl Jordan.

Der gebürtige Linzer »Gustl« Jordan landete als Spieler 1933 in Paris, wurde Franzose, gewann Titel mit dem RC Paris und nahm für die Équipe Tricolore an der Weltmeisterschaft 1938 teil. Aus Gustav war »Auguste« geworden. Nach dem Karriereende übernahm er zunächst das Traineramt in Épinal, dann bei zwei Großen des französischen Fußballs: Red Star 93 und Olympique Marseille.

Nach diesen Anfängen wechselte der noch junge Trainer ins Saarland und erlebte dort einen seiner größten Erfolge. Er fand den 1. FC Saarbrücken dank seines ebenfalls österreichischen Vorgängers Ossi Müller in prächtiger Form vor. Er übernahm den FCS und parallel die saarländische Nationalmannschaft (bis 1952) und erreichte mit den Blau-Schwarzen die Deutsche Vizemeisterschaft.

Platz 4: Peter Neururer

Peter »Der Große« hat erst nach seinen Saarbrücker Tagen den Ruf als »Feuerwehrmann« oder »Retter in der Not« verpasst bekommen. Doch in Saarbrücken war der damals erst 36-jährige Trainerneuling noch mit anderen Ambitionen angetreten. Er scheute sich nicht vor unpopulären Entscheidungen, etwa Kapitän Hach zu rasieren. Er setzte vor allem auf Spieler, die woanders schon auf dem Abstellgleis standen. Der Lohn: der Aufstieg in die Bundesliga und ein halbes Jahr lang Favoriten ärgern – bis Querelen im Vorstand das Märchen beendeten.

Platz 3: Manfred Krafft

Für viele Fans ist der Rheinländer »Manni« Krafft der ungeschlagen beste Trainer aller Zeiten. Ihm gelang auch etwas, was danach nie mehr einem anderen Coach in Diensten des 1. FC Saarbrücken gelingen sollte: der Klassenerhalt in der Bundesliga. In der Tat war das auch alles andere als eine Formsache, denn die Blau-Schwarzen steckten zu Kraffts Amtsantritt tief im Tabellenkeller und hatten erst zwei Siege in zehn Spielen errungen. Bis in den Spätmärz sah es noch dunkel für den FCS aus, doch sensationelle Siege über Köln, Schalke, Hamburg und die Bayern besorgten das kleine Wunder von der Saar. Leider lief es in der darauffolgenden Saison nicht mehr so rund, und Krafft ging nach knapp anderthalb Jahren im Amt.

Platz 2: Dieter Ferner

Nur einmal kurz als Interimslösung Anfang der 90er war Dieter Ferner als Trainer des FCS aufgetreten, danach sollte er irgendwann als Trainer der Amateurmannschaft vor allem bei den Ultras zur Identifikationsfigur werden. Als der Verein 2008 nach verpasster Qualifikation für die Regionalliga am Boden lag, erwartete niemand mehr Großes vom FCS, und Ferner, der vorher in den Amateurgefilden trainierte, sollte neue Impulse an alter Wirkungsstätte setzen. Ferner marschierte durch die Oberliga Südwest und die Regionalliga West (Punkteschnitt: 2,21 in zwei Jahren) und war nur von Paragraphenreitern im Verband zu stoppen – ohne Fußballlehrerlizenz durfte er den FCS nicht weiter trainieren.

Platz 1: Uwe Klimaschefski

»Klima« auf dem ersten Platz? Vielleicht nicht unbedingt die Wahl, die alle Leser teilen würden, aber trotzdem: Auch wenn der Lockenkopf mit dem Hang zum Wahnsinn heute eher mit dem FC 08

Homburg in Verbindung gebracht wird, so hat er den FCS in den 80ern mit Ansage aus der Drittklassigkeit zurück in die Bundesliga geführt und nebenher fast noch den DFB-Pokal gewonnen, wäre da nicht ein einziger Fehler gegen Uerdingen gewesen. Wer Sprüche klopft, muss auch was auf dem Kasten haben. Und »Klima« hat das als Trainer definitiv unter Beweis gestellt.

90. GRUND

Weil unsere Fanclubs die besten Namen tragen

Das Vereinswesen treibt im Fußball sonderbare Blüten. Denn gründet sich irgendwo ein Fußballverein, erwirbt er irgendwann dieses Ding namens »Tradition«, das einige Vereine haben, andere gern hätten und manche wohl nie bekommen. Und gerade wo viel Tradition ist, gründen sich dann oft weitere Vereine – willkommen in der bunten Welt der Fanclubs. Die mit Abstand kreativsten Fanclubnamen[67] gibt es fraglos in Saarbrücken. Hier sind sie – natürlich sehr subjektiv, aufgelistet:

Platz 10: Ach ja.

Ein Name von ästhetischer Schlichtheit, der auch den steten Zweifel der echten Eff-Zeh-Fans wiedergibt. Ach ja, wir hätten gerne mehr über dich gewusst, Fanclub »Ach ja«!

Platz 9: Bermuda Dreieck.

Bei seiner Gründung 1991 hatte der Fanclub stolze 30 Mitglieder. Doch inzwischen ist auch das Bermuda Dreieck wieder auf mysteriöse Art und Weise verschwunden. Wie so viele Fanclubs aus erfolgreicheren Tagen.

Platz 8: Die Saardisten.

Es gibt viele gelungene und viele nicht so gelungene Wortspiele mit dem Namen »Saar«. Zur ersten Abteilung gehören die Saardisten, deren »Saardismus« leider nicht von Dauer gekrönt war, denn diesen Fanclub gibt es nicht mehr.

Platz 7: Graad-se-läts.

»Graad se läts« ist saarländisch für »Jetzt erst recht!«, und genau das dachten sich einige FCS-Fans nach dem bitteren Lizenzentzug 1995. Eine vorbildliche Einstellung, weswegen dieser Fanclub auch graad se läts unter den besten Fanclubnamen auftaucht.

Platz 6: Die Wildschweine e.V.

An diesem Fanclub hätte der Gallier Obelix seine helle Freude. Nicht nur, dass diese Wildschweine dem FCS seit 1994 die Daumen (oder Hufe?) drücken. Sie haben sogar einen stolzen, eingetragenen Verein vorzuweisen.

Platz 5: Bingofreunde Bostalsee.

Alliterationen sind an und für sich schon eine Freude für jeden Werbetexter. Die Mitglieder dieses ehemaligen Fanclubs mit großer Affinität zu Liverpool und Mönchengladbach trifft sich, unbestätigten Gerüchten nach, eher nicht zum Kegeln am Losheimer Stausee oder zum Scrabble am Burbacher Weiher.

Platz 4: hot water ultras.

Es verwundert wohl die wenigsten Leser, dass ein Konzert von »Hot Water Music« Stein des Anstoßes war für diesen aus einer Bierlaune (oder Heißwasserlaune?) heraus gegründeten Fanclub. Die Mitglieder fanden später in anderen Ultra-Gruppen ein neues Zuhause.

Platz 3: Saarbrücker BierWölfe.

Ein recht neuer Fanclub, der erst 2015 das Licht der Welt erblickte. Es gibt schon etliche Fanzusammenschlüsse mit allen möglichen Tiernamen, ob Krokodile, Haie oder natürlich Löwen. Aber es gibt nur einen Fanclub, der kurzerhand den »Bierwolf« erfand. Was auch immer das ist: Mut muss belohnt werden.

Platz 2: FCS Freunde Saarkasmus.

Auch wenn das Personal hinter dieser berüchtigten Zaunfahne zu Glanzzeiten nie den einstelligen Bereich verlassen hat, gratuliere ich an dieser Stelle einfach Saarkasmus-Rolf ganz ohne Ironie zum besten Wortspiel aller Zeiten mit dem Namen eines saarländischen Flusses!

Platz 1: Man gönnt sich ja sonst nichts.

Der Fanclub aus dem früheren »Uhl's Eck« hat mit seinem Namen das Motto eines jeden Besuches bei Spielen des FCS definiert. Dass auch dieser Fanclub nach dem Abstieg in die Regionalliga in den 1990ern gegründet wurde, dürfe niemanden wundern.

91. GRUND

Weil die beste Elf so nie gemeinsam auf dem Platz stand

Das beliebte Gedankenspiel der Traditionsfans heißt »Jahrhundertelf«. Oder beim 1. FC Saarbrücken schon »Jahrhundertundeinpaarjahremehrelf«. Jede dieser Zusammenstellungen ist nur ein Gedankenspiel – und vielleicht wird das nächste Mitglied der besten FCS-Mannschaft aller Zeiten gerade erst geboren. Bis dahin stehen auf dem Feld:

Im Tor Peter Eich, genannt »die Mauer«. Eich war in neun Jahren an zwei Aufstiegen beteiligt und durfte im dritten und vierten Frühling der Karriere noch mal alle Höhen und Tiefen im Fußball erleben.

Die Abwehrreihe besetzen zunächst zwei Rekordspieler. Erich Rohe, der bis heute mit 389 (oder noch mehr, siehe dazu Grund 33) Einsätzen den Rekord bei den Blau-Schwarzen hält, und Egon Schmitt, der bis in alle Ewigkeit Rekordamateurnationalspieler sein wird. Komplettiert wird das Abwehrbollwerk von Waldemar »Fips« Philippi, der auch gestandene Rote Teufel das Fürchten lehren kann und dem leider viel zu früh verstorbenen Master Echendu Adiele, der wie kein Zweiter beständig durch Regionalliga und 2. Bundesliga verteidigte.

Das Mittelfeld führt der saarländische Ausnahmespieler und DFB-Pokalgewinner Wolfgang Seel an, der über die linke Seite angreift. Im Zentrum wirbelt der Lockenkopf und spätere »Quälix« Felix Magath. Auf der rechten Außenbahn zaubert Werner Otto wie in den goldenen 50ern.

Im Sturm des 1. FC Saarbrücken herrscht ein Überangebot, aber damit aus der Not eine Tugend wird, spielt die beste Elf einfach mit drei Stürmern. In der Mitte wartet Anthony Yeboah auf die scharf reingeschlagenen Bälle, die er verwerten muss. Auf den Außen warten Herbert Martin und Herbert Binkert auf ihren Einsatz, der für den gegnerischen Torwart ungemütlich wird.

Auf der Bank sitzen Dieter Ferner in Personalunion als Ersatztorwart und Co-Trainer. Norbert Schlegel, der verhinderte Weltmeister, und Ernst Traser stehen für die Abwehr bereit. Im Mittelfeld wartet Eugen Hach, Fanidol und Kampfschwein der 80er, auf seinen Einsatz. Jean-Philippe Séchet nimmt neben ihm Platz und wird nach Einwechslung für viel Wirbel nach vorn sorgen – in der Regionalliga war er einer der wenigen Zauberer. In der Offensive darf sich der FCS Hoffnungen auf Joker Eric Wynalda machen oder aber den saarländischen Nigerianer Sambo Choji in die Aufstellung werfen.

Wer über die Mannschaft entscheidet? Am Ende natürlich kein Geringerer als Uwe Klimaschefski persönlich – ein Grund mehr für die Top-Elf, zu wahrer Höchstleistung aufzulaufen!

92. GRUND

Weil uns auch diese Flop-Elf aller Zeiten ans Herz gewachsen wäre

Bei einem Verein reich an Tradition kommt es hin und wieder mal vor, dass Spieler und Trainer nicht ganz den Ansprüchen der Fans, des Vorstands oder gar des eigenen Ehrgeizes gerecht werden. Und auch wer bei den Besten der Besten in diesem Kapitel vielleicht die Auflistung der schlechtesten Elf aller Zeiten unpassend findet: Es braucht ein Denkmal für alle ehemaligen Träger des blau-schwarzen Trikots, die uns eher unfreiwillig amüsiert haben.

Gesetzt auf der Position des Torhüters ist Sven Scheuer. Der mehrfache Deutsche Meister und Stellvertreter von Oliver Kahn bei den Bayern fühlte sich abseits des Platzes wohler als zwischen den Pfosten und verließ den Verein nach einer Saison mit sechs Einsätzen wieder.

Den Abwehrchef gibt Thomas Winklhofer, der österreichische Schöngeist mit dem Hang zu Blutgrätschen und regelmäßiger Erholung vom Ligaalltag (Gelbsperren, Rotsperren). Am schockierendsten ist der Umstand, dass Winklhofer Nationalspieler seines Landes war und nach dem Engagement in Saarbrücken sogar mit der Salzburger Red-Bull-Filiale Meister wurde. Neben ihm steht Hany Ramzy, Lauterns ägyptischer Nationalspieler, den Rudi Bommer aus dem Karriereende zurück auf den Platz holte. Noch heute fragen sich viele FCS-Fans: Wieso? Als weiterer Abwehrrecke ist François Marque gesetzt. Der Linksverteidiger beim FCS war wohl der erste Fußballprofi, der den Verein wegen einer positiven Dopingprobe verlassen musste, dem man dabei aber kaum nachsagen konnte: »Der spielt wie gedopt!« Komplettiert wird die Abwehr von Rüdiger Rehm, über den man immerhin sagen kann, dass seine Trainerkarriere erfolgreicher ist als sein Wirken auf dem Platz.

Das Mittelfeld ist ein wahres Prunkstück der Flop-Elf. Matthias Breitkreuz, Legende von Hansa Rostock, aber 4-Spiele-2-Tore-

Mann des FCS, schaltet und waltet in der Zentrale, bis ihm der Verein eine mangelnde Berufsauffassung vorwirft und fristlos kündigt. Ihm steht sein ehemaliger Mitspieler Ante Čović zur Seite, dessen Haarpracht die Ballkünste des rechten Mittelfeldspielers vor Neid erblassen lässt. Der Dritte im Bunde ist José Luis Ortiz. Von Videofachmann Michael Henke als das Puzzleteil für den Aufstieg während der Saison 2006/2007 verpflichtet, ist der ehemalige Bayern-II-Akteur heute vor allem für den verschossenen Elfmeter im Saarlandpokal bei Gresaubach bekannt.

Im Sturm dürfen sich die Fans auf Tore am Fließband freuen – irgendwann vielleicht mal. Dieter Müller, einer der besten Torjäger der Bundesligageschichte, kam nach seinem Frankreichabenteuer 1985 zurück nach Deutschland. Beim FCS wollte er angreifen – später wollte er eher den Mantel des Schweigens über vier Tore in 24 Spielen legen. Neben ihm darf Vito Plut angreifen, Milan Šašićs Wunderstürmer aus Drittligazeiten, dessen Leistungen von Fans dann aber eher als »plutleer« beschrieben wurden. Als dritter Angreifer darf Marc Berdoll nicht fehlen. Der französische National spieler hat mit dem Grenzübertritt nach Deutschland kein Scheunentor mehr getroffen. Vielleicht lag es an der harten Gangart der Bundesliga.

Als Trainer darf sich der Österreicher Heribert Weber versuchen, der den deutschen Fußball bestens (vom Fernsehen her) kennt. Sein Co-Trainer kann nur der ehemalige Dortmunder Schlussmann Hans Tilkowski sein, der auf den beliebten Manni Kraft folgte: »Mit Manni um den Weltpokal, mit Tilkowski gegen Baunatal!«

93. GRUND

Weil diese (späteren) deutschen A-Nationalspieler beim FCS waren

Es gilt immer noch als die besondere Ehre für den einzelnen Fußballer: eine Berufung in die Nationalelf seines Heimatlandes. Manch ein FCS-Akteur hat den Sprung geschafft und stand für die deutsche Fußballnationalmannschaft auf dem Platz. Nicht alle während der Zeit beim 1. FC Saarbrücken, aber zwei durften sogar den WM-Pokal in die Luft stemmen.

Edmund Conen – 28 Spiele, 27 Tore. Wurde 1934 als Spieler des FV Saarbrücken erstmals berufen, schoss den ersten deutschen Hattrick bei einer Weltmeisterschaft und wurde 1934 WM-Dritter.

Wilhelm »Bubi« Sold – 12 Spiele. Debütierte 1935 beim Spiel gegen Luxemburg, nahm aber an keiner Weltmeisterschaft teil.

Heinz Vollmar – 12 Spiele, 3 Tore. Wurde nach der Übernahme des Saarländischen Fußball-Bundes deutscher Nationalspieler, obwohl er noch für St. Ingbert kickte. Blieb auch nach dem Wechsel zum FCS Ergänzungsspieler bei der DFB-Elf und war im Aufgebot für die WM 1962 in Chile.

Wolfgang Seel – 6 Spiele. Der dribbelstarke Außenläufer debütierte nach dem WM-Erfolg 1974 in der Mannschaft von Helmut Schön. Kam aufgrund der starken Konkurrenz aber selten zum Zug und nahm an keinem Turnier teil.

Dieter Müller – 12 Spiele, 9 Tore. Kam trotz sehr guter Torquoten nie wirklich zum Zug und ging erst zum FCS, als er schon lange kein Nationalspieler mehr war.

Felix Magath – 43 Spiele, 3 Tore. Das Mittelfeldass startete schon ein Jahr nach seinem Wechsel von Saarbrücken nach Hamburg durch und kam zwischen 1977 und 1986 zu Einsätzen. Seine größten Erfolge: der Gewinn der Europameisterschaft 1980 und das Erreichen des WM-Endspiels 1982 und 1986.

Bernd Förster – 33 Spiele. Die Bayern-Leihgabe wechselte 1978 vom FCS nach Stuttgart und wurde mit seinem Bruder Karlheinz Auswahlspieler. Er nahm an zwei Europameisterschaften (1980, 1984) und einer Weltmeisterschaft (1982) teil.

Andreas Brehme – 86 Spiele, 8 Tore. Der Defensivakteur startete nach einem Jahr im Schaufenster des FCS durch und schoss das Siegtor in der Nacht von Rom 1990 zum WM-Titel gegen Argentinien.

Wolfram Wuttke – 4 Spiele, 1 Tor. Erlebte Glanzjahre als Spielmacher von Kaiserslautern, spielte zwischen 1986 und 1988 kurz im DFB-Dress, setzte sich aber nicht durch. Letzte Karrierestation: 1992/1993 beim FCS.

Michael Preetz – 7 Spiele, 3 Tore. Der ehemalige Zweitligatorschützenkönig kam als Herthaner in den Genuss einiger DFB-Minuten, weil er für Berlin die Torjägerkrone der Bundesliga gewann.

Philipp Wollscheid – bisher 2 Spiele, noch aktiv. In der Regionalliga beim FCS auf das Abstellgleis geschoben, entdeckte Wollscheid sein Talent in Nürnberg, würde später auf der USA-Reise 2013 getestet.

Erik Durm – bisher 7 Spiele, noch aktiv. Der Pfälzer war zwischen 2008 und 2010 in der FCS-Jugend und wurde bei den A-Junioren Torschützenkönig. Jürgen Klopp entdeckte später, dass Durm ein passabler Außenverteidiger ist. Durfte in Rio den WM-Titel 2014 feiern, stand aber nur im Kader der Nationalelf.

Patrick Herrmann – bisher 2 Spiele, noch aktiv. Der Uchtelfanger spielte vier Jahre in der FCS-Jugend, reifte bei Mönchengladbach zum Bundesligaspieler und 2015 endlich auch zum Nationalspieler.

94. GRUND

Weil wir in den ewigen Tabellen noch überall der beste Saarverein sind

An dieser Stelle dieses Buches ist es kein großes Geheimnis mehr: Den größten Ruhm bezieht der 1. FC Saarbrücken nicht aus seiner bedingt glorreichen Gegenwart, sondern aus der goldenen Vergangenheit. Ja, wir sind große Fußballromantiker, manchmal ist es uns auch peinlich, dass wir außer Skandalen, Skandälchen und hin und wieder mal dem Ausscheiden im Saarlandpokal keine Schlagzeilen mehr produzieren. Aber wenn man dem FCS eines nicht vorwerfen kann, dann wäre das Schande über das Saarland gebracht zu haben. Denn in den wichtigsten ewigen Tabellen sind wir der mit Abstand beste Saarverein.

In der jüngsten Variante der drittklassigen deutschen Ligen, der 3. Liga, hat der 1. FC Saarbrücken bislang in vier Spielzeiten 190 Punkte gesammelt, war dabei in 50 von 152 Begegnungen siegreich. Damit liegt der FCS in der oberen Hälfte der ewigen Tabelle der 3. Liga, bei Redaktionsschluss Platz 20 und deutlich vor dem anderen saarländischen Vertreter: Die SV Elversberg nimmt Rang 45 von insgesamt 48 Vereinen ein und kam in der bislang einzigen Drittligasaison auf 40 Punkte.

Noch besser sieht es in der ewigen Tabelle der 2. Bundesliga aus. 19 Spielzeiten waren die Molschder Bestandteil des Unterhauses im Deutschen Fußball und haben auch dank einiger Aufstiege fleißig Punkte gesammelt – nach Einbeziehung der 3-Punkte-Regel die runde Zahl von 1.000 Punkten. Von 698 Spielen gewann der FCS insgesamt 270 und kommt auf 1.033 Tore bei 997 Gegentreffern. Entsprechend liegt der FCS in dieser Tabelle derzeit auf dem 14. Platz und damit vor dem FC 08 Homburg, der in 15 Jahren Zweitklassigkeit 841 Punkte sammelte. Auch Röchling Völklingen (vier Jahre 2. Bundesliga, 185 Punkte) und Borussia Neunkirchen (drei Jahre 2. Bundesliga, 101 Punkte) lassen die Blau-Schwarzen hinter sich.

Und auch in der Bundesliga ist der 1. FC Saarbrücken noch auf sehr lange Zeit der erfolgreichste Verein von der Saar. Auf dem 36. Platz stehen die Molschder mit insgesamt 144 Punkten aus fünf Spielzeiten, von denen immerhin eine sogar mit dem Klassenerhalt endete. Die anderen saarländischen Bundesligisten kamen jeweils nur auf drei Spielzeiten in der 1963 dank Initiative des früheren FCS-Offiziellen Hermann Neuberger gegründeten Liga. Borussia Neunkirchen erreichte dabei 93 Punkte, der FC 08 Homburg 90. Immerhin teilen alle Saarvereine die Eigenschaft, jeweils nur einmal die Klasse gehalten zu haben.

Zahlen lügen bekanntlich nicht: Der FCS mag zwar nicht überall in den ewigen Tabellen zur absoluten Spitze gehören und ist auch etwas vom Punktesammeln in den genannten Ligen entfernt. Aber vermutlich wird es noch sehr lange dauern, bis ein anderer Verein aus dem Saarland an uns in diesen Tabellen vorbeizieht. Vorher fusionieren wir eher mit Rheinland-Pfalz.

KAPITEL 10

ZURÜCK UND WIEDER DA. VON FERNER BIS HEUTE.

95. GRUND

Weil Dieter Ferner der wahre »Mister FCS« ist

Vielleicht hat es einige Leser erschreckt, dass bislang so selten in diesem Buch der Name »Dieter Ferner« gefallen ist. Wenn es einen Mann gibt, den Fans des 1. FC Saarbrücken allen Alters uneingeschränkt positiv sehen, dann ist es der Mann mit dem Schnauzbart und der Jeansjacke. Der Mann, der Fußball lebt wie nur wenige andere.

Dieter Ferners Karriere nahm ihren Lauf in Nordrhein-Westfalen. Ursprünglich ein Handballer, entdeckte der Wuppertaler erst mit 15 Jahren seine Berufung zum Torhüter. Erste Stationen bei Bayer 04 Leverkusen und Rot-Weiß Oberhausen folgten. Slobodan Čendić holte den talentierten Torwart schließlich 1975 ins Saarland. Beim 1. FC Saarbrücken erlebte Ferner als Nummer eins Höhen und Tiefen – den Aufstieg in die Bundesliga, das 6:1 über die Bayern, aber auch wieder den Abstieg. Nach einem kurzen Intermezzo in Bocholt zog es Ferner nach Nordamerika. In der als Operetten-Liga verspotteten NASL galten andere Regeln – etwa gab es statt Elfmeterschießen ein aus dem Eishockey übernommenes »Shoot-out«. In einem ebensolchen gewann Ferner für seine Mannschaft Chicago Sting die Meisterschaft – und spielte auch noch in der Hallenliga für seinen Verein. Nach dem Karriereende blieb er einige Jahre in den USA, wollte dann aber mit der Familie Anfang der 1990er zurück nach Europa. In Frankreich hatte er in den 1970ern ein Haus gebaut – in Grenznähe zum Saarland.[68] Somit war die Rückkehr zum FCS eher zufällig.

Ferner wurde wieder Beamter und nebenher Trainer der zweiten Mannschaft des FCS und musste gleich 1991 als Interimsnachfolger von Klaus Schlappner einige Monate einspringen. Im Jugend- und Amateurbereich wurde Ferner heimisch, pendelte zwischen A-Jugend und Amateuren. Spätestens mit Aufkommen der Ultrabewegung in Saarbrücken wurde Ferner auch zur Kultfigur, die »FCS-Amas« bekamen den Spitznamen »Dieter Ferner's Blue and Black Army« verpasst.

Der tränenreiche Abschied erfolgte 2005, Ferner wechselte zum FC Kutzhof in die Verbandsliga, führte diesen zum Aufstieg und Saarlandpokalsieg. Als den Kutzhofern das Geld ausging, wechselte Ferner zum SC Friedrichsthal. Fast in Vergessenheit geraten, klopfte sein ehemaliger Verein im Sommer 2008 an. Ob er nicht zurückkommen wolle, dieses Mal aber nicht für die zweite Mannschaft, sondern für die (nun fünftklassige) erste Mannschaft.

Als Ferner dieses Amt antrat, waren die allgemeinen Erwartungen bescheiden, manch einem war mit der Wahl auch etwas unwohl, da Ferner nur im Amateurbereich tätig war. Im ersten Spiel gab es gleich ein 0:0 gegen die SV Elversberg – nicht deren Erste, sondern die U23. Vielen Fans verdrehte sich der Magen bei der Aussicht auf Jahre der Oberliga. Aber danach lief der FCS-Zug rund, und spätestens mit dem Derby-Sieg über Homburg war der Aufstieg realistisch. Am Ende wurde die Pflicht erfüllt, und man stieg in die Regionalliga West auf.

Dort gab es am 1. Spieltag ein Wiedersehen mit der SV Elversberg im Neunkircher Ellenfeld-Stadion und eine deftige 0:6-Packung für die Blau-Schwarzen. Beim Heimauftakt gegen Trier gab es die nächste Pleite – 1:3. Einige Fans kramten schon mal wieder die Gummistiefel für die Sportplätze der Oberliga raus, aber das war wohl ein größeres Täuschungsmanöver als Herbergers B-Elf gegen Ungarn 1954, denn der FCS mischte nach einigen Spieltagen dann doch kräftig im Aufstiegsrennen mit. Wichtige Punkte in disziplinierten Auftritten gegen Elversberg und Lotte und Herzschlagspiele wie gegen Mannheim und Verl sicherten den Aufstieg, der schon drei Spieltage vor Saisonende in Bonn gefeiert werden durfte. Dieter, du bist ein ganz Großer!

96. GRUND

Weil Liebe keine Liga kennt

»Irgendwann wird Ihr Sohn Sie fragen: ›Wo warst du, als der FCS dich brauchte?‹« Abgedroschen, furchtbar abgedroschen fanden das Nicht-FCS-Fans 2007, als der Verein einen neuen Werbeclaim durch die Radio- und Plakatwerbung des Saarlands schickte: Liebe kennt keine Liga. Oder »LKKL«, wie es irgendwann von Hobbywerbephilosophen in den Internetforen abgekürzt wurde.

Und irgendwie schien der Spruch seine Wirkung nicht zu verfehlen. Zum Saisonauftakt in der nun viertklassigen Oberliga kamen 10.000 Leute zum Derby in Neunkirchen, es gab für kurze Zeit ein Gefühl des Zusammenhalts, es wurden stolz T-Shirts mit der Losung in der Stadt getragen – wo bis heute eher Bayern- oder Dortmund-Trikots zu sehen sind als das blau-schwarze Spielhemd. Bis es schon mitten in der Saison 2007/2008 den »Knatsch« zwischen Neu-Präsident Horst Hinschberger und Manager Wolfgang Loos gab und Liebe zwar keine Liga kannte, gegenseitige Abneigung aber auch nicht. Erst war der FCS den Manager lo(o)s, dann den Trainer Krüger, Loos' Vertrauten, und schließlich auch die Qualifikation für die neue viertklassige Regionalliga. Liebe kennt keine Liga? Als ob! Schon verkehrte sich der Slogan in sein Gegenteil, wurde karikiert.

Und obwohl der Spruch im ersten Jahr zu scheitern schien, sogar eine Eintragung als Wortmarke schlug fehl, zündete der von Marketing-Mann und FCS-Fan Matthias Hahn erdachte Spruch doch noch. Nämlich dann, als es wirklich angebracht war: In der fünftklassigen Oberliga. Gingen viele FCS-Fans noch mit Gedanken wie »Nur ein Jahr, dann sind wir wieder da raus!« in die Oberliga, war der erneute Abstieg aufgrund Ligenreform die Probe aufs Exempel. Für wen kennt Liebe wirklich keine Liga? Bestimmt für die Leute, die sich den FCS auch noch dann antun, wenn er die Tour über die Dörfer beschreiten muss!

Ein wichtiger Faktor war zwar die Verpflichtung von Dieter Ferner als Integrationsfigur und Spieler wie Nico Weißmann und Nazif Hajdarović, die sich noch nie in der ersten Mannschaft beweisen durften, aber es ging dennoch nicht nach Essen, München oder Dresden, sondern nach Hasborn, Mettlach oder Bad Breisig, wo oft unter dem Begriff »Stadion« ein besserer Sportplatz verkauft wird. Wo Dorfvereine, die noch nie einen Auswärtsfanmob gesehen hatten, plötzlich aus Baustellenzäunen behelfsmäßige Gästeblöcke aufstellen mussten, da die Polizei Panik vor den »gefährlichen Saarländern« schob.

Der Effekt, der dadurch eintrat: Der eigentlich »große Klub« wurde in der Oberligazeit vor allem wieder familiärer. Spieler aus der Region, die in Verletzungspausen mal in den Fanblock gehen, und auch Präsident Horst Hinschberger, der stets mit LKKL-Kappe die Nähe zum Volk suchte – was ihm als Politiker durchaus auch aus anderen Gründen leichtfiel.

Nach zwei Jahren war die Mission »Liebe kennt keine Liga« erfüllt und der FCS wieder Drittligist. Der Spruch war dann übrigens auch so gut, dass ihn ein Fan des 1. FC Kaiserslautern klauen wollte – wobei er jetzt nicht so recht zum Klub aus der Pfalz passt. Sorry, aber das ist unserer!

97. GRUND

Weil Manu Zeitz schon jung durchstartete

Die erfolgreiche Zeit unter Dieter Ferner hatte viele Gesichter: junge Aufsteiger wie Nazif Hajdarović oder Lukas Kohler, Rückkehrer wie Nico Weißmann oder Enver Marina. Aber einer stach besonders heraus: Weil er nicht nur überdurchschnittlich gut spielte, sondern auch schon als ganz junger Kerl große Verantwortung trug.

Manuel Zeitz erblickte 1990 das Licht der Welt und die Flutlichter eines Fußballplatzes erstmals in seiner Heimat Großrosseln.

In der Grenzgemeinde mit Hang zum Fußball trat der Blondschopf schon mit drei Jahren gegen den Ball und durchlief die Jugendmannschaften des SC Großrosseln, bis 2004 der 1. FC Saarbrücken anklopfte. Zeitz wechselte in die Hauptstadt und blieb dort bis in die A-Jugend eine der Stützen – fiel aber dabei durch das Raster der Bundesliga-Scouts. Andere Spieler, etwa der spätere A-Nationalspieler Patrick Herrmann, verließen den FCS.

Vor der Mission Aufstieg 2008/2009 konnte Dieter Ferner zwar in der Kaderplanung aus dem Vollen schöpfen, schaute sich aber auch in der eigenen Jugendabteilung um. Manuel Zeitz, Mittelfeldspieler kurz vor seinem 18. Geburtstag, fiel auf und wurde bei einem Test gegen Sechstligist Bübingen getestet – ein Spiel, das mit 4:5 verloren ging. Dieter Ferner erinnerte sich später an Zeitz' Debüt: »Wir hatten damals für Oberliga-Verhältnisse richtig gute Fußballer auf dem Platz. Aber die Körpersprache war die einer C-Jugend. Da kam dann dieser 17-Jährige, hat gleich gezeigt, dass er sich nichts gefallen lassen will.«[69] In der Liga dauerte es sechs Spieltage. An einem verregneten Nachmittag in Bad Breisig war es so weit: Zeitz spielte 90 Minuten durch, bereitete einen Treffer vor. Fortan war er gesetzt. Stolze acht Treffer in 27 Spielen gelangen ihm im Debütjahr.

Im Folgejahr sollte es noch besser für Zeitz werden: In der Regionalliga West erzielte Zeitz, der mit Nico Weißmann und Nico Zimmermann den Angelpunkt eines erfolgreichen Mittelfelddreiecks bildete, elf Treffer in 32 Spielen. Nicht nur ein erstaunlicher Wert für einen defensiven Mittelfeldspieler, sondern auch die vereinsinterne Torschützenkrone bedeutete diese Torausbeute. Bei der Aufstiegsfeier in Bonn gab Zeitz, der stets fannah geblieben war und dessen Bruder Sven auch Spiele meist aus der Virage Est verfolgte, vor Spielbeginn den Anheizer auf dem Zaun.

Die Saison 2010/2011 stand dabei unter den Vorzeichen des Abschieds. Der 1. FC Nürnberg war heiß auf Zeitz, bot sogar schon zu Oberligazeiten eine sechsstellige Ablösesumme, doch der FCS wollte seinen besten Mann nicht einfach hergeben. Unter Jürgen

Luginger wechselte Zeitz öfter auf eine defensivere Rolle in die Innenverteidigung, kam aber dennoch auf sechs Saisontore. Im Sommer 2011 folgte der Abschied nach Nürnberg.

In Franken tat sich Zeitz schwer, kam nicht über die Rolle als Spieler der Reserve hinaus. Im zweiten Jahr verlieh man ihn zum Zweitligisten Paderborn, wo er überzeugte und fest verpflichtet wurde. Doch auch hier lief es nicht lange rund, sodass Zeitz in der Winterpause 2013/2014 zu seinem alten Verein FCS ausgeliehen wurde, der sich in akuter Abstiegsgefahr befand. Die ehemalige Nummer sieben lief nun mit der 48 auf dem Rücken auf und wie seine Kollegen leider oft der früheren Form hinterher und konnte den Abstieg nicht verhindern. Der 3. Liga blieb Zeitz treu, wo er in Cottbus eine neue Heimat fand. 2016 kehrte Manu ein zweites Mal zum FCS zurück – die hoffentlich erfolgreiche Fortsetzung kommt also.

98. GRUND

Weil nur der DFB etwas gegen Dieter Ferners Drittligakarriere hatte

Dieter Ferners Status bei den FCS-Fans als Vereinsikone und Legende war mehrfach auf den Prüfstand geraten, und auch diese Ereignisse sollen in diesem Buch Thema sein. Etwa wird ihm heute gerne noch vorgeworfen, das Talent des damals erst für die zweite Mannschaft geholten Allrounders Philipp Wollscheid falsch eingeschätzt zu haben. Mag sein, dass Wollscheid zu sehr zwischen Verteidigung und Sturm hin und her geschoben wurde. Die Entdeckung seiner Verteidigerfähigkeiten lag aber auch zu guten Anteilen daran, dass Wollscheid erst in Nürnberg den Willen zum Training so wirklich entdeckte.

Aber es gibt auch noch einen Punkt, der für viele Fans eine emotionale Prüfung darstellte und auch einen Teil des Weges zurück in den Profifußball beendete. Die Rede ist von Dieter Ferners fehlender Eignung als Fußballlehrer.

An dieser Stelle ein kurzer Exkurs: die deutsche Trainerausbildung, die sich einer besonders hohen Qualität rühmt, besetzt aus mehreren unterschiedlichen Lizenzen. Wer in der Oberliga oder Regionalliga trainiert, besitzt die A-Lizenz. Wer im Profibereich trainieren will, ist verpflichtet, die Ausbildung zum Fußballlehrer an der Hennes-Weisweiler-Akademie in Köln absolviert zu haben. Ausnahmen, wie sie etwa bei dem niederländischen Fußballpionier Rinus Michels beim 1. FC Köln in den 1980ern durchaus vorkamen, sind längst nicht mehr üblich.

Ferner hatte mit dem gelungenen Aufstieg in die 3. Liga nun ein Problem: Die frisch vom DFB als neue »Premiumliga« eingeführte Spielklasse unterhalb der Bundesligen, die anstelle der alten Regionalligen trat, verlangte auch zwingend das Vorzeigen des Fußballlehrerscheins. Diesen besaß Ferner aber nicht, der zeit seiner Trainerkarriere meist auf Jugend- und Amateurebene tätig war. Damit hätte er als 61-Jähriger noch mal in Köln die Schulbank drücken müssen. Inklusive aller Leistungstests, sowie einer zehnmonatigen Pendelei zwischen Rhein und Saar. Ein Zustand, den viele Fans fürchteten und nicht wahrhaben wollten.

Das FCS-Fanmagazin *Leuchtturm* startete unter dem Motto »Lasst Dieter Trainer sein!« eine Unterschriftenaktion, die sich für die Einführung einer »Lex Ferner«, einer Ausnahmeregelung für verdiente Trainer ab dem 55. Lebensjahr, einsetzte. Ein Vorstoß, den insgesamt fast 300 Fans aus acht Ländern unterstützten, zudem von vielen Fanclubs, dem Fanprojekt »Innwurf« und dem Stadionradio-Team unterzeichnet wurde.

Was allerdings fehlte, war die Unterstützung vom DFB für diese Ausnahmeregelung und vom 1. FC Saarbrücken, der es sich natürlich nicht schon vor Saisonbeginn mit dem Verband verscherzen wollte, aber auch nicht den Sommer ohne Trainer planen wollte. Exspieler Jürgen Luginger kehrte nach Saarbrücken zurück, Ferner wechselte auf die Position des Sportdirektors. Anerkennung für die Faninitiative gab es immerhin von Horst Zingraf, damals Präsident des Bundes Deutscher Fußball-Lehrer: »Ich bin seit 01.07.1969 Mitglied des 1. FCS und habe mit Ihnen mit großer Begeisterung die Leistung der Mannschaft und die des dafür verantwortlichen Trainers verfolgt. Dieter Ferner besitzt die Sympathie und die Anerkennung aller seiner Kollegen im Bund Deutscher Fußball-Lehrer. Anerkennung verdient aber auch die Vereinsführung, der es gelungen ist, in kürzester Zeit mit Jürgen Luginger einen kompetenten Cheftrainer zu verpflichten und darüber hinaus Dieter Ferner als Sportdirektor so einzubinden, dass sein Wissen und seine Erfahrung weiter genutzt werden können.«[70] Ein Abschied, aber nur ein halber.

99. GRUND

Weil Jürgen Luginger der Dauerbrenner unter den Trainern war

Auf Ferner folgte Jürgen Luginger, der zuvor bei Rot-Weiß Oberhausen von der Spielerposition auf den Trainerstuhl gewechselt war. Mit ihm kam nicht nur ein langjähriger Schalker Bundesligaspieler (und natürlich Fußballlehrer) in den Ludwigspark, sondern auch ein ehemaliger Akteur aus Regionalligazeiten. Eigentlich gute Voraussetzungen, wäre nicht die schwere Last des Ferner-Erbes gewesen, die ihren Nachfolger schon fast zu erdrücken drohte. Der Saisonstart ging – wohlgemerkt gegen starke Mannschaften aus Offenbach und Braunschweig – gründlich in die Hose, manch einer sagte »Luginger hat jetzt schon das Leichenhemd an«, und es sah nach dem Rückfall in alte Zeiten als Fahrstuhlmannschaft aus.

Luginger reagierte und rasierte Fanliebling Nico Weißmann – und erntete den erwartbaren Zorn der Zuschauer, die nicht einen

Aufstiegshelden als Sündenbock sehen wollten, obwohl dieser mit dem hohen Tempo der 3. Liga nicht mehr zurechtkam. In die Mannschaft rückte Manuel Stiefler, dem vor Saisonbeginn viele eher eine Rolle als Ergänzungsspieler zutrauten. Stiefler schlug ein, und der FCS stabilisierte sich, fegte Jena, Stuttgart II und Sandhausen weg. Danach folgte eine der Perioden, die für Luginger typisch werden sollten: viele Unentschieden, viel Unmut. Zehn Spiele blieb der FCS ohne Sieg, und vor dem Auswärtsspiel in Babelsberg war Luginger bereits angezählt – doch die Mannschaft gewann mit 2:0, der Trainer war gerettet. Luginger hatte in den Schicksalsspielen meist das Glück auf seiner Seite.

Im Frühjahr 2011 setzte die stärkste Phase unter Trainer Luginger ein. Starke Gegner wie Dresden und Offenbach erlebten Niederlagen im Ludwigspark, zum Saisonende gab es neun Siege in Folge und damit den Sprung auf den sechsten Tabellenplatz – ein unerwarteter Ausgang für Lugingers Premierenjahr. Im Sommer verließen Nico Zimmermann und Manuel Zeitz den Verein, und viele befürchteten den Absturz. Doch erst mal ging es brillant weiter – bis Oktober 2011 blieb der FCS in der Liga ungeschlagen, träumte zwischenzeitlich sogar vom Aufstieg in die 2. Bundesliga. Es folgten aber dann wieder Phasen ohne Sieg, und der FCS blieb im Mittelfeld der 3. Liga.

Das verflixte dritte Jahr, das erste ohne Dieter Ferner als Sportdirektor, sollte geprägt sein von Phasen, in denen Luginger schon fast die Beurlaubung sicher hatte, aber im letzten Moment den Kopf aus der Schlinge zog. Nach dem schwachen Saisonstart beruhigten wichtige Punkte über Dortmund II und Burghausen. Im Februar 2013 skandierte der Gästeblock nach der Niederlage in Offenbach »Wir haben die Schnauze voll«, Expräsident Hinschberger sagte öffentlich, dass er Luginger bereits entlassen hätte. Und was machte der Trainer? Er verlor im März und April kein Spiel mehr.

Das Glück verließ Luginger dann doch. Im vierten Jahr sollte der Aufstieg endlich klappen, Luginger durfte bei Transfers großzügig sein, schaffte es aber nicht, Schlüsselspieler wie Manuel Stiefler oder Sven Sökler zu ersetzen. Königstransfers wie Andreas Glockner und Philipp Kreuels hatten mehr Ausfall- als Einsatzzeiten. Nach nur einem Sieg aus sieben Spielen zu Saisonbeginn war das Kapitel Jürgen Luginger in Saarbrücken beendet. Und auch wenn ihm abgesehen von drei Saarlandpokalen nie ein Titel gelang, war er der Trainer mit der längsten Amtszeit (1.162 Tage) beim 1. FC Saarbrücken seit mehr als 50 Jahren.

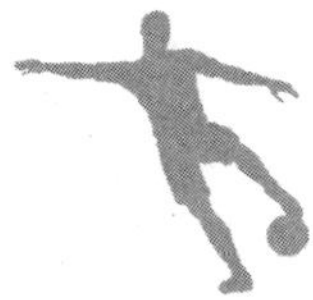

100. GRUND

Weil wir den höchsten Sieg der 3. Liga feiern durften

Am dritten Spieltag der Saison 2010/2011 trat der 1. FC Saarbrücken im Jenaer Ernst-Abbe-Sportfeld zum Auswärtsspiel an und stand da schon mit drei Niederlagen am südlichen Ende der Drittligatabelle. Ein Nachholspiel für die Saarländer, da Bauarbeiten am Stadion eine Verlegung erzwangen, und kein angenehmer Termin für Jürgen Luginger, der nach drei Niederlagen zu Beginn seiner Amtszeit schon in der Kritik stand. Für die Fans wurde das Spiel zudem noch unerträglicher dadurch, dass die eigene Mannschaft in optisch gewöhnungsbedürftigen orangenen Trikots auflief. Die Fans des FC Carl Zeiss Jena durften schon das Repertoire der »Orange trägt nur die Müllabfuhr«-Gesänge vorbereitet haben. Doch dann lief alles ganz unerwartet.

Nach knapp sechs Minuten spielte Ralf Schmidt in nicht wirklich höchster Bedrängnis einen schlechten, hohen Pass in die eigene Defensive. FCS-Stürmer Markus Fuchs nahm den Ball dankbar mit und spitzelte ihn an Jena-Torwart Carsten Nulle vorbei ins Tor. Drei Minuten später bekamen die Hausherren einen Freistoß des FCS nicht sauber geklärt, und Stephan Sieger durfte sich den Ball an der Strafraumkante einmal auf den rechten Fuß legen und dann unhaltbar und stramm verwandeln. Der Außenseiter führte nach nicht einmal zehn Minuten mit 2:0 auf fremdem Platz. Im Gästeblock zogen die ersten Blau-Schwarzen vor Überraschung und spontaner Freude blank, da zerfiel Jenas Mannschaft aus Routiniers wie Alexander Voigt und Moses Sichone weiter. In der 20. Minute steckte Manuel Zeitz einen Pass durch beide Innenverteidiger durch auf Ufuk Özbek, der Nulle locker umdribbelte und zum 3:0 aus saarländischer Sicht einschob. Jenas Trainer Jürgen Raab reagierte spontan mit der Auswechslung von Schmidt und Voigt nach 26 Minuten, den mutmaßlichen Übeltätern im eigenen Team.

Freilich war damit Jenas Spielordnung aufgehoben. Nur zwei Minuten nach dem Seitenwechsel erhöhte Jonathan Zydko, kein ausgewiesener Torjäger, auf 4:0. In der 66. Minute konnte Nulle dann einen harten Schuss von Nico Zimmermann nur vor die Füße von Velimir Grgić abwehren, der sich die Chance zum 5:0 nicht mehr nehmen ließ. Das 6:0 servierte Grgić dann seinem Kollegen Özbek, der als einziger FCS-Akteur die Ehre bekommen sollte, zwei Treffer an diesem Tag zu erzielen. Den Schlusspunkt der demütigen 0:7-Niederlage aus Jenaer Sicht setzte Alexander Otto, Außenverteidiger, der bis in den Strafraum durchgestartet war und eine Grgić-Flanke per Kopf verwertete. Frei nach dem Motto: Jeder darf mal.

Nicht nur, dass dieser legendäre Abend am 11. August die höchste Niederlage war, die Carl Zeiss Jena je auf eigenem Rasen erfahren musste. Bis heute ist der 7:0-Sieg der Blau-Schwarzen (für diesen Abend in Holland-Farben) der höchste Sieg, der je einem Team in der noch relativ jungen Geschichte der 3. Liga gelungen ist. Neben dieser historischen Bedeutung bleibt zudem festzuhalten – es war der erste Sieg von Neutrainer Jürgen Luginger. Ein Spiel jüngeren Datums, das so leicht kein Fan vergisst und das sogar auf Schals verewigt wurde.

101. GRUND

Weil Marcel Ziemer vom Roten Teufel zum Blau-Schwarzen wurde

Fußballer können mal Helden oder mal Schreckgespenster sein. Letzteres dann, wenn sie beim Gegner spielen und dort besonders gut sind. Marcel Ziemer dürfte den FCS-Fans eher im unangenehmen Sinne ein Begriff gewesen sein. Der gebürtige Wormser wurde von der zweiten Mannschaft des 1. FC Kaiserslautern 2006 zu den Profis beordert, stemmte sich als einer von wenigen gegen den Abstieg aus der Bundesliga (zwei Tore in zwei Kurzeinsätzen). In der 2. Bundesliga lief er regelmäßiger für den FCK auf, bleibt aber auf dem Betzenberg bis heute vor allem für einen Nachmittag unvergessen: Unter Trainer Milan Šašić erzielte er im »Abstiegsendspiel« 2008 am letzten Spieltag zwei Tore gegen Köln. Ziemer rettete die Pfalz vor der Drittklassigkeit.

Doch danach lief es nicht immer rund, und Ziemer verlor den Konkurrenzkampf im Sturm. Es folgte ein Wechsel nach Wiesbaden, wo er auch nach deren Abstieg in die 3. Liga blieb. 2011 wurde Ziemers Vertrag bei den Hessen nicht mehr verlängert, und der Stürmer war ohne Verein. Beim FCS war man dagegen noch auf der Suche nach einem treffsicheren Angreifer. Ziemer unterschrieb und erhielt das Trikot mit der 38. Für die einen ein starker Transfer, für andere ein Unding. »Für einen Lauterer werde ich nicht jubeln«, sagten nicht wenige.

Zu Beginn war der Neuzugang noch etwas aus der Puste, die Fans runzelten die Stirn über das Gewicht des angeblichen Wunderstürmers. Doch Ziemer rackerte und wurde zum Sturmtank. Im Spiel gegen Werder Bremen II brachte er den FCS nach drei Minuten nach vorne, und der Bann war gebrochen. Im Premierenjahr kam Ziemer in 31 Spielen auf elf Tore.

Immer wieder machten Verletzungen Probleme. Im zweiten FCS-Jahr schoss Ziemer den Siegtreffer beim Auftakt in Stuttgart, zog sich aber noch im Spiel eine Knieverletzung zu und pausierte zwei Monate. Ziemer pendelte manchmal zwischen Genialität und Schlampigkeit. Gegen Dortmund II verhinderte er mit einem Dreierpack eine Niederlage (Endstand: 3:3), wurde aber schon eine Woche später aufgrund dauernder Disziplinarvergehen für ein Spiel suspendiert. 16 Tore in 27 Spielen lassen davon träumen, wozu ein fitter Ziemer in der Lage gewesen wäre.

Der inzwischen gleichermaßen geliebte und gehasste Stürmer wiederholte im dritten Jahr beim FCS fast das Vorjahr und fiel zu Saisonbeginn nach einem starken Spiel lange aus. Als er zurückkam, war sein Trainer Jürgen Luginger durch Ziemers alten Bekannten Milan Šašić ersetzt worden, der Exkapitän Marc Lerandy vor die Tür setzte. Ziemer brachte zwar weiter Tore ein, aber weniger als im Vorjahr. In Erinnerung bleiben aus dem Seuchenjahr 2013/2014 nur ein sehenswerter Heber gegen RB Leipzig, dass Lerandy offen auf Ziemers Facebook-Seite Šašić als »Anti-Trainer« bezeichnete und dass Ziemer das Saisonende nach einer Handverletzung verpasste.

Dieses eher unschöne Ende, das mit dem Abstieg zusammenfiel und Ziemers Abgang in Richtung Rostock besiegelte, wird zwei Dingen nicht gerecht. Zum einen war Marcel Ziemer der beste Torjäger des FCS in der 3. Liga mit 36 Treffern in 85 Spielen und lag Ende 2014/2015 sogar in der ewigen Tabelle der Drittligatorschützen an zweiter Stelle hinter Anton Fink. Zum anderen ist es ihm zwar vielleicht nie gelungen, alle Kritiker vollkommen zu überzeugen, aber er ist definitiv nicht an der schweren Last gescheitert, als Roter Teufel das blau-schwarze Hemd übergestreift zu haben. Und allein das hat Anerkennung verdient.

102. GRUND

Weil wir die gleichen Fehler immer wieder machen

Es wäre schön, ein Buch mit einem Happy End abschließen zu können: Rückkehr in die 3. Liga gut, Wechsel von Ferner zu Luginger gut und Stimmung bei den Fans gut. Nein, so einfach geht das nicht, wir sind immerhin der 1. FC Saarbrücken.

Vor der Saison 2013/2014 waren das stete Mittelmaß und Lugingers Befreiungsschläge in letzter Sekunde der Vereinsführung nicht mehr gut genug. Obwohl Leistungsträger wie Sven Sökler, Manuel Stiefler und Marius Laux den Verein verlassen hatten. Stattdessen wurden unter anderem Andreas Glockner und Philipp Kreuels als die neuen Mittelfeldmotoren verpflichtet. Glockner schaffte es, in einem halben Jahr auf drei Verletzungen und 27 Minuten Einsatzzeit für den FCS zu kommen. Bei Kreuels übersah der Medizincheck eine gefährliche Erkrankung der Schilddrüse. Kurzum: Es wurde schon zu Saisonbeginn viel in den Sand gesetzt, Jürgen Luginger ging nach wenigen Spielen. Hinter den Kulissen brodelte es, der Verein schien sich finanziell übernommen zu haben. Mäzen Hartmut Ostermann setzte seinen Trainerkandidaten Milan Šašić durch und übernahm auch nach einer Pause von sechs Jahren wieder das Amt des Präsidenten.

Šašić kam mit dem Ruf eines ehrlichen Arbeiters (Koblenz) und Feuerwehrmanns (Kaiserslautern), bekam eine große Machtfülle, schaffte es aber, sich in kurzer Zeit heillos mit anderen Vereinsarbeitern zu zerstreiten. Er erklärte den Kader für zu schwach, um den Klassenerhalt zu erreichen, und bekam die Freigabe, insgesamt 13 neue Spieler während der Saison nachträglich zu verpflichten und Martin Forkel zu reaktivieren. Die Rückennummern stiegen ins Unermessliche, die Punktgewinne blieben aber aus. Im Saarlandpokal blamierte sich die Šašić-Truppe in Mettlach, nachdem der Trainer sich über die »Dreifachbelastung« durch Liga, DFB-Pokal und Verbandspokal beschwerte. Neuzugang François Marque wurde nach einer positiven Dopingprobe wieder entlassen, Exkapitän Marc Lerandy abgesägt, und Šašić veranstaltete derweil ein Fanmeeting zur allgemeinen Aussprache unter Ausschluss der Öffentlichkeit – Handyverbot inklusive. Ostermanns Wunschtrainer wurde nicht alt beim FCS, sein Assistent Fuat Kılıç übernahm das Ruder und sorgte für einen kurzen Aufschwung, der aber nicht den vermeidbaren Abstieg stoppte. Zu selten waren ehemalige Bundesligaspieler wie Kevin Pezzoni oder Juri Judt motiviert aufgetreten. Anderen Spielern, wie den beiden saarländischen Jungs Florian Ballas und Patrick Schmidt, hat es nicht an der Motivation gefehlt, sondern schlicht an der Erfahrung. Als Sahnehäubchen wurde Altstar Stefan Reisinger mit einem üppigen Vertrag ins Saarland gelockt. Ein gar teurer Stürmer mit geringer Ausbeute vor dem Tor war dem Verein nach dem Abstieg zu viel, also kündigte man ihm. Die Begründung: Er habe ein Handyfoto vom Trainer auf der Toilette geknipst. Man sah sich später vor dem Arbeitsgericht wieder.

Nach dem Abstieg wurden die Weichen auf Neuaufbau gestellt, die Fans kritisierten die immer noch starke Rolle von Extrainer Šašić, der plötzlich als Leiter der Abteilung »Sportförderung« bei Hauptsponsor Victor's war und häufiger am Trainingsgelände auftauchte – natürlich nie in offizieller Position im Verein. Die bekam er später. Zur Saison 2015/2016 wurde er »Geschäftsführer Sport« des FCS.

Das Schlimme an all diesen Vorgängen: Keiner davon war neu. Weder das Engagieren von drei Trainern in einer Saison (2001/2002), noch die vielen Panikkäufe (2005/2006), die große Machtfülle für Einzelne (Wolfgang Loos), das plötzliche Auftauchen eigentlich zurückgetretener Funktionäre (Bernd Coen). Oder wie wir sagen: Typisch Eff-Zeh!

103. GRUND

Weil »Robster« den Weg von der Kurve ins Tor packte

Jeder Fußballfan hat irgendwann einmal davon geträumt: Das Spiel nicht nur aus den Augen eines Zuschauers im Stadion zu sehen, sondern selbst für den eigenen Verein auf dem Platz zu stehen, das Wappen stolz auf der Brust zu tragen und sich von der Anfeuerung der Kurve mitreißen zu lassen. Irgendwie geschafft hat das der Robster. Zwar nicht auf der ganz großen Bühne, aber immerhin war es ruhmreich.

Der VfR 09 Saarbrücken gehörte nie zu den sportlich ganz großen Nummern im Saarbrücker Fußball, zog aber immer Spieler mit Leidenschaft und Sinn für den Lokalstolz an. Einer von ihnen war seit der Jugend der 1995 geborene Robin Scheid. Als Zehnjähriger kam der Sprung zum FCS – ein kleiner Traum ging in Erfüllung, denn seit Zweitligazeiten fieberte der Torhüter mit den Blau-Schwarzen mit. Zwischen 2005 und 2010 war der talentierte Scheid bei den »jungen Löwen« der FCS-Nachwuchsabteilung.

Auf der Torwartposition bedeutet schon ein besserer Kontrahent den Platz auf der Bank. Scheid machte die fehlende Körpergröße (1,72 Meter) für einen Schlussmann mit Einsatz wett, wechselte aber schließlich nach Auersmacher und dann Hanweiler, wo ihn vor allem eines plagte: Die häufigen Spiele an Samstagen machten Besuche im Ludwigspark seltener.

Denn Scheid war längst nicht mehr nur Fan, sondern auch in der Virage Est unterwegs. Über einen Klassenkameraden kam er in die Ostkurve des Ludwigsparks und wurde so irgendwann auch Teil der Hardcore-Fans. Aber nicht nur in den FCS war »Robster« zu dieser Zeit schon vernarrt, sein freizeitliches Engagement brachte ihn auch in weiteren Funktionen auf und an den Platz – als Nachwuchstrainer etwa, oder als Schiedsrichter im Amateurbereich. »Ich sehe das Spiel eigentlich aus allen Perspektiven, da ich in allen Bereichen des Fußballsports bereits Erfahrungen gesammelt habe«, sagt Scheid, bevorzugt aber natürlich die Rolle als Fan oder Spieler.

Sportlich hatten eine Verletzung und 20 Kilo Übergewicht »Robster« zurückgeworfen, aber unverhofft kommt oft: 2013 hatte der FCS im Jugendbereich einen Mangel an Torhütern zu beklagen. Der Verein klopfte beim Fan und Extorwart an und versprach ihm einen Platz in der U19, wenn er sich ins Zeug legte. Scheid schwitzte die Kilos runter und war auch auf dem Platz wieder Blau-Schwarzer.[71]

Ausgerechnet im Derby der U23 gegen Borussia Neunkirchen im Oktober 2013 passierte es dann. Scheid saß auf der Bank, Torhüter Michael Klink verletzte sich. In der Halbzeit durfte »Robster« die Handschuhe anziehen und hielt den Kasten sauber. Auf den Tribünen saßen Freunde und Bekannte aus der Fanszene und applaudierten das Oberliga-Debüt des Spielers aus der Kurve. »Erst später ist es mir dann auch bewusst geworden, als da Leute aus beiden Fanlagern meinen Namen gerufen haben. Das war natürlich schon richtig geil«, so Scheid über diesen Moment.

Scheid pendelte nun quasi zwischen U19, U23 und Virage Est – immer dabei beim FCS, wenn es drum ging, mit moralischer Unterstützung und Anfeuerung den sportlichen Erfolg zu bewerkstelligen. Als Chefmotivator trieb er die U23 zum Klassenerhalt und U19 und U17 zum Aufstieg in die Bundesliga. Er wäre gern dem Verein weiter treu geblieben, musste ihn aber 2015 erneut verlassen – natürlich nur als Spieler.

Auch wenn Robin Scheid heute nach einem kurzen Intermezzo bei Borussia Neunkirchen wieder im Amateurfußball beim FC St. Arnual, dem Nachfolgeverein des VfR Saarbrücken, aktiv ist – als sportlicher Leiter – ist die Geschichte vom kleinen Torwart mit der großen blau-schwarzen Leidenschaft ein Fußballmärchen. Eines von denen, die der 1. FC Saarbrücken in dieser Zeit so dringend braucht.

KAPITEL 11

»WEIL MIR SAAR-BRIGGER SINN!« KURIOSITÄTEN UND MEHR

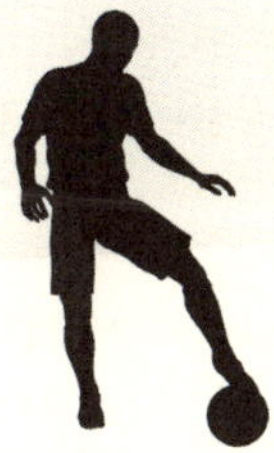

104. GRUND

Weil der FCS musikalisch ist

»Fußball ist unser Leben, der König Fußball regiert die Welt!« Obwohl Fußballgesänge und Fankultur Melodien in die Stadien getragen haben, scheinen Berührungspunkte zwischen der Welt des runden Leders und der Welt der Platten zum Scheitern verurteilt. Aber irgendwie mögen wir doch unsere Fußballmusik, so schräg sie auch noch klingen mag.

Den Anfang machten die 1970er-Jahre, als die Fußballnationalmannschaft noch etwas unbeholfen in Aufnahmemikrofone trällern musste und plötzlich Bundesligastars ihr Gesangstalent entdeckten. Auch der 1. FC Saarbrücken empfand dies als die richtige Zeit, um sich ein Vereinslied zu geben. Unter Mithilfe des früheren Europawelle-Saar-Moderators Dieter Thomas Heck, der später lange Jahre die *ZDF-Hitparade* präsentierte, entstand der leicht militaristisch klingende Marsch, der quasi zur Vereinshymne wurde. Unter dem Titel *F-F-FCS* singen die Fans im Ludwigspark seit Jahren vor Spielbeginn:

Wir sind vom FCS, Blau-Schwarz ist unser Dress.
Und wenn der FCS marschiert, weiß ein jeder, was passiert,
FC vor! Noch ein Tor!
Wir halten treu und fest zu unserem FCS,
und ganz egal wo wir auch steh'n, der FCS wird niemals untergeh'n!

Sicherlich war das immer schon gewöhnungsbedürftig, denn woanders sind Stadionhymnen entweder melodische Oldies oder Rockballaden mit dem Gänsehaut-Feeling – da wirkt *F-F-FCS* doch schon altbackener. Versuche einer modernen Hymne, etwa von der Combo »New Way« mit dem Song »Super FCS« (Produziert von FCS-Präsident Uwe Strassel, Heinz Dietzsch und der Boutique »La Femme«), scheiterten.

Größeren Ruhm sollte dabei die Band »Leergut« einstreichen, die eine Mischung aus partygeeigneter Rockband und tatsächlichem Fanclub war. Ihre Rockhymne *Wir kommen wieder* hielt wie kein zweites Lied den Schmerz der Regionalligazeit fest und punktete sowohl mit ironischen Textzeilen (»Die wahre Hölle ist Blau-Schwarz und liegt nicht in der Pfalz!«) sowie dem eingängigen Refrain. Auch der Gassenhauer *Saarland, Saarland, FCS* stammt aus der Feder von »Leergut«. Fast zeitgleich sprang der Mundart-Liedermacher Schorsch Seitz auf den FCS-Zug auf und veröffentlichte ein zum Glück fast vergessenes DJ-Ötzi-Cover (*Die Jungs vom FCS*). Vier Jahre später kam von Seitz dann die Elversberg-Hymne *Die Männer von der Kaiserlinde.* Ein echter Fan eben! Positiv hervorheben darf man den Kulthit *Weil ich so super sexy bin* von Nauwieser-Viertel-Legende Mingo Due.

Später kam eine weitere Spaßband in den Genuss, für den FCS texten zu dürfen. »Schaafa Sämpf« durfte zusammen mit dem belgischen Sturm-Ass Gunter Thiebaut *Let's Go Saarbrücken* einsingen – ein solides Cover von *Let's Get It Started* der Black Eyed Peas, mit Text-Klamauk (»Henrich Benčík, der Gegner hemmschickt! Master Echendu, schnell wie e Renngnu!«). Der Nachfolger *In der 2. Liga Deutscher Meister* erfüllte sein Versprechen nicht und klang auch eher so mittel. Außer Konkurrenz in dieser Zeit: Das Kanonenlied der Punkband »AGA«, das dem gleichnamigen Fanclub gewidmet ist, aber für dieses Buch keine Jugendschutzfreigabe bekommen würde.

Nach dem erneuten Absturz versuchten »Die Konsorten« mit *Liebe kennt keine Liga* den neuen Slogan als musikalischen Fananheizer zu verpacken, aber das hörte sich am Ende zu sehr nach Auftragsarbeit an. Ebenso später *Blau-Schwarze Liebe*, ein Song, den der Sender SR 1 Europawelle dem FCS schenkte. Eine leichte Überdosis an Pathos, aber immerhin wieder eine leichte Steigerung. In jüngster Zeit sind »Manne & The Crew« in die Fußstapfen von »Leergut« und »Schaafa Sämpf« gestiegen und beliefern mit eher rockigen Klängen vor allem die Halbzeitpause des FCS-Fanradios – zum Leidwesen so mancher Hörer, die damit wenig anfangen können. Aber »Geschmackssache!« sagte der Affe und biss in die Seife.

105. GRUND

Weil wir die Bayern verklagt haben

Der furchtlose Kampf des kleinen David gegen den übermächtigen Goliath. Er ist schön anzusehen, weil die Zuschauer gerne dem übermächtigen Krösus dabei zusehen, wie er trotz Überlegenheit strauchelt und zumindest einmal hinfällt. Wenn es auf dem Platz nicht gelingt, dachte sich der 1. FC Saarbrücken 2008, dann verklagen wir halt mal den FC Bayern München.

Der Stein des Anstoßes war ein Pass. Genauer gesagt der französische Pass von Louis Ngwat-Mahop. Der Pass, der Auskunft über die EU-Bürgerschaft des in Kamerun geborenen Stürmers gab, war die Fahrkarte für den Wechsel zur zweiten Mannschaft des FC Bayern München. Ohne EU-Bürgerschaft keine Spielberechtigung. Das Problem nur: Der Pass war so unecht wie die meisten Fußballtrikots, die es an Urlaubsstränden in der Türkei oder Kroatien zu kaufen gibt. Dies flog auf, als Ngwat-Mahop mit den Profis nach Hongkong reisen sollte und seinen Pass nicht finden konnte. Es stellte sich heraus, dass die Passnummer auf eine Frau in Paris registriert war. Das war am 29. Juni 2007, einen Tag bevor die Saison 2006/2007 auch für den DFB formaljuristisch abgeschlossen war. Der FC Bayern erstattete Selbstanzeige – allerdings erst nach dem 30. Juni 2007.[72]

Hätte der bajuwarische Rekordmeister dies vor dem Stichtag getan, hätte dies weitreichende Konsequenzen gehabt: Ohne die französische Staatsbürgerschaft wäre Ngwat-Mahop nicht in der Regionalliga Süd einsatzberechtigt gewesen. Der Spieler wurde von den Bayern für die zweite Mannschaft allerdings in 33 Spielen eingesetzt, dabei schoss er sieben Tore. Der DFB hätte höchstwahrscheinlich alle Saisonspiele mit dem nicht einsatzberechtigten Spieler nachträglich gegen die Bayern gewertet, womit der FC Bayern II in die Oberliga abgestiegen wäre – und der 1. FC Saarbrücken doch noch trotz des sportlichen Abstiegs die Klasse gehalten hätte.

Der neue Präsident der Blau-Schwarzen, Horst Hinschberger, war nicht begeistert. Man witterte ein bewusstes Verzögern hinter der späten Selbstanzeige. Hinschberger ging auf den FC Bayern zu, doch die Münchner, die erst im Januar 2007 ein Testspiel im alten und frostigen Ludwigspark absolviert hatten, ließen sich nicht zu großen Ausgleichszahlungen überreden. Hinschberger zürnte und Anfang 2008 reichte der FCS Klage beim Landgericht München ein. Der Streitwert: 275.000 Euro. Ein hübsches Sümmchen für einen Oberligisten, für den FC Bayern … nun ja, er gab in dieser Saison kolportierte 88 Millionen Euro für neue Spieler (Ribéry, Luca Toni, Miro Klose und andere) aus.

Über die Art und Weise des Kleinen war der Große dann doch erbost. Der damalige Bayern-Manager Uli Hoeneß schimpfte wie ein Rohrspatz: »Das ist lächerlich, Wichtigtuerei!« Und er kündigte Liebesentzug an: »Bevor wir dort wieder ein Freundschaftsspiel machen, wird das nächste Jahrtausend eingeläutet.« Der FCS war somit in der bayrischen Landeshauptstadt auf der schwarzen Liste, was Hinschberger nicht von der Klage abhielt. Der Ausflug vor das Landgericht endete für die FCS-Spitze allerdings ernüchternd: »Verbandsrechtliche Bestimmungen – wie die vorliegenden – sind keine Schutzgesetze im Sinne Bürgerlichen Gesetzbuches. Diesen fehlt der erforderliche Rechtsnormcharakter«[73], befanden die Richter. Sprich: Da sind nicht wir zuständig, sondern der DFB. Und für den war der Fall nie einer. Eine Sache sei zum Trost der Bayernhasser gesagt: In einem späteren Fall mit Beteiligung eines prominenten Bayernmanagers mit später Selbstanzeige ging es bekanntlich anders aus.

106. GRUND

Weil sich die Brauereien um uns bekriegen

Ohne Bier kein Fußball und ohne Fußball kein Bier. Obwohl in die Welt des Hochleistungssports – und der Fußball ist nun mal ein solcher – der Konsum alkoholischer Getränke nicht so wirklich passen mag, bleibt das Bier der beste Freund des Fans und der Brauereien. Frühere Verbote des goldenen Gebräus in Fußballstadien zu Zeiten der Hooligan-Problematik sind längst aufgehoben, und nur noch bei Gefahrenspielen gibt es eine kleine Prohibition. Dann wird halt vor dem Spiel gebechert, sagen sich die Fans!

Das Bier eines Fußballvereins ist – neben der Rostwurst – die wichtigste gastronomische Visitenkarte einer Region. Und eigentlich gab es im Saarland einst eine blühende Brauereikultur. Die Brauerei Becker in St. Ingbert, Die Schlossbrauerei in Neunkirchen oder die Donner-Brauerei in Saarlouis, um nur einige zu nennen. Überlebt haben sie die Konkurrenzkämpfe um Vertragskneipen und Marktanteile aber nicht. Geblieben sind die Grosswald Brauerei, die Brauerei Bruch und die alles überragende Karlsberg Brauerei aus Homburg, die auch kleinere Marken im Laufe der Jahre übernommen hatte (etwa das Becker's Pils). Lange Zeit hatte sich das Karlsberg Urpils, die Premium-Marke der größten saarländischen Brauerei, als Bier der Wahl für den Ludwigspark durchgesetzt. Dies ging auch lange gut, das Urpils floss in Strömen, von 2001 bis 2004 zierte der Schriftzug der Biermarke sogar das Trikot des 1. FC Saarbrücken.

Die Fans gossen sich die Gerstenkaltschalen mit Genuss hinter die Binde, aber hatten auch manchmal viel zu schlucken. Etwa die nervigen Papptröten, mit denen Karlsberg den Ludwigspark vor wichtigen Spielen zuschmiss und deren Geräusch das akustische Gegenstück zu Diarrhö darstellte. Oder dass Karlsberg am Ludwigskreisel ein Werbeplakat des 1. FC Kaiserslautern aufstellen ließ – ein

Sakrileg! Generell war die enge Verbundenheit der Brauerei zu den Konkurrenten aus Homburg und der Pfalz ein leidiges Thema für viele Fans. Getrennt in der Sache, vereint im Getränk.

Bis zu jenem denkwürdigen Sommer 2010, als die Bombe platzte: Nach über fünf Jahrzehnten war die Ära Karlsberg Geschichte, die Brauerei Bitburger, der schärfste regionale Konkurrent in Sachen Bier, hatte sich den FCS gesichert. Mit einem Angebot, das laut Vereinsangaben doppelt so hoch war wie die vorherige Summe, die jährlich aus Homburg kam. Karlsberg fühlte sich hintergangen von Schatzmeister Dieter Weller, der laut den Homburgern das letzte Angebot für die Vertragsverlängerung nicht mehr beantwortete und stattdessen den Deal mit der Eifel-Brauerei einging.[74] Währenddessen liefen die Diskussionsforen und Leserbriefseiten heiß. Fans bedauerten den Wechsel, witterten Verrat an der saarländischen Wirtschaft (im doppelten Wortsinne) und kündigten an, ihr eigenes Bier zum Stadion mitzubringen.

Die Brauereien ergingen sich in einen Kampf um die Fangunst. Während Bitburger auf Werbematerialien, VIP-Karten und großflächige Plakate mit Spielern setzte, positionierte sich Karlsberg strategisch um den Ludwigspark herum, stellte dort Bierstände auf und verteilte Gutscheine für Freibier. Einzelne Fanclubs gingen Partnerschaften mit Karlsberg ein, andere gingen zum neuen Getränkelieferanten.

Auch wenn die Bierfrage die Fans bis heute entzweit, hier der versöhnliche Schluss: Wenn die Brauereien noch um den FCS so werben, kann es um den Verein nicht ganz so schlecht stehen. Prost!

107. GRUND

Weil unsere Mitgliederversammlungen beste Unterhaltung sind

Eigentlich galten die 90er-Jahre als die großen Zeiten der Mitgliederversammlungen im Deutschen Fußball. So mancher Präsident erkaufte sich mit Freibier die Wahl, und am Folgetag bereuten verkaterte Mitglieder ihre Entscheidung. Auch in Saarbrücken ging es heiß her, bestes Beispiel ist die dreiwöchige Präsidentschaft von Unternehmer Werner Becker, genannt »Koffer-Becker«, der nach der Wahl 1994 gleich aufgrund von Insolvenzgedanken Morddrohungen bekam und schnell zurücktrat.

Der DFB wirkte diesem Treiben mit einer Mustersatzung entgegen, die zwischen Mitglieder und Präsidium in den meisten Vereinen einen Aufsichtsrat schaltete. Das ging beim FCS bis in die 2000er-Jahre gut, Mitgliederversammlungen waren dröge Termine für Hardcore-Fans. Doch nach dem Abstieg 2007 setzten zwei Entwicklungen ein: Einerseits erkannte die örtliche Ultra-Szene das Potenzial, sich auf der jährlichen Hauptversammlung als vereinsinterne Opposition gegen Hauptsponsor und (Ex-)Präsident Hartmut Ostermann positionieren zu können, zum anderen entdeckte der frisch gekürte Präsident Horst Hinschberger das Show-Element dieser Zusammenkünfte: Mikrofon, Scheinwerferlicht, Emotionen! Gleich zu Beginn nannte er den FCS den »Leuchtturm des Saarfußballs« und löste halbe Begeisterung und halbes Fremdschämen aus. »Hinsch« spielte wie kein Zweiter mit der Klaviatur der Mitgliederemotionen – bis er sich sogar bei seiner eigenen Rücktrittsrede 2010 selbst zu Tränen rührte. Auf ihn folgte der eher farblose ehemalige Sportdezernent der Stadt Saarbrücken, Paul Borgard, der zum Amtsantritt als Präsident verkündete, dass er am Morgen des Tages noch nicht wusste, dass er abends FCS-Präsident sein würde.

Aber auch andere Funktionäre wussten zu unterhalten. Schatzmeister Dieter Weller wirkte mit seinen Präsentationen per Overhead-Projektor unfreiwillig komisch, benutzte in seinem Appell an die Frauenabteilung schräge Bilder (»Bleiben Sie bei der FCS-Mama!«) und scheute kaum eine Auseinandersetzung – ob mit Karlsberg-Brauerei-Vertretern oder Ultras. Aufsichtsratsvorsitzender Reinhard Klimmt perfektionierte hingegen die Rolle vom »heimlichen« Präsidenten und verkündete auch mal Zusagen für den Stadionneubau, die am Folgetag in der Presse widerlegt wurden. Er hielt noch Spaßkandidaturen wie der des luxemburgischen Dauerfragestellers und Schaumweinkönigs Claudio Mariotto stand, verlor seinen Platz im Aufsichtsrat aber 2013 in einer turbulenten Sitzung, als mit dem jungen Studenten Florian Kern und Versicherungsvertreter Claude Burgard zwei Fans ins Gremium gewählt wurden.

Dicker kam es 2015, als mitten in der außerordentlichen Mitgliederversammlung, die von den Fans erzwungen wurde, ein richtiger Krimi ausbrach. Ein Fan aus der Ultra-Szene behauptete, dass ihn Vizepräsident Sebastian Pini erpresst habe, Stimmen in der Fanszene für das Abschmettern von Fan-Anträgen zu besorgen. Er präsentierte einen Audiomitschnitt eines Telefonats – und später stellte sich heraus, dass dieses von Aufsichtsrat Burgard mitgeschnitten worden war. Am Ende stand dennoch Aussage gegen Aussage, und Pini gab sein Amt auf.

Man kann das alles mit einem lachenden und einem weinenden Auge sehen: Mitgliederversammlungen sind oft hart an der Grenze des Erträglichen. Aber wer sich auf einen kuriosen Abend (und die grandiose Leitung der Abstimmungen durch Werner Cartarius) freut, wird stets bestens unterhalten!

108. GRUND

Weil wir »schweinegeil« sind!

Es gibt ein Video, das kennt jeder Fan des 1. FC Saarbrücken. Vielleicht sogar jeder Saarländer. Vermutlich sogar noch viele andere Menschen. Denn er ging schon lange viral, bevor YouTube die heimischen Computer-Bildschirme mit lustigen Clips aus der ganzen Welt erfreute. Und er hat wie kein Zweiter die Fans des 1. FC Saarbrücken geprägt.

Zu Saisonbeginn 1999/2000 erfasste die Fans des FCS die »Toppi-Manie«. Man versprach sich vom neuen Trainer Klaus Toppmöller den Aufstieg. Mitten in der Euphorie drehte das Team des damaligen Lokalsenders Saar TV für die Anarcho-Comedy-Sendung Karsch TV am Ludwigspark. Man interviewte auch einen Mann mit Kappe, Sonnenbrille, Trikot und einem Bart, der leicht an die saarländische Variante von Catweazle erinnerte. Was folgte, war ein denkwürdiges Interview, das hier im Originalprotokoll festgehalten ist:

Saarbrücken hat 'nen neuen Trainer, Klaus Toppmöller. Was sagen die Fans dazu?
Schweinegeil! Hunnerdprozendisch, schweinegeil. Kannschd ma ruhisch glaawe! Isch gehn schunn iwwa zwanzwisch Johr de Eff-Zeh gugge, awwa isch sahn da enns: Mit dem Mann pagge ma's! Mir misse es ähnmol pagge. Isch gugge jed' Johr … leck mich am Arsch … so langsam misse ma's mo nommo pagge! Mir gurke jetzt schunn fünf Johr in da Regionalliga rum, das dóó is die fünft Saison unn et geht ma nimme so ab, wäschde?

Er hat auch 'ne Menge neuer Spieler mitgebracht, unter anderem Karsten Hutwelker aus der Bundesliga.
Superburschi, Superburschi! Nee, ohne Scheiß ey, der geht ma voll ab! Also ich erhoff ma von dem Mann geile Sache, ohne Witz.

Was denken die Fans dazu: Steigen wir dieses Jahr in die 2. Liga auf oder nicht?
Hunnerdprozendisch mei Schatz, hunnerdprozendisch. Glaab ma's! Hach, Geil!

Mit dieser Minute im Lokalfernsehen wurde Achim »Schocker« Schlichter zur Berühmtheit in der Saarbrücker Fanszene und zum allerersten Internetstar des 1. FC Saarbrücken – noch lange vor dem Zeitalter, in dem jeder Internet zur Verfügung hatte. Aus dem Clip entstanden Musikstücke, es gab Plakataktionen, und nach kurzer Zeit war der zugegebenermaßen etwas ordinäre Begriff »schweinegeil« in aller Munde.

Doch über 16 Jahre nach dem Video bleibt die Frage, warum dieser Hype entstanden ist und was von ihm geblieben ist. Natürlich ist der Ausschnitt witzig, weil die Wortwahl übertrieben und der Dialekt stark ist und »Schocker« auch mit seinem markanten Bart eine grandiose Erscheinung für die Kamera ist. Vielleicht bepömmeln sich auch einige Zuschauer des Clips über den Saarländer an sich – aber gerade die haben es nicht verstanden.

»Mr. Schweinegeil« ist deshalb ein Kult, der geblieben ist, weil seine Rede absolut ehrlich ist. Zum Tiefpunkt aller Erwartungen in der blöden, öden Regionalliga haut der FCS Topverpflichtungen raus und setzt eine Euphorie in Gang – das fanden die Fans auch tatsächlich »schweinegeil«! Und auch die erhöhte Erwartungshaltung, die ein jeder FCS-Fan in sich hat, kommt im Video vor. »Ich erwarte mir von dem Mann geile Sachen«, hat deshalb nicht zu Unrecht Eingang in den Sprachgebrauch der FCS-Fans gefunden, der tatsächlich nur von diesem einen Video um mehrere Vokabeln bereichert wurde. Ob nun »hunnerdprozendisch mei Schatz!« oder »mir misse es mol pagge!«. Und gerade deshalb ist die Rede von »Schocker«, die man übrigens bei YouTube findet, auch heute noch »schweinegeil«!

109. GRUND

Weil wir das beste Fanradio haben

Video killed the Radio Star. Die gute alte Radiozeit des Fußballs scheint tot, bis auf die Bundesligaschlusskonferenz vermag es anscheinend keine Übertragung per Rundfunk, ein paar Nostalgiker vom gesprochenen Fußball mit Hintergrundatmosphäre zu begeistern. Fast. Denn es gibt die neue Gegenbewegung zum Bewegtbild: das Fanradio.

In Saarbrücken hob man das neue Format aus der Taufe, anfangs moderierten durchaus bekannte Sportjournalisten wie Sandra Bertrand, Patric Cordier, Frank Falkenauer und Thorsten Klein, später übernahm das bis heute aktive Team. Ein spannender Service, denn bisher hatte der Verein seinen Fans von Spielen nur einen Liveticker geboten. Nun konnten sie auch zumindest Live-Kommentaren lauschen. Das Fanradio ist nämlich seit Beginn nicht alleine neutraler Berichterstatter über Begegnungen mit blau-schwarzer Beteiligung, sondern auch ein »Fanradio«, das von Medienmachern gestaltet wurde, die sich zumindest zu ihrer FCS-Fanleidenschaft bekannten.

Eine weitere Besonderheit des Fanradios offenbarte sich in den Anfangsjahren mit der Zugehörigkeit zur Oberliga Südwest. Spielte der FCS 2006 noch in der Allianz Arena und anderen Stadien mit modernen Presseplätzen, sah die bittere Realität des Amateurfußballs die Tour über die Sportplätze vor, die meist ohne diesen Firlefanz auskam. Das Kommentatorenteam erlebte sein »Water«loo in Bad Breisig, wie sich Rick später in einer Ausgabe des Fanmagazins *Leuchtturm* erinnerte: »Der Unterstand, den man in Bad Breisig für uns aufgebaut hatte, war vielmehr so etwas wie ein Gartenpavillon, wie man sie oft auf Wochenmärkten zu sehen bekommt: ein paar dünne Metallstangen, darüber ein Stoffdach. Dass dieses schon seit Jahren in Gebrauch stand, verrieten die vielen Klebeband-Flicken … Die Wolken hatten sich inzwischen zu einem blau-schwarzen Gebirge aufgetürmt. Jetzt der erste Blitz, sogleich gefolgt von Donner, dann endlich der Wolkenbruch. Hektoliterweise prasselte der Regen nun auf unser Zeltdach. Kaum noch zu verstehen die eigenen Worte, kaum noch zu erkennen die Spieler auf dem Felde. Sehr schnell begann das Wasser, sich durch die Nahtstellen der Klebeband-Flicken zu quetschen und Mischpult und Sende-Laptop nass zu machen. Kurzschluss-Gefahr!«

Aus den dramatischen Anfangsjahren schweißte sich nicht nur aufgrund dieses Schlüsselerlebnisses eine Truppe am Mikrofon zusammen, die ganz im Geist der Rundfunkpioniere von überall dort berichtete, wo es den 1. FC Saarbrücken hin verschlug. Auch bei Heimspielen entwickelte sich ein Service, den vor allem die zahlreichen FCS-Fans im Exil genossen. Eine zeitweise Einstellung der Übertragung von Spielen aus dem Ludwigspark und eine Reduzierung auf Auswärtsspiele regte heftigen Protest in der Fanradiofanszene, dass auch diese Entscheidung schnell revidiert wurde.

Das Fanradio ist vielseitig – es bietet nicht nur neben der Berichterstattung von Spielen packende Livereportagen, untermalt mit den Fangesängen der Blöcke, sondern auch durchaus mal spannende Interviews in der Halbzeitpause. Besonders lobenswert ist hier das von Fanprojekt Innwurf und Fanradio betriebene »Blau-Schwarze Sofa« zu erwähnen, das außerhalb der Spieltage aktuelle Themen rund um den FCS in unregelmäßiger Folge bespricht.

Stellvertretend für viele Fans und langjährige Hörer möchte ich deshalb dem Stammteam um Rick, Kai, Sven und Ole, aber auch den vielen anderen Helfern, aktuellen und ehemaligen Kommentatoren danken: Ihr Supernasen, bleibt bitte noch lange unsere Augen und Ohren, wenn wir mal nicht im Stadion sind!

110. GRUND

Weil wir in Film und Fernsehen eingegangen sind

Fußball ist Fernsehen. Das runde Leder genießt man am besten natürlich in seiner puren Ausprägung im Stadion, bei kühlem Bier, auf staubigen Stehrängen und Stereo-Sound aus den Fanblöcken. Aber selbst der überzeugteste Stadiongänger schaut sich mit Freude nach dem Spiel die Bilder noch einmal aus der Fernsehperspektive an. Ob in der Sportarena des Saarländischen Rundfunks, der mit seiner unverwechselbaren und fast nostalgischen Art eine feste Institution für FCS-Fans geworden ist, oder neuerdings auch im »FCS-TV«, dem vereinseigenen Fernsehsender im Internet. Fußball gehört ins Fernsehen. Manchmal aber sogar mehr. Der 1. FC Saarbrücken hat es nämlich auch zu kleinem Ruhm in fiktionalen Fernseh- und Filmformaten gebracht. Sogar an Stellen, an denen man es nicht vermutet.

Zunächst das offensichtliche FCS-Zitat: der allseits beliebte *Tatort* der ARD. Schon der zweite Tatort überhaupt trug den Titel *Saarbrücken, an einem Montag* und spielte in der Landeshauptstadt. Der erste Ermittler: Kommissar Peter Liersdahl, dargestellt von Dieter Eppler, der als bunter Hund mit fotografischem Gedächtnis und unkonventioneller Ermittlungsgabe brillierte. Doch auch fußballerisch talentiert war der leider nur in zwei Folgen auftretende Liersdahl, dem die Autoren eine Vergangenheit als Rechtsaußen beim 1. FC Saarbrücken ins Drehbuch schrieben und der später als Ehrenmitglied des FCS natürlich auch mal im Ludwigspark mit Informanten plauschte. Ein schönes regionales Zugeständnis. Aus dem aktuellen Ermittlerteam ist wenigstens Kriminalhauptkommissarin Lisa Marx (Elisabeth Brück) Anhängerin des Vereins.

Auch ein anderer Klassiker des Deutschen Fernsehens zeigte die Blau-Schwarzen an prominenter Stelle. Das hessische Familienepos *Diese Drombuschs* flimmerte in 39 Folgen im ZDF über die Bildschirme. Legendär ist bis heute Folge 29 mit dem Titel *Der Makel*, in dem der Polizeieinsatz um das Fußballspiel SV Darmstadt 98 gegen den 1. FC Saarbrücken eine tragende Rolle spielt. Echte Aufnahmen des Ligaspiels vom 23. September 1990 und der Fanblöcke wurden für die Episode verwendet. Und einer der Drombuschs muss sich sogar einem lautstarken Fanmob des 1. FC Saarbrücken mit stilechten Fahnen, Trikots, Schiebermützen und Schals entgegenstellen. Manche »Saarländer« sprechen in der Szene allerdings mit einem leicht hessisch klingenden Akzent.

Eine jüngere Anspielung auf den 1. FC Saarbrücken findet sich im Film *FC Venus* von 2006 mit Christian Ulmen und Nora Tschirner, der das Remake eines finnischen Films ist, der den alten Konflikt Männer gegen Frauen auf den Fußballplatz schickt. Im Film sind das Traditionstrikot des 1. FC Saarbrücken sowie ein Aufstiegsshirt an mehreren Stellen erkennbar. Was zufällig wirkt, ist beabsichtigt: Den Film produzierte der in Neunkirchen geborene FCS-Fan Ralph Schwingel, ein für gute Indie-Produktionen bekannter Produzent, mit. Aber nicht nur das: In einer Version des Drehbuchs kam sogar eine Szene vor, in der die Frauenmannschaft aus FC Venus zu einem DFB-Pokalspiel eingeladen wird. Die Begegnung: Bayern München gegen den 1. FC Saarbrücken. Natürlich gewann im Film die bessere Mannschaft – also der FCS. Dass der echte FCS zum Zeitpunkt der Dreharbeiten dann aber unter anderem 0:5 in Paderborn verloren hat, dürfte wohl dazu geführt haben, dass diese Idee doch wieder aus dem Drehbuch gestrichen wurde.

Bleiben bis auf Weiteres echte Siege in der Sportarena. Hoffentlich irgendwann auch mal wieder gegen die Bayern.

111. GRUND

Weil jeder seinen eigenen Grund hat, den FCS zu lieben

Als ich begonnen habe, dieses Buch zu schreiben, gab es manchmal den hämischen Kommentar, dass es unmöglich sei, auch nur einen vernünftigen Grund zu finden, den 1. FC Saarbrücken zu lieben. Nun sind wir zusammen nach vielen spannenden, traurigen oder kuriosen Geschichten dennoch an Grund 111 angelangt.

Nur sind das natürlich nicht für jeden die gleichen Gründe. Eine meiner größten Befürchtungen war, dass nach Veröffentlichung des Buches Leute sagen würden: »Das hast du aber vergessen!« Kann ich nicht ändern, zeigt aber, wie unterschiedlich dieser Verein wahrgenommen wird. Was uns alle eint: Wir teilen uns unseren FCS, ob wir wollen oder nicht. Ob Ultra, Kutte, Familienvater auf der Tribüne oder Sponsor im Business-Bereich. Deshalb wollte ich zum Abschluss noch mal andere Menschen rund um den FCS zu Wort kommen lassen: Was ist euer Grund, den Verein zu lieben?

Sabine Prüß: »Weil es ein Verein mit Charakter ist – manchmal gutem, manchmal schlechtem? Es ist ein Verein, mit dem man sich identifizieren kann und der einfach liebenswert traditionell ist.«

Marc-Andre Dujardin: »Weil der FCS das *GZSZ* im Fußball ist, und das live und 24 Stunden.«

Peter Bernhard: »Weil der FCS schon seit über 40 Jahren zu mir gehört.«

Kai vom FCS-Fanradio: »Dieses Wappen; an einem Spieltag dieses spezielle Gefühl beim Wachwerden; den Ausspruch ›typisch FC‹; meine bisherigen Erlebnisse im Fanradio.«

Andreas Schlichter (Pressefotograf): »Weil ich jedes Spiel zuerst als Fan und dann als Fotograf anschaue.«

Tamara Hurth: »Weil man sich im Park wieder wie ein Kind fühlen darf?! Mit seinen Freunden im tiefsten Matsch stehen, abends dann verdreckt nach Hause kommen, und man weiß, dass man einen schönen Tag erlebt hat.«

Werner Gusenburger: »Weil er eine ganze Region in Euphorie oder auch Trauer versetzt.«

Dominique Rossi (ehemaliger Pressesprecher): »Mein Grund, den FCS zu lieben? Wenn einen der Vater ins Stadion schleppt, wenn man noch kaum laufen kann, dann bleibt einem nichts anderes übrig, als ihn zu lieben. Wir mich ist es ein Stück Heimat, etwas, was einfach dazugehört.«

Effi Ziegler: »Beim FCS geht es mir immer gut. Ich gehe da immer mit meinem besten Freund hin. Seit Jahren ist es unser Wohnzimmer, wir fühlen uns da immer wohl.«

Rick vom FCS-Fanradio: »Ich bin Fußballfan und begeisterter Einwohner der saarländischen Landeshauptstadt. Was liegt da näher, als Anhänger des blau-schwarzen Traditionsclubs zu werden?«

Christoph Tautz (Stadionsprecher): »Der FCS ist wie eine schöne Frau – er schenkt dir die glücklichsten, euphorischsten Stunden. Enttäuscht und provoziert dich aber auch immer wieder. Der Unterschied: Du könntest dir niemals vorstellen, fremdzugehen!«

Florian Kern (ehemaliger Vizepräsident und Fanziner): »Ich liebe den 1. FC Saarbrücken, weil er ein schlafender Riese ist, der zu einem Leuchtturm mit weitreichender Strahlkraft erwachen kann.

Ich bin mit dem Verein in seiner historisch schwierigsten Zeit groß geworden, diese Beziehung bindet für das Leben. Das Zusammenspiel aus Vereinskultur, Fans und Umfeld ist einmalig, dass man dieses zwingend erlebt und gefühlt haben muss.«

Saarkasmus-Rolf: »Es ist wie im Leben. Eine gute Freundschaft hält bis zum Tod. Und der FCS ist halt wie 'ne Familie. Da fließen Tränen, da wird gelacht, da wird geschimpft, mal aus Frust gesoffen, und man wollte sich trennen … aber man hält bis zum Ende zusammen, in guten wie in schlechten Zeiten. Für immer BLAU-SCHWARZ!«

QUELLEN

1 *Siehe: www.saarland.de/6767_111404.htm*
2 *Siehe: auch die Glosse der Gesellschaft für deutsche Sprache: http://gfds.de/masseinheit-saarland/*
3 *Siehe: www.wikiwaldhof.de/index.php?title=1906-1907*
4 *Im Rahmen eines Namenssponsorings benannte sich der SV Waldhof 1972 in Chio Waldhof 07 um.*
5 *Reinhard Klimmt/Herbert Günther: »Die Molschder 1903 – 2003 / 100 Jahre 1. FC Saarbrücken«, 2003, S. 20.*
6 *Siehe: Jörg Rodenbüsch: »Tragt dieses Wappen mit Stolz!« In: Bernhard Müller/Jörg Rodenbüsch [Hg.] 2003: »100 Jahre 1. FC Saarbrücken – Das Fanbuch«, Saarbrücken, S. 84 bis 87.*
7 *Siehe: www.fcbarcelona.com/club/identity/detail/card/the-crest*
8 *Siehe:Paul Burgard/Ludwig Linsmayer: »90 Minuten – Mit Ferdi Hartung in die Bundesliga. Teil 2: 1. FC Saarbrücken«, 2014, S. 29.*
9 *Zitiert nach Thomas Schäfer: »FCS-Präsidium einig: Wir steigen auf!« in Saarbrücker Zeitung, 21.07.2001*
10 *Siehe: Reinhard Klimmt/Herbert Günther: »Die Molschder 1903 – 2003 / 100 Jahre 1. FC Saarbrücken«, 2003, S. 20.*
11 *Siehe: Steffen L. Herberger (2010): »Johann Herberger – Ein Leben für den Fußball«, S. 15.*
12 *Zitiert nach Wilfried Burr (1998) »Der Mittelläufer ›mit dem ganz strammen Schuß‹«, in: Saarbrücker Zeitung. 30. Oktober 1998.*
13 *Ebd.*
14 *Siehe: »›Bubi‹ Sold ist gestorben«, in: Saarbrücker Zeitung, 2. Oktober 1995.*
15 *Zitiert nach: 11 Freunde: »Der ängstliche Riese«, 15.11.2009, www.11freunde.de/artikel/edmund-conen-zum-95*
16 *Siehe: Gerhard Reuther: »1. FC Saarbrücken: Von der Gründung bis in die 60er Jahre«, in: Club-Zeitung F. C., 75 Jahre 1. FC Saarbrücken, 1979, S. 16.*
17 *Siehe: Jörg Jung: Der »Maître à danser«, in Wochenspiegel, 04.11.2013, www.wochenspiegelonline.de/content/sport/60-jahre-fussball-im-saarland/article/der-maitre-a-danser/*
18 *Siehe: »Die saarländische Fußballnationalmannschaft« auf www.saar-nostalgie.de/Nationalmannschaft1.htm.*
19 *Für ausführliche Statistiken zu allen Spielen des Saarlandes: www.rsssf.com/tabless/saar-intres.html*
20 *Interview von Milan Jaeger mit Herbert Binkert. In: 11 Freunde, Nr. 86 vom Januar 2009.*

21 *Siehe: Wilfried Burr: »Europa staunte über den Zwerg von der Saar«, in: Saarbrücker Zeitung, 5.1.2006*

22 *Siehe: Dominique Rossi 2003: »Im Gepäcknetz nach Hause«, in: Saarbrücker Zeitung, 03.09.2003.*

23 *Siehe: Jörg Rodenbüsch (2003): »Wenn aus Bolzplätzen Stadien werden«, in: Bernhard Müller/ Jörg Rodenbüsch [Hg.] 2003: »100 Jahre 1. FC Saarbrücken – Das Fanbuch«, Saarbrücken, S. 117–124.*

24 *Reinhard Klimmt/Herbert Günther: »Die Molschder 1903 – 2003 / 100 Jahre 1. FC Saarbrücken«. 2003. S. 167.*

25 *Siehe: Till Dillinger (2013): »Als der Park noch bebte«, In: Forum. www.magazin-forum.de/ news/das-war/als-der-park-noch-bebte*

26 *Siehe: www.chrishobbs.com/ firstfloodlitfootball1878.htm*

27 *Siehe: Stadionwelt: »Neues Flutlicht hat sich bewährt«, www.stadionwelt.de/sw_stadien/index.php?folder=sites&site=news_detail&news_id=757.*

28 *www.ludwigspark.de/?p=770*

29 *https://www.change.org/p/landeshauptstadt-saarbr%C3%BCcken-erhalt-der-anzeigetafel-im-ludwigsparkstadion*

30 *Siehe: Michael Kipp 2015: »Ein Stadionleben zwischen Aćimović und Zappa«, in: Saarbrücker Zeitung. 3.12.2015*

31 *Siehe: ebd.*

32 *Siehe: Reinhard Klimmt/Herbert Günther: »Die Molschder 1903–2003 / 100 Jahre 1. FC Saarbrücken«, 2003, S. 169*

33 *Siehe: Jochen Klein 2008: »Der Stadionumbau – ein Vorschlag«, in: Der Leuchtturm 1, S. 33.*

34 *Siehe: https://www.facebook.com/ lupasanierung*

35 *Siehe: Alex Raack 2014: »Wenn Präsidenten aus der Rolle fallen«, In: 11 Freunde. www.11freunde.de/artikel/wenn-praesidenten-aus-der-rolle-fallen*

36 *Uli Hesse 2012: »Als die Bundesliga gegründet wurde – Die Liga der alten Herren«, in: 11 Freunde. Heft 129, 08/2012.*

37 *Siehe: ebd.*

38 *Zitiert nach Wilfried Burr: »Als ›Straftäter‹ fiel Erich Rohe kein einziges Mal auf«, in: Saarbrücker Zeitung, 23.08.2007.*

39 *Siehe: Tobias Fuchs 2014: »Zum Tode von Ferdi Hartung«, www.ellenfeldstrasse.de/ post/86144081968/zum-tod-von-ferdi-hartung*

40 *Siehe: Alex Raack 2010: Interview mit Ferdi Hartung, www.11freunde.de/interview/sportfotograf-ferdi-hartung-erinnert-sich*

41 *Obwohl das Foto tatsächlich bei einem Spiel entstand, das einige Monate vor Einführung der Bundesliga ausgetragen wurde.*

42 *Siehe: Carsten Pilger 2014: Interview mit Tobias Fuchs, https://dasfcsblog.wordpress.com/2014/06/18/interview-mit-tobias-fuchs-uber-ferdi-hartung/*

43 *Siehe: Reinhard Klimmt/Herbert Günther: »Die Molschder 1903–2003 / 100 Jahre 1. FC Saarbrücken«, 2003, S. 180.*

44 *Zitiert nach Dominique Rossi: »Die beste Zeit, die der FCS je hatte«, in: Saarbrücker Zeitung, 29.10.2003*

45 *Siehe: Tobias Fuchs/Jens Kelm 2012: 100 Jahre Ellenfeld S. 29 f.*

46 *Siehe: ebd. S. 109.*

47 *Siehe: Alex Raack und Arne Hübner 2010: Interview mit Uwe Klimaschefski, in: 11 Freunde #99, 02/2010*

48 *Siehe: Ben Redelings 2015: »Bitte einen achtfachen Cognac!« www.n-tv.de/sport/fussball/redelings_nachspielzeit/Bitte-einen-achtfachen-Cognac-article16032631.html*

49 *Zitiert nach dem Eintrag zu Norbert Schlegel auf www.glubberer.de. www.glubberer.de/s/schlegel__norbert/schlegel__norbert.html*

50 *Siehe: Dominique Rossi: »Matthäus stoppte die große Karriere«, in: Saarbrücker Zeitung, 12.7.2003.*

51 *Siehe: Walter Koster: »Die Zeugen Yeboahs«, 20. Juni 2014, in Forum. www.magazin-forum.de/news/fussball/die-zeugen-yeboahs*

52 *Siehe: ebd.*

53 *Siehe: Dominique Rossi: »Ein stiller Torjäger zwischen bösen Gerüchten und zwielichten ›Parasiten‹«, in: Saarbrücker Zeitung, 26.9.2003.*

54 *Siehe: Michael Mandelbaum: »Why America hates football«, in Observer Sport Monthly, 1.8.2004, http://observer.theguardian.com/osm/story/0,,1270849,00.html*

55 *Siehe: Günther Wettlaufer 1995: »Walter: ›Eine griechische Tragödie‹«, in: Saarbrücker Zeitung vom 24.05.1995.*

56 *Siehe: Günther Wettlaufer 1995: »1. FCS will sechs Bilanzen verabschieden«, in: Saarbrücker Zeitung vom 29.08.1995.*

57 *Interview mit Holger Schmidt für das Magazin FORUM: »Toppi war der Beste«, www.magazin-forum.de/news/fussball/%E2%80%9Etoppi-war-der-beste%E2%80%9C*

58 *Siehe: Patric Cordier 2010: »1. FC Saarbrücken: Fans des Fußball-Drittligisten wollen wieder gemeinsam singen«, in SOL.de, 15.12.2010 www.sol.de/sport/saar-sport/sport-ticker/Fussball-Saarfussball-Fans-Ludwigsparkstadion-FCS-1-FC-Saarbruecken-Fans-des-Fussball-Drittligisten-wollen-wieder-gemeinsam-Singen;art23675,3415517*

59 *Siehe: Bernhard Müller 2003: »Auf den Spuren der Profis – Der*

Fanclub Ommersheim auf der Jagd nach Titeln!«, in: Bernhard Müller/Jörg Rodenbüsch [Hg.] 2003: »100 Jahre 1. FC Saarbrücken – Das Fanbuch«, Saarbrücken, S. 42.

60 *Siehe: den Sachbericht 2011 von Innwurf: www.innwurf.de/wp-content/uploads/2011/01/sachbericht-saarbr%C3%BCcken-2011-screen.pdf*

61 *Siehe: Der Leuchtturm 2010: Interview mit Bernhard von ludwigspark.de, http://leuchtturm-fcs.blogspot.de/2010/05/interview-mit-bernhard-von.html.*

62 *Siehe: auch den dazugehörigen Artikel im BILDblog: www.bildblog.de/7092/2500-faule-eier/*

63 *Siehe: Jörg Heinze (2001): »Hartmut Ostermann schickte DSF-Team nach Hause«, in: Saarbrücker Zeitung, 21.08.2001.*

64 *Siehe: Saarbrücker Zeitung vom 19.02.2002.*

65 *Zitiert nach Dominique Rossi: »Eich: Opfer der Vereinspolitik?«, 08.02.2003*

66 *Siehe: Martin Huppert/Ralf Leis (2004): Interview mit Taifour Diane, in: Viertel Vor, Ausgabe 4.*

67 *Alle Fanclubnamen aus dem Archiv von www.ludwigspark.de.*

68 *Siehe: Rodenbüsch (2003): Interview mit Dieter Ferner In: Bernhard Müller/Jörg Rodenbüsch [Hg.] 2003: »100 Jahre 1. FC Saarbrücken – Das Fanbuch«, Saarbrücken, S. 125–129.*

69 *Siehe: SOL (2011): Bye, bye Manuel: Zeitz geht zum 1. FC Nürnberg. www.sol.de/neo/nachrichten/saarbruecken/Manuel-Zeitz-FCS-Bye-bye-Manuel-Zeitz-geht-zum-1-FC-Nuernberg;art34275,3519131.*

70 *Siehe: Der Leuchtturm (2010): »Erste Antwort auf ›Lasst Dieter Trainer sein!‹«, http://leuchtturm-fcs.blogspot.de/2010/05/erste-antwort-auf-lasst-dieter-trainer.html.*

71 *Vgl. Dominique Rossi (2014): Alle lieben »Robster«, in: Magazin Forum. Link: http://forum.infos.de/news/sport/alle-lieben-%E2%80%9Erobster%E2%80%9C*

72 *Siehe: Marcus Lehmann (2007): Bayern erstattet Selbstanzeige, in: Kicker. www.kicker.de/news/fussball/regionalliga/startseite/artikel/138585*

73 *Patric Cordier (2009): Gericht weist Klage des 1. FC Saarbrücken gegen die Bayern ab, sol.de, www.sol.de/neo/nachrichten/saarbruecken/Bayern-Muenchen-Prozess-Gericht-Fussball-Fussball-FCS-Hinschberger-Gericht-weist-Klage-des-1-FC-Saarbruecken-gegen-die-Bayern-ab;art34275,2900320.*

74 *Vgl. Patric Cordier (2010): »FCS dreht Karlsberg Zapfhahn zu«, in: Saarbrücker Zeitung, 04.06.2010.*

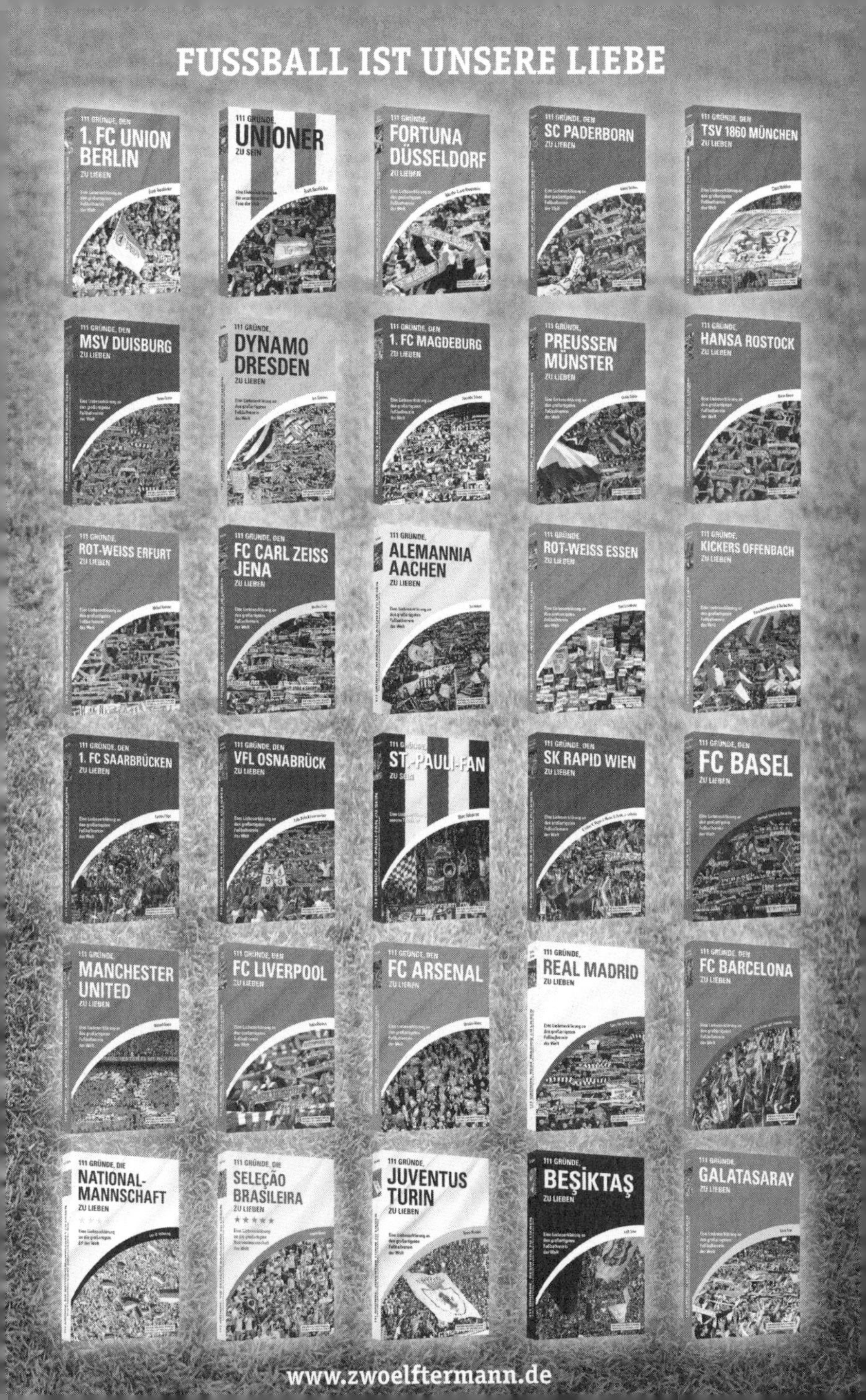
FUSSBALL IST UNSERE LIEBE
111 GRÜNDE, DEN 1. FC UNION BERLIN ZU LIEBEN
111 GRÜNDE, UNIONER ZU SEIN
111 GRÜNDE, FORTUNA DÜSSELDORF ZU LIEBEN
111 GRÜNDE, DEN SC PADERBORN ZU LIEBEN
111 GRÜNDE, DEN TSV 1860 MÜNCHEN ZU LIEBEN
111 GRÜNDE, DEN MSV DUISBURG ZU LIEBEN
111 GRÜNDE, DYNAMO DRESDEN ZU LIEBEN
111 GRÜNDE, DEN 1. FC MAGDEBURG ZU LIEBEN
111 GRÜNDE, PREUSSEN MÜNSTER ZU LIEBEN
111 GRÜNDE, HANSA ROSTOCK ZU LIEBEN
111 GRÜNDE, ROT-WEISS ERFURT ZU LIEBEN
111 GRÜNDE, DEN FC CARL ZEISS JENA ZU LIEBEN
111 GRÜNDE, ALEMANNIA AACHEN ZU LIEBEN
111 GRÜNDE, ROT-WEISS ESSEN ZU LIEBEN
111 GRÜNDE, KICKERS OFFENBACH ZU LIEBEN
111 GRÜNDE, DEN 1. FC SAARBRÜCKEN ZU LIEBEN
111 GRÜNDE, DEN VFL OSNABRÜCK ZU LIEBEN
ST.-PAULI-FAN ZU SEIN
111 GRÜNDE, DEN SK RAPID WIEN ZU LIEBEN
111 GRÜNDE, DEN FC BASEL ZU LIEBEN
111 GRÜNDE, MANCHESTER UNITED ZU LIEBEN
111 GRÜNDE, DEN FC LIVERPOOL ZU LIEBEN
111 GRÜNDE, DEN FC ARSENAL ZU LIEBEN
111 GRÜNDE, REAL MADRID ZU LIEBEN
111 GRÜNDE, DEN FC BARCELONA ZU LIEBEN
111 GRÜNDE, DIE NATIONALMANNSCHAFT ZU LIEBEN
111 GRÜNDE, DIE SELEÇÃO BRASILEIRA ZU LIEBEN
111 GRÜNDE, JUVENTUS TURIN ZU LIEBEN
111 GRÜNDE, BEŞIKTAŞ ZU LIEBEN
111 GRÜNDE, GALATASARAY ZU LIEBEN
www.zwoelftermann.de

DER AUTOR

CARSTEN PILGER, Jahrgang 1989, geboren und aufgewachsen im Saarland, Vereinsmitglied mit 14 Jahren, erlebte früh Höhen und Tiefen mit dem FCS und wurde später Mitgründer des Fanzines Leuchtturm. Sein Studium führte ihn erst nach Trier, Bordeaux, Paris und nun nach Berlin, wo er zudem als freier Autor u.a. fürs Fernsehen tätig ist. Er bloggt unter dasfcsblog.wordpress.com über seinen Verein.

Carsten Pilger

111 GRÜNDE, DEN 1. FC SAARBRÜCKEN ZU LIEBEN

Eine Liebeserklärung an den großartigsten Fußballverein der Welt

ISBN 978-3-86265-618-9

ZWÖLFTER MANN – Das Programm für Fußballfans von Schwarzkopf & Schwarzkopf | Die Reihe ZWÖLFTER MANN wird von Martin Brinkmann und Oliver Schwarzkopf herausgegeben |

KATALOG

Wir senden Ihnen gern kostenlos unseren Katalog.

Schwarzkopf & Schwarzkopf Verlag GmbH

Kastanienallee 32, 10435 Berlin

Telefon: 030 - 44 33 63 00

Fax: 030 - 44 33 63 044

INTERNET | E-MAIL

www.zwoelftermann.de

www.facebook.com/schwarzkopfverlag

info@schwarzkopf-schwarzkopf.de